이렇게만 **공**부하면 **자**격증딴다!

DIAT 디지털정보활용능력
워드프로세서
(아래한글 2022)

발 행 일 : 2025년 11월 03일(1판 1쇄)
I S B N : 979-11-92695-81-5(13000)
정　　가 : 17,000원

집　　필 : KIE기획연구실
진　　행 : 김동주
본문디자인 : 아카데미소프트 편집팀

발 행 처 : (주)아카데미소프트
발 행 인 : 유성천
주　　소 : 경기도 파주시 정문로 588번길 24
홈페이지 : www.aso.co.kr

※ 이 책은 저작권법에 따라 보호를 받는 저작물이므로 무단 전재와 무단 복제를 금지하며,
　 이 책 내용의 전부 또는 일부를 이용하려면 반드시 (주)아카데미소프트의 서면동의를 받아야 합니다.

CONTENTS

PART 01　DIAT 시험 안내 및 자료 사용 방법

시험안내 01	DIAT 시험 안내	4
시험안내 02	DIAT 자료 사용 방법	6
시험안내 03	DIAT 교재 사용 방법	13

PART 02　출제유형 완전정복

출제유형 01	기본 문서 작성과 저장	16
출제유형 02	글맵시 및 문단 첫 글자 장식	22
출제유형 03	특수 문자 입력과 글자/문단 모양 설정	30
출제유형 04	머리말 삽입/쪽 번호 매기기	40
출제유형 05	다단 설정/글상자 입력	50
출제유형 06	다단 내용 입력과 한자/각주 입력	58
출제유형 07	그림 삽입과 쪽 테두리 설정	70
출제유형 08	표 작성	78
출제유형 09	차트 작성	88

PART 03　출제예상 모의고사

모의고사 01	제 01 회 출제예상 모의고사	100
모의고사 02	제 02 회 출제예상 모의고사	104
모의고사 03	제 03 회 출제예상 모의고사	108
모의고사 04	제 04 회 출제예상 모의고사	112
모의고사 05	제 05 회 출제예상 모의고사	116
모의고사 06	제 06 회 출제예상 모의고사	120
모의고사 07	제 07 회 출제예상 모의고사	124
모의고사 08	제 08 회 출제예상 모의고사	128
모의고사 09	제 09 회 출제예상 모의고사	132
모의고사 10	제 10 회 출제예상 모의고사	136
모의고사 11	제 11 회 출제예상 모의고사	140
모의고사 12	제 12 회 출제예상 모의고사	144
모의고사 13	제 13 회 출제예상 모의고사	148
모의고사 14	제 14 회 출제예상 모의고사	152
모의고사 15	제 15 회 출제예상 모의고사	156

PART 04　최신유형 기출문제

기출문제 01	제 01 회 최신유형 기출문제	182
기출문제 02	제 02 회 최신유형 기출문제	186
기출문제 03	제 03 회 최신유형 기출문제	190
기출문제 04	제 04 회 최신유형 기출문제	194
기출문제 05	제 05 회 최신유형 기출문제	198
기출문제 06	제 06 회 최신유형 기출문제	202
기출문제 07	제 07 회 최신유형 기출문제	206
기출문제 08	제 08 회 최신유형 기출문제	210
기출문제 09	제 09 회 최신유형 기출문제	214
기출문제 10	제 10 회 최신유형 기출문제	218

※ 부록 : 시험직전 모의고사 3회분 수록

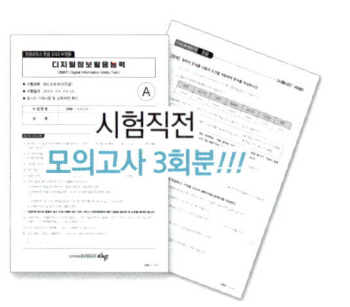

PART 01
DIAT 시험 안내 및 자료·교재 사용 방법

- ☑ **시험안내 01** DIAT 시험 안내
  - ☑ 디지털정보활용능력(DIAT) 시험 과목 및 합격 기준
  - ☑ 디지털정보활용능력(DIAT) 검정 기준

- ☑ **시험안내 02** DIAT 자료 사용 방법
  - ☑ 자료 다운로드 방법
  - ☑ 아카데미소프트의 코딩아지트에서 개발한 '온라인 답안 시스템'
  - ☑ 아카데미소프트의 코딩아지트에서 개발한 '개인용 채점 프로그램(MAG_Personal)'

- ☑ **시험안내 03** DIAT 교재 사용 방법
  - ☑ 출제유형 완전정복 사용 방법
  - ☑ 출제예상 모의고사/최신유형 기출문제 사용 방법

PART 01 DIAT 시험 안내 및 자료·교재 사용 방법

DIAT 시험 안내

☑ 디지털정보활용능력(DIAT) 시험 과목 및 합격 기준
☑ 디지털정보활용능력(DIAT) 검정 기준

1. 디지털정보활용능력(DIAT / Digital Information Ability Test)

- 컴퓨터와 인터넷을 이용한 정보가 넘쳐나고 사물과 사물 간에도 컴퓨터와 인터넷이 연결된 디지털정보시대에 기본적인 정보통신기술, 정보처리기술의 활용분야에 대해 학습이나 사무업무를 수행할 수 있도록 종합적으로 묶어 효과적으로 구성한 자격종목
- 총6개 과목으로 구성(작업식 5개 과목, 객관식 1개 과목)되어 1개 과목만으로도 자격취득이 가능하며 합격점수에 따라 초·중·고급자격이 부여
- 과목별로 시험을 응시하며 시험 당일 한 회차에 최대 3개 과목까지 응시 가능

2. 필요성

- 사무업무에 즉시 활용 가능한 작업식 위주의 실기시험
- 정보통신·OA·멀티미디어·인터넷 등 분야별 등급화를 통한 실무능력 인증

3. 자격 종류

- 자격구분 : 공인민간자격
- 등록번호 : 2008-0265
- 공인번호 : 과학기술정보통신부 제2020-2호

4. 시험 과목

검정과목	사용프로그램	검정방법	문항수	시험시간	배점
프리젠테이션	- MS 파워포인트 2021 - 한컴오피스 한쇼 2022	작업식	4문항	40분	200점
스프레드시트	- MS 엑셀 2021 - 한컴오피스 한셀 2022	작업식	5문항	40분	200점
워드프로세서	- 한컴오피스 한글 2022	작업식	2문항	40분	200점
멀티미디어제작	- 포토샵/곰믹스 for DIAT - 곰픽/곰믹스 for DIAT	작업식	3문항	40분	200점
인터넷정보검색	- 인터넷	작업식	8문항	40분	100점
정보통신상식	- CBT 프로그램	객관식	40문항	40분	100점

합격기준
- 고급 : 해당과제의 80% ~ 100% 해결능력
- 중급 : 해당과제의 60% ~ 79% 해결능력
- 초급 : 해당과제의 40% ~ 59% 해결능력

※ 검정 수수료 및 시험 일정은 www.ihd.or.kr 홈페이지 하단의 [자격안내]에서 확인할 수 있습니다.

5. DIAT 워드프로세서 검정 기준

과목	대분류	중분류	소분류		문제수
워드프로세서		스타일	1-1. 새 스타일 작성	1-2. 스타일 편집	2
		표	2-1. 표 작성/여백	2-2. 셀 나누기/합치기	
			2-3. 셀 배경/테두리	2-4. 블록 계산	
		차트	3-1. 차트 종류	3-2. 차트 속성	
			3-3. 차트 제목/범례		
		그림	4-1. 그림 삽입	4-2. 본문과의 배치	
			4-3. 그림 크기 수정		
		그리기	5-1. 개체 그리기	5-2. 개체 묶기/풀기	
			5-3. 본문과의 배치	5-4. 개체 색 채우기	
		기타	6-1. 용지 설정 6-2. 글상자 작성/속성		
			6-3. 글꼴/속성 변경(밑줄, 진하게, 기울임 등)		
			6-4. 한자/영문 변환 6-5. 들여쓰기/내여쓰기		
			6-6. 다단 나누기 6-7. 글맵시 작성 및 편집		
			6-8. 교정 부호/문장 부호 작성		
			6-9. 머리말/꼬리말 삽입 및 편집		
			6-10. 쪽번호 삽입 및 편집		
			6-11. 주석(각주, 미주) 작성 및 편집		
			6-12. 문자표/특수문자 삽입		
			6-13. 하이퍼링크 삽입/제거		
			6-14. 매크로 작성 6-15. 메일 머지 작성 6-16. 문단 첫 글자 장식		
			6-17. 파일 저장		
합 계					2

6. DIAT 회원 가입 및 시험 접수 안내

❶ 아카데미소프트(https://aso.co.kr) 홈페이지 자료실에 **PDF**로 제공합니다.
❷ [자료실]-[공지]-'DIAT 회원 가입 PDF 및 시험 접수 안내' 파일을 클릭

PART 01 DIAT 시험 안내 및 자료·교재 사용 방법

DIAT 자료 사용 방법

☑ 자료 다운로드 방법　　　☑ 온라인 답안 시스템
☑ 개인용 채점 프로그램

1. 자료 다운로드 방법

❶ 웹 브라우저를 실행하여 아카데미소프트(https://aso.co.kr) 홈페이지에 접속합니다. 이어서, [교재소개]-[DIAT 자격증]-[26 DIAT 한글 2022(좌)] 교재를 클릭합니다.

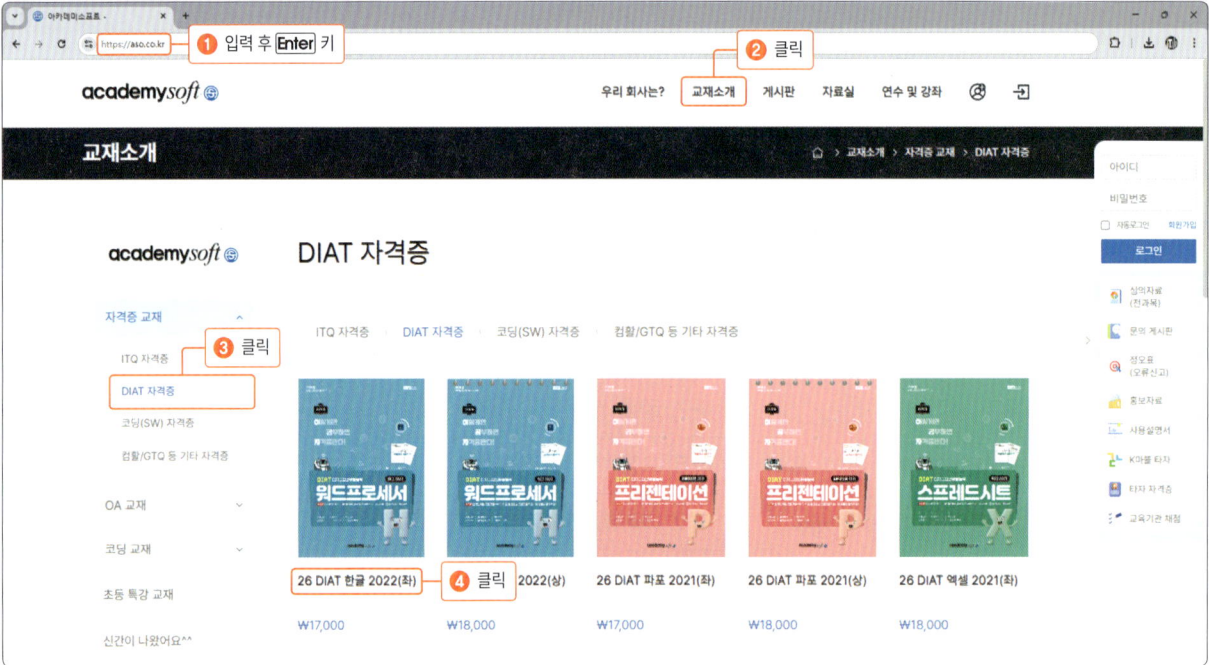

❷ 교재 이미지 오른쪽에 [교재 학습자료]를 클릭하면 [다운로드] 폴더에 저장됩니다.

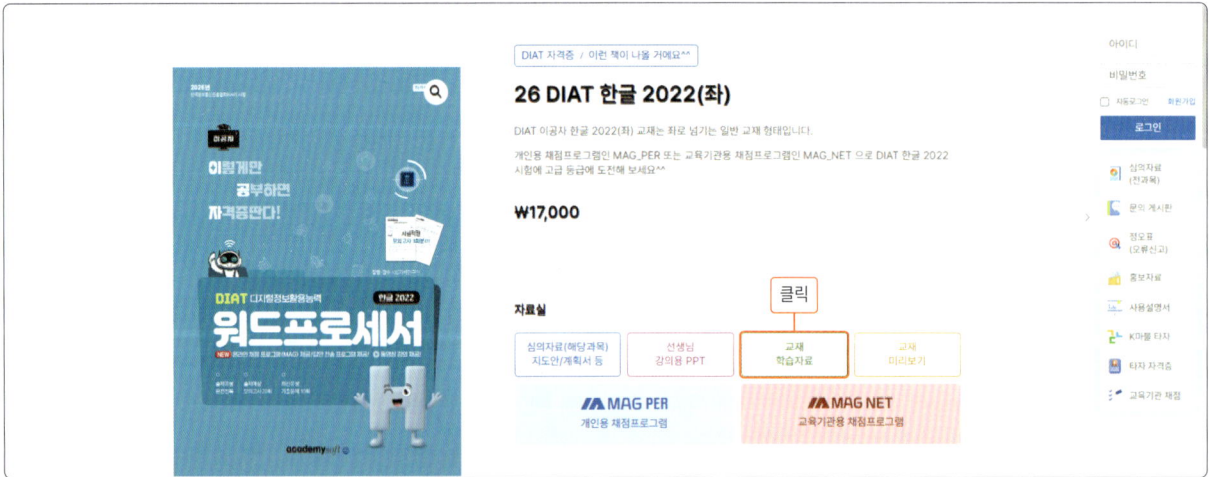

2. 아카데미소프트의 코딩아지트에서 개발한 '온라인 답안 시스템'

❶ 온라인 답안 시스템

[MAG PER 개인용 채점 프로그램 · 답안 전송] 프로그램은 **수험자 연습용 답안 전송 프로그램**이기 때문에 **서버에서 제어가 되지 않는 개인용 버전**입니다. 실제 시험 환경을 미리 확인하는 차원에서 테스트하시기 바랍니다.

※ 해당 '온라인 답안 시스템'은 변경된 DIAT 시험 버전에 맞추어 수정된 최신 버전의 프로그램입니다.

❷ [개인용 채점프로그램]을 클릭하여 다운로드한 다음 [ASO_MAG_PER_250912] 파일을 압축 해제합니다. 이어서, [ASO_MAG_PER_250912] 폴더에서 **'개인용 채점 프로그램(MAG_Personal)_실행 파일'**을 더블클릭하여 실행합니다.

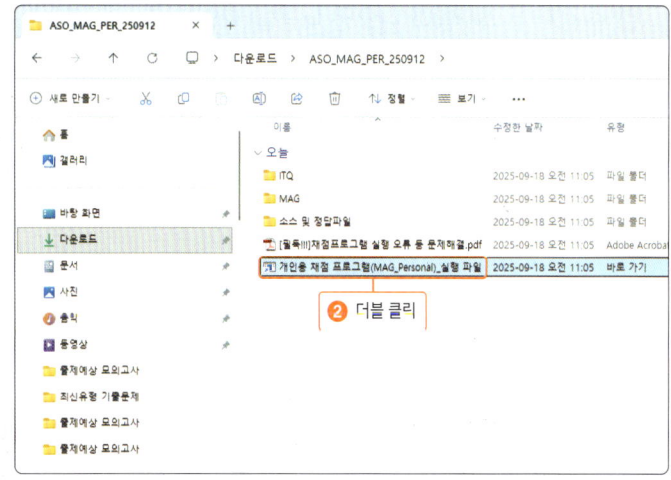

❸ 〈DIAT 답안 전송 프로그램〉 단추를 클릭합니다.

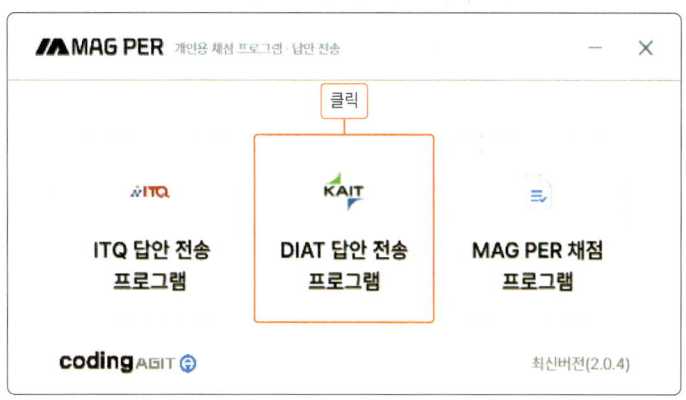

❹ 답안 전송 프로그램이 실행되면 '수검번호'에서 목록 단추를 클릭하여 해당 과목을 선택합니다.

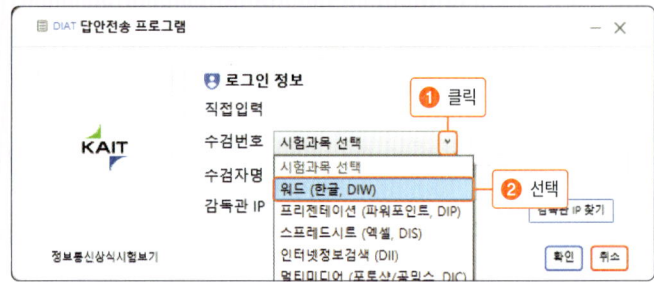

❺ 과목 선택이 끝나면 '수검번호' 및 '수검자명'을 입력한 다음 〈감독관 IP 찾기〉 단추 및 〈확인〉 단추를 클릭합니다.
  ※ 데모용 연습 프로그램이기 때문에 '수검번호' 및 '수검자명'은 본인이 원하는 내용을 입력하세요.

❻ 수검자 유의사항이 나오면 내용을 확인한 후 [마스터 키] 칸을 클릭하고 Enter 키를 누릅니다.

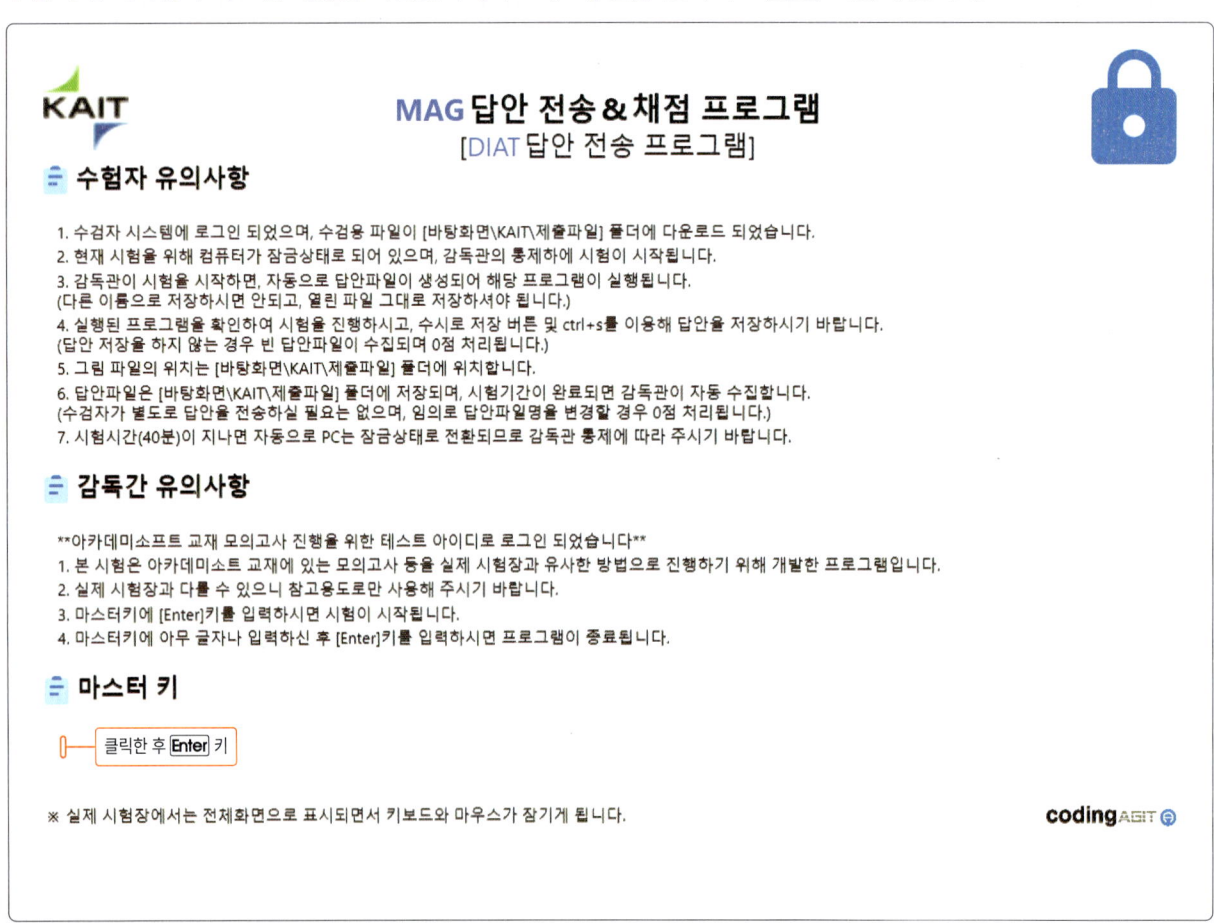

❼ 시험이 시작됨과 동시에 해당 프로그램이 자동으로 실행되면서 답안 파일이 자동으로 열립니다. 이어서, 남은 시간을 확인하면서 답안을 작성합니다.

※ 시험을 강제로 종료하고자 할 때는 〈강제종료〉 단추를 클릭한 후 '비밀번호(0000)'를 입력한 다음 〈확인〉 단추를 클릭합니다.

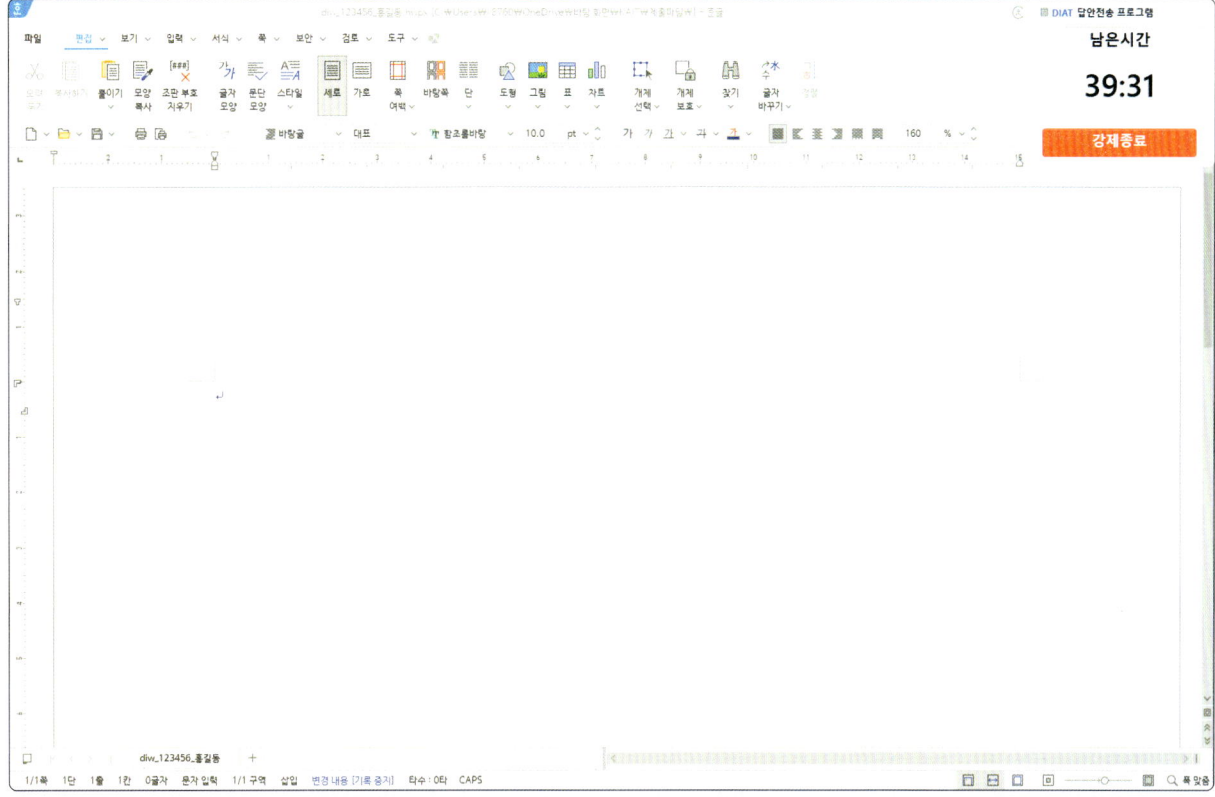

3. 아카데미소프트의 코딩아지트에서 개발한 '개인용 채점 프로그램(MAG_Personal)'

❶ 자동 채점 프로그램은 작성한 답안 파일을 정답 파일과 비교하여 틀린 부분을 찾아주는 프로그램입니다. 프로그램 상의 한계로 100% 정확한 채점은 어렵기 때문에 참고용으로 사용하시기 바랍니다.

❷ [아카데미소프트 홈페이지]-[자격증 교재]에서 해당 교재를 클릭하고 교재 이미지 오른쪽에 [개인용 채점프로그램] 클릭합니다. 이어서, [ASO_MAG_PER_250912] 파일의 압축을 해제한 후 [ASO_MAG_PER_250912] 폴더에서 '개인용 채점 프로그램(MAG_Personal)_실행 파일'을 더블클릭하여 실행합니다.

※ 채점 프로그램 폴더는 임의로 이름을 변경하거나 삭제하면 작동되지 않습니다.

❸ 〈MAG PER 채점 프로그램〉 단추를 클릭합니다.

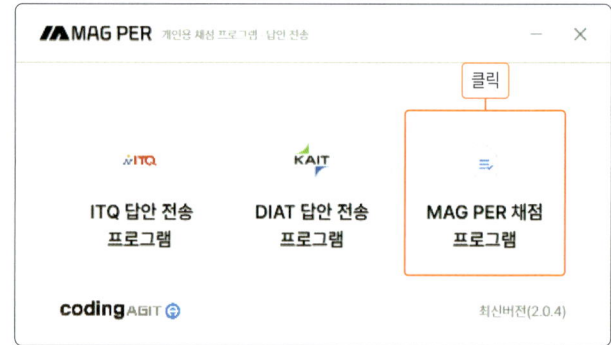

❹ [MAG PER_개인용 채점프로그램]이 실행되면 [DIAT 자격증]을 클릭한 후 채점하고자 하는 표지 아래 〈채점시작〉 단추를 클릭합니다.

❺ [MAG PER_개인용 채점프로그램] 대화상자가 나오면 [정답 파일]에서 〈불러오기〉 단추를 클릭합니다. 이어서, [열기] 대화상자가 나오면 채점에 사용할 정답 파일을 선택한 후 〈열기〉 단추를 클릭합니다.

❻ 정답 파일이 열리면 [수험 파일]에서 〈불러오기〉 단추를 클릭합니다. 이어서, [열기] 대화상자가 나오면 정답 파일과 비교하여 채점할 학생 답안 파일을 선택한 후 〈열기〉 단추를 클릭한 다음 〈자동채점〉 단추를 클릭합니다.

❼ 채점이 완료되면 문제별 전체 점수에서 맞은 점수를 확인하실 수 있습니다. 각 기능별로 자세하게 틀린 부분을 확인 할 때는 문제별 오른쪽에 〈상세결과〉 단추를 클릭하여 [정답] 항목과 비교하여 틀린 부분을 다시 확인합니다.

▲ 상세결과 페이지

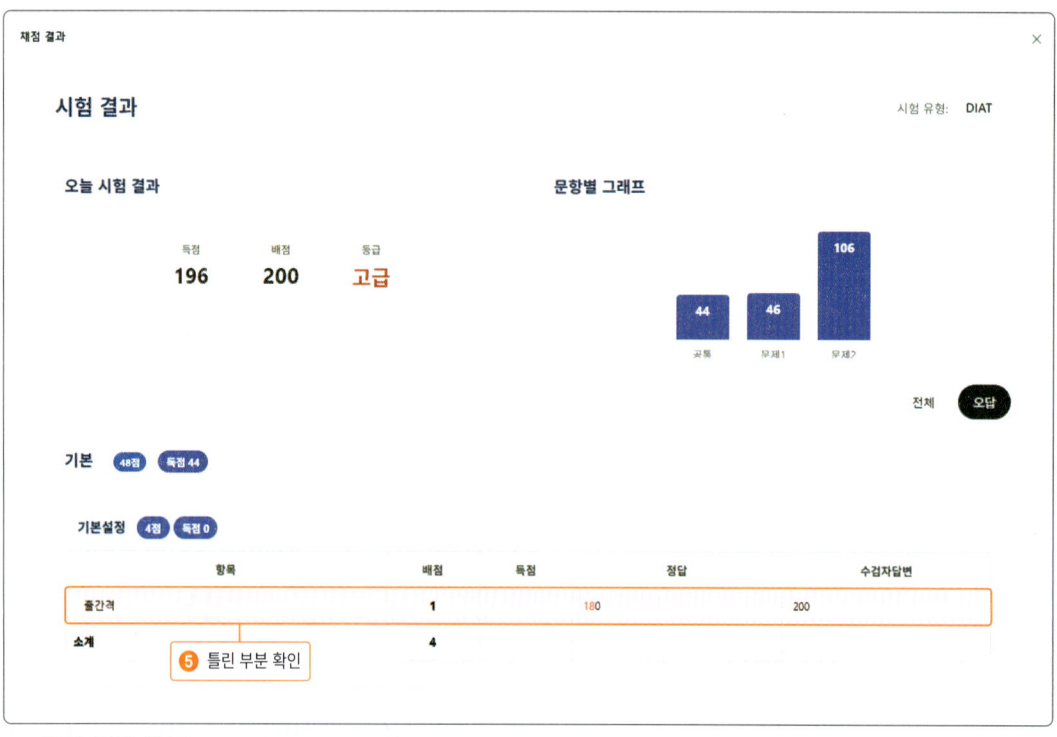

▲ 틀린 부분 확인

PART 01 DIAT 시험 안내 및 자료·교재 사용 방법

DIAT 교재 사용 방법

☑ 출제유형 완전정복 사용 방법
☑ 출제예상 모의고사/최신유형 기출문제 사용 방법

1. 출제유형 완전정복 사용 방법

❶ 출제유형 완전정복의 작성 시간과 권장 시간을 활용합니다.

※ **작성 시간** : 수험자가 문제를 해결하는데 걸린 시간을 기록합니다.
※ **권장 시간** : 전체 시간을 배분하여 해당 문제를 해결하는데 필요한 권장 소요 시간입니다.

2. 출제예상 모의고사/최신유형 기출문제 사용 방법

❶ 출제예상 모의고사/최신유형 기출문제의 작성 시간과 채점 결과를 활용합니다.

※ **채점 결과** : [MAG PER_개인용 채점프로그램]을 활용하여 점수를 기록합니다.

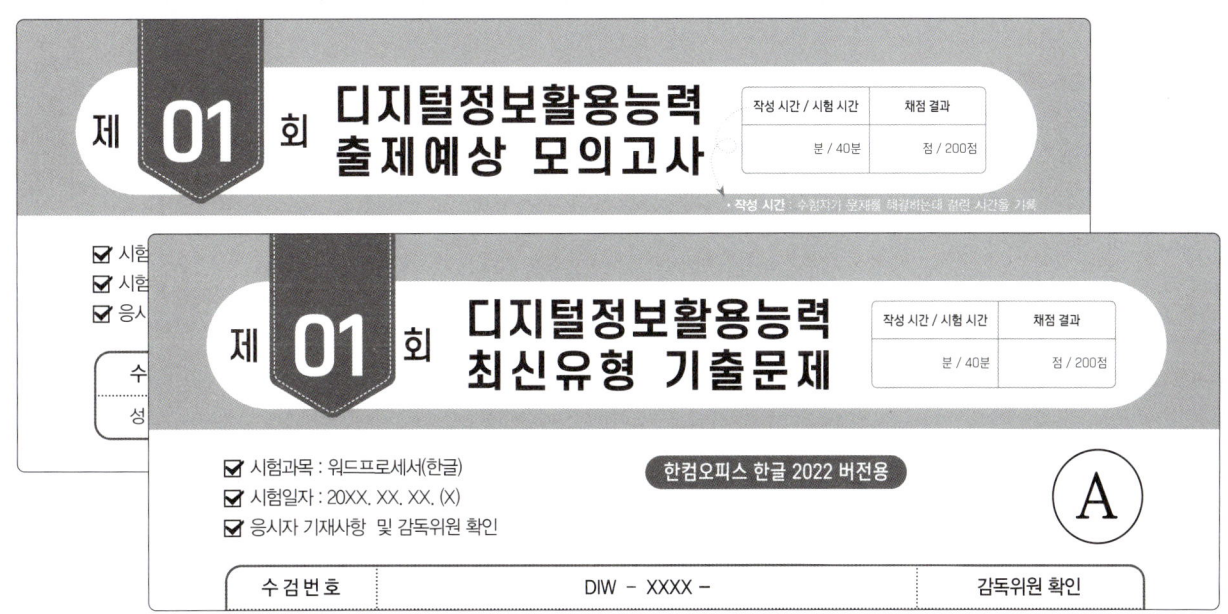

MEMO

PART 02
출제유형 완전정복

- ☑ 공통사항 **01** 기본설정, 용지설정   (8점)
- ☑ 공통사항 **02** 오탈자   (40점)
- ☑ 출제유형 **01** 기본 문서 작성과 저장
- ☑ 출제유형 **02** 글맵시 및 문단 첫 글자 장식
- ☑ 출제유형 **03** 특수 문자 입력과 글자/문단 모양 설정   (46점)
- ☑ 출제유형 **04** 머리말 삽입/쪽 번호 매기기
- ☑ 출제유형 **05** 다단 설정/글상자 입력
- ☑ 출제유형 **06** 다단 내용 입력과 한자/각주 입력
- ☑ 출제유형 **07** 그림 삽입과 쪽 테두리 설정   (106점)
- ☑ 출제유형 **08** 표 작성
- ☑ 출제유형 **09** 차트 작성

기본 문서 작성과 저장

PART 02 출제유형 완전정복

DIAT 한글 2022
출제유형 01

- ☑ 편집 용지 및 기본 글자 서식 지정하기
- ☑ 구역 나누기
- ☑ 파일 저장하기

문제 미리보기

• 소스 : 없음   • 정답 : 유형01_정답.hwpx

인공지능은 이제 한 분야의 학문으로 정립된 지 70여 년이 되어가고 있습니다. 작년 학슬대회는 다양한 분야에 적용 가능한 관련 논문과 각 분야의 전문가께서 연사로 참여해 주셔서 성공리에 마무리될 수 있었습니다. 2024년 학술대회에서는 최근 인공지능기술과 4차 산업혁명이 앞으로 사회적 그리고 경제적으로 우리 인류에게 어떤 영향을 미칠지 되짚어 볼 수 있는 소중하고 의미 있는 시간이 되리라 생각합니다. 많은 관심과 참석 바랍니다.

문제1은 줄 간격 180%로 작성

문제1은 1구역, 문제2는 2구역으로 나누어 답안 작성

시험 분석

Digital Information Ability Test

난이도	권장 시간 / 시험 시간	유형 점수 / 시험 점수
★★☆☆	5분 / 40분	46점 / 200점

※ 출제유형 01 ~ 04까지 합쳐진 점수
※ 공통사항 1, 2 제외

➜ **주의 사항 : 실수가 많은 내용**
- ☑ 자동으로 실행되는 프로그램이 [한글 2022] 버전이 맞는지 확인합니다.
- ☑ 글꼴 변경할 때 [모든 글꼴]을 선택하고 변경합니다.
- ☑ 1 페이지 줄 간격은 변경될 수 있으므로 시험 조건을 확인합니다.
- ☑ 출제유형 01에 나오는 글자는 Enter 키를 사용하지 않고 입력합니다.

➜ **주요 단축키 : 문서 작성시 시간 단축에 도움**
- ☑ 편집 용지 : F7   구역 나누기 : Alt + Shift + Enter   저장하기 : Alt + S

Skill 01 편집 용지 및 기본 글자 서식 지정하기

❶ [시작()] 단추를 클릭한 후 [모두]-[한글 2022( )]를 클릭하여 실행합니다.

❷ [서식] 도구 상자에서 '**글꼴(바탕)**'을 지정한 후 '**글자 크기(10pt)**', '**양쪽 정렬**( )', '**줄 간격(180%)**'을 지정합니다.

※ 2025년 3월 시험부터 1 페이지 줄 간격을 변경하는 문제가 출제되고 있습니다. (예 180%, 200%)

❸ [파일] 탭에서 [편집 용지](또는 F7)를 클릭합니다.

❹ [편집 용지] 대화상자가 나오면 [기본] 탭에서 '**용지 종류-A4(국배판[210×297])**', '**용지 방향(세로)**', '**제본(한쪽)**'을 확인합니다. 이어서, '**용지 여백**'을 '**위쪽(20mm), 아래쪽(20mm), 왼쪽(20mm), 오른쪽(20mm), 머리말(10mm), 꼬리말(10mm), 제본(0mm)**'으로 지정한 후 〈설정〉 단추를 클릭합니다.

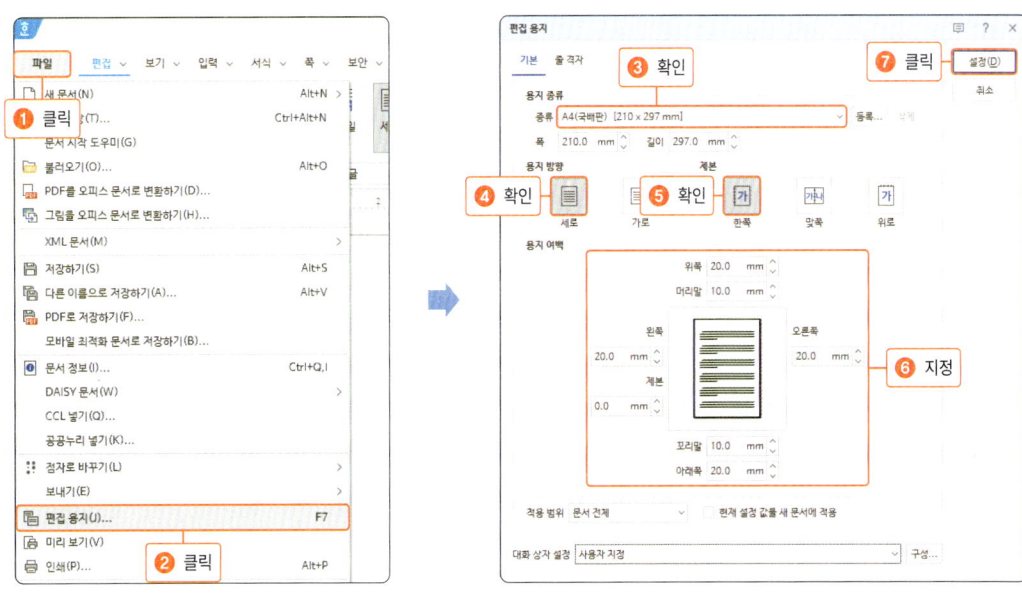

출제유형 01   **17**   기본 문서 작성과 저장

시험장에서 한글 프로그램 환경
- 실제 시험장에서는 시험이 시작됨과 동시에 답안 파일(한글 2022)이 자동으로 열립니다. 답안 파일이 자동으로 실행되면 파일명(diw_123456_홍길동.hwpx)을 확인합니다.
- 프로그램이 실행이 되면 왼쪽 상단에 아이콘이 맞는지 확인하고, 아이콘이 없거나 틀린 경우에는 버전이 다르므로 감독위원에게 문의하여야 합니다.

Skill 02 구역 나누기

① [쪽] 탭에서 '구역 나누기( )'(또는 Alt + Shift + Enter)를 클릭합니다.

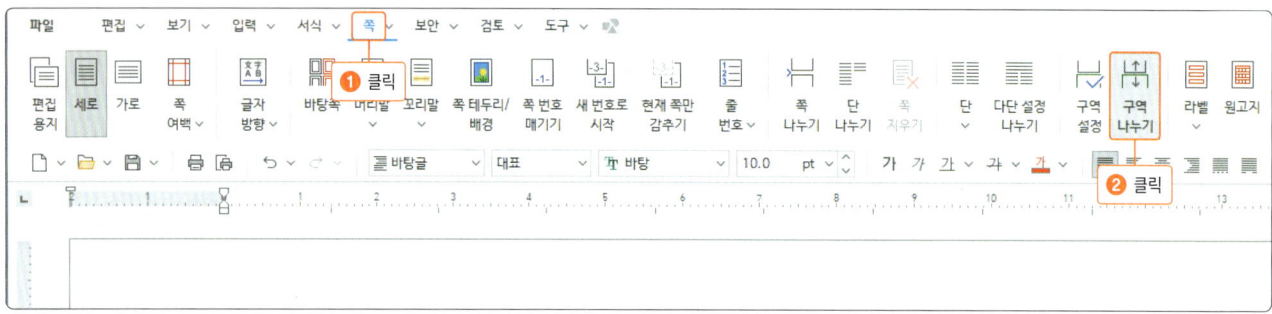

② 페이지가 2 페이지로 나누어지고 마우스 포인터가 2 페이지에 위치한 것을 확인합니다. 이어서, [서식] 도구상자에서 '줄간격(160%)'로 지정합니다.

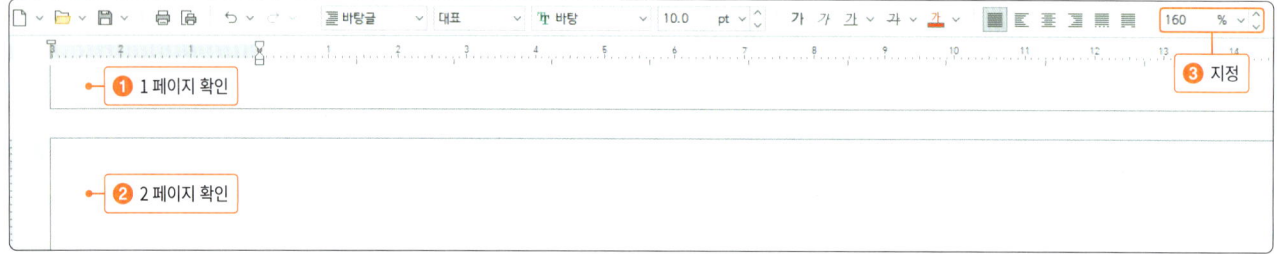

 **문단 부호**
[보기]–'문단 부호' 체크
실제 시험과는 무관하지만 문서의 줄 바꿈에 대한 표시를 나타내어 문서를 작성하는 것이 수월합니다.

 구역 나누기
[쪽]–'구역 나누기( )'
문서를 나누는 기능 중 하나로 문서별로 서식을 다르게 지정할 때 쓰입니다. DIAT 워드프로세서 시험에서는 구역을 나누어 1 페이지에는 [문제 1], 2 페이지에는 [문제 2]를 작성해야 합니다.

03 문서를 작성한 후 저장하기

① 1 페이지를 클릭하여 마우스 포인터를 1 페이지에 위치시킵니다. 이어서, Enter 키를 두 번 누른 후 [문제 1]을 보면서 다음과 같이 내용을 입력합니다.

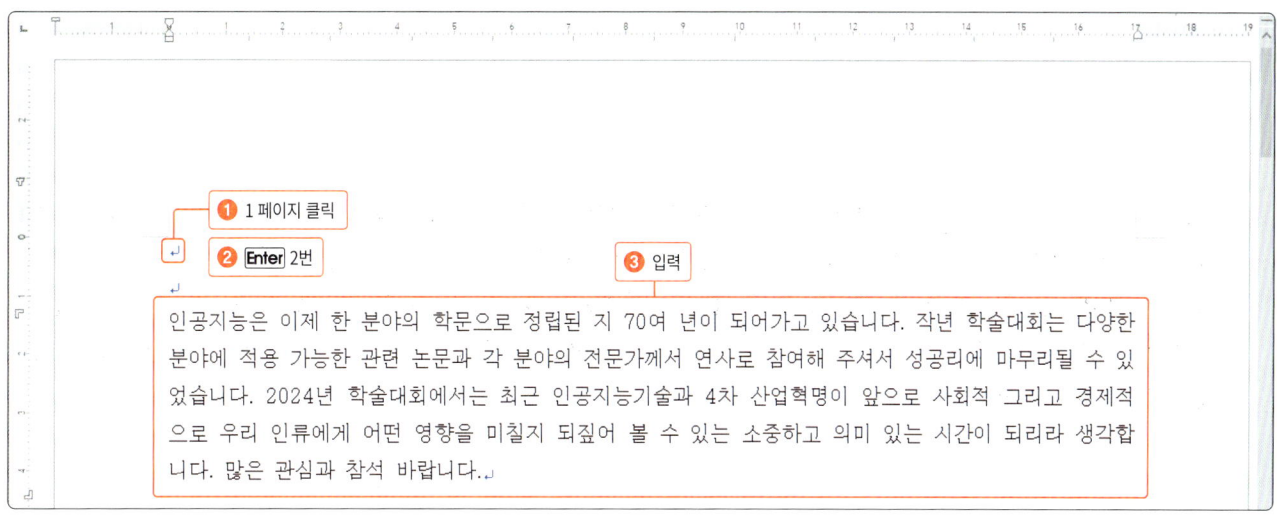

 강제 개행(줄 바꿈)

Enter 키를 두 번 누르는 이유는 다음 출제 유형에서 학습할 '글맵시'를 추가하기 위하여 미리 공간을 만들어 놓은 것입니다.

② [파일] 탭에서 [저장하기](또는 Alt + S) 또는 [서식] 도구 상자에서 '**저장하기**(📄)'를 클릭하여 답안 파일을 저장합니다.

※ 실제 시험을 볼 때에는 작업 도중에 수시로(10분에 한 번 정도) 저장을 하는 것이 좋습니다.

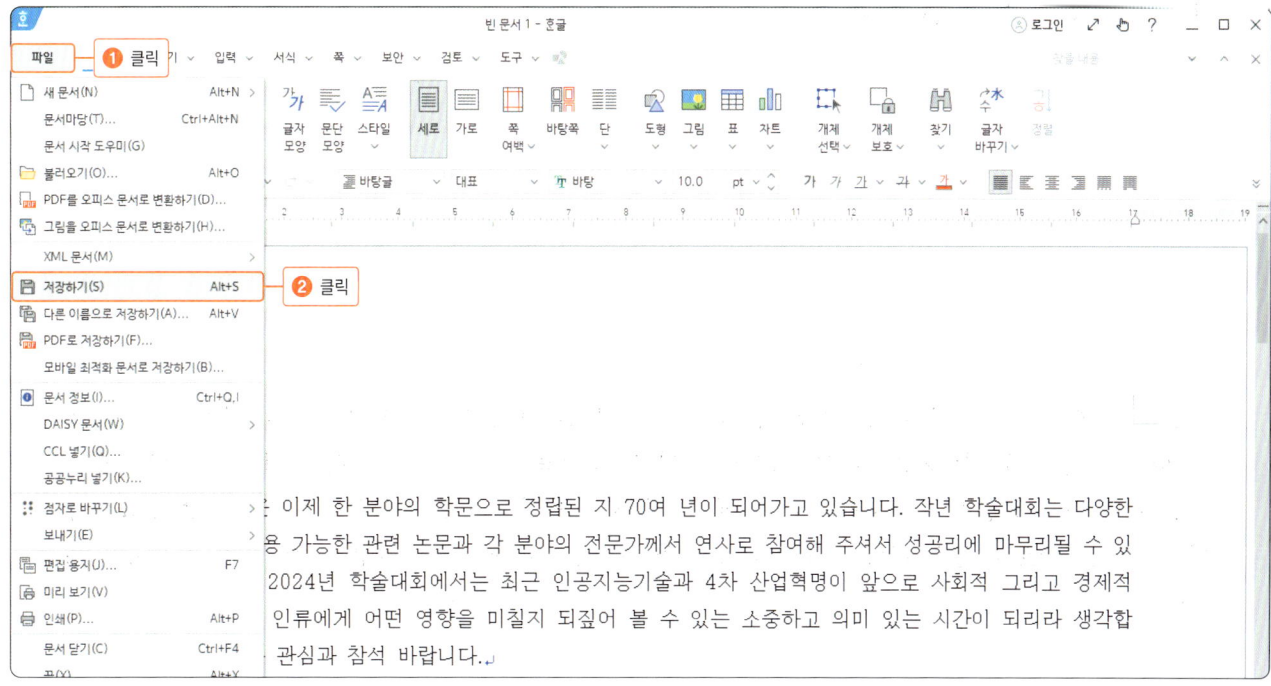

출제유형 완전정복 — 기본 문서 작성과 저장

- 작성 시간 : 수험자가 문제를 해결하는데 걸린 시간을 기록
- 권장 시간 : 전체 시간을 배분하여 해당 문제를 해결하는데 필요한 권장 소요 시간

완전정복-01 편집 용지 및 글꼴, 여백을 지정한 후 구역을 나누어 문서를 작성해 보세요.

- 소스 : 없음
- 정답 : 정복01_정답01.hwpx

작성 시간 / 권장 시간
분 / 5분

1인 가구가 늘어나고 있는 현대사회에서 식당이나 카페도 1인 사용을 희망하는 사람들이 늘어나고 있습니다. 스케일이 다르고 이익률과 저렴한 인테리어로 특색 있는 공간을 만들기 위한 창업 비결을 공개하고자 세미나를 개최하게 되었습니다. 선착순 예약자분들께는 일부 가맹비 지원과 함께 전문가 분들의 고수익 상권 분석 시스템을 활용한 개별 상담이 이루어질 예정입니다. 1인 카페 예비 사장님들께서는 많은 관심 부탁드립니다.

완전정복-02 편집 용지 및 글꼴, 여백을 지정한 후 구역을 나누어 문서를 작성해 보세요.

- 소스 : 없음
- 정답 : 정복01_정답02.hwpx

작성 시간 / 권장 시간
분 / 5분

2024년을 책임질 축제를 소개합니다! [제10회 동해바다사랑축제]는 지역 상권 발전을 위해 지역 상인들의 기부와 봉사로 시작되었고 축제 첫날부터 백사장 미디어 존과 미디어 아트로 신비롭고 창의적인 경광을 볼 수 있습니다. 아름다운 빛의 조형물과 함께 포토존에서 추억을 만들어 보세요! 넓고 넓은 바다에서 이루어지는 축제로 안전에 특히 신경을 많이 썼으며 바다와 함께 정적인 이미지를 개선할 다양한 행사를 즐겨보시기 바랍니다.

완전정복-03 편집 용지 및 글꼴, 여백을 지정한 후 구역을 나누어 문서를 작성해 보세요.

- 소스 : 없음
- 정답 : 정복01_정답03.hwpx

작성 시간 / 권장 시간
분 / 5분

안녕하십니까? 본 갤러리에서는 청소년들이 꿈꾸는 세상을 만들고 그동안의 재능을 뽐낼 수 있도록 명화 따라 그리기 대회를 개최합니다. 미래의 주역이 될 우리 학생들의 자질로 미래 성장 가능성을 재고하고 개인 역량 증진을 도모시키면서 수상을 통해 자신감 향상과 동기부여에 목적을 두고 있습니다. 상위 수상자는 글로벌 본선 대회 진출 자격을 얻을 수 있으니 개최되는 그림대회에 많은 관심과 참여 바랍니다.

완전정복-04 편집 용지 및 글꼴, 여백을 지정한 후 구역을 나누어 문서를 작성해 보세요.

• 소스 : 없음 • 정답 : 정복01_정답04.hwpx

작성 시간 / 권장 시간
분 / 5분

지능정보사회는 우리의 삶을 획기적으로 변화시킬 것으로 기대되고 있습니다. 반면에 지능정보기술에 익숙하지 않은 취약계층의 디지털 격차는 단순하게 기술을 활용하지 못해서 오는 불편함을 넘어서 지능정보사회의 혜택을 제대로 누리지 못하게 되는 사회적, 경제적 불평등을 초래할 수도 있습니다. 오는 4월 '디지털 포용 실현을 위한 과제'라는 주제로 제1회 디지털 역량 강화 포럼을 개최하고자 하오니 많은 여러분들의 관심과 참여 부탁드립니다.

완전정복-05 편집 용지 및 글꼴, 여백을 지정한 후 구역을 나누어 문서를 작성해 보세요.

• 소스 : 없음 • 정답 : 정복01_정답05.hwpx

작성 시간 / 권장 시간
분 / 5분

요즘 반려동물로 인한 안전사고가 빈번히 발생하며, 반려인과 비반려인 간의 갈등이 심화되고 있습니다. 이를 계기로, 우리는 상호간의 예의와 존중이 필요한 펫티켓이 필수적인 시대에 살고 있습니다. 반려동물과 함께하는 삶에서도 기본적인 에티켓을 준수해야 합니다. 이러한 상황을 고려하여 저희 협회에서는 오는 5월에 펫티켓 홍보 캠페인을 진행할 예정입니다. 많은 분들의 관심과 참여를 기다리며, 이 캠페인이 더 나은 동물과 사람의 공존을 위한 큰 기회로 이어지길 기대합니다.

완전정복-06 편집 용지 및 글꼴, 여백을 지정한 후 구역을 나누어 문서를 작성해 보세요.

• 소스 : 없음 • 정답 : 정복01_정답06.hwpx

작성 시간 / 권장 시간
분 / 5분

디지털은 현대 사회의 불가피한 동반자로 자리 잡고 있습니다. 우리 삶을 혁신적으로 편리하게 만들어 주지만 동시에 디지털 역기능과 허위정보 확산과 같은 부작용도 동반하고 있습니다. 이에 국민은 역기능을 스스로 인식하고 대응하기 위해 디지털 윤리 역량을 높이는 중요성을 인지하고 있습니다. 이에 '2024년 디지털 윤리 강사 양성 과정'이 개최되어 이들의 디지털 윤리 역량을 강화하고자 합니다. 관심 있는 분들은 아래 안내 사항을 확인하고, 기한 내에 교육 참가를 신청해주시기 바랍니다.

글맵시 및 문단 첫 글자 장식

- ☑ 글맵시 입력하기
- ☑ 글맵시 편집하기
- ☑ 문단 첫 글자 장식하기

문제 미리보기

• 소스 : 유형02_문제.hwpx   • 정답 : 유형02_정답.hwpx

글맵시 - 굴림체, 채우기 : 색상(RGB:199,82,82)
크기 : 너비(120mm), 높이(20mm), 위치 : 글자처럼 취급, 가운데 정렬

2024년인공지능학술대회

인공지능은 이제 한 분야의 학문으로 정립된 지 70여 년이 되어가고 있습니다. 작년 학슬대회는 다양한 분야에 적용 가능한 관련 논문과 각 분야의 전문가께서 연사로 참여해 주셔서 성공리에 마무리될 수 있었습니다. 2024년 학술대회에서는 최근 인공지능기술과 4차 산업혁명이 앞으로 사회적 그리고 경제적으로 우리 인류에게 어떤 영향을 미칠지 되짚어 볼 수 있는 소중하고 의미 있는 시간이 되리라 생각합니다. 많은 관심과 참석 바랍니다.

문단 첫 글자 장식 - 모양 : 2줄, 궁서체
면 색 : 색상(RGB:255,255,0), 본문과의 간격 : 3.0mm

Digital Information Ability Test

시험분석

난이도	권장 시간 / 시험 시간	유형 점수 / 시험 점수
★★★☆☆	4분 / 40분	46점 / 200점

※ 출제유형 01 ~ 04까지 합쳐진 점수
※ 공통사항 1, 2 제외

➡ **주의 사항** : 실수가 많은 내용
- ☑ 글맵시를 작성할 때 모양을 모르면 외곽선을 따라 그려보고 정확한 도형으로 작성합니다.
- ☑ 글맵시에서 그림자가 있는지, 없는지 확인하고 작성합니다.
- ☑ 글맵시 모양은 갈매기형 수장, 육각형, 물결, 수축, 나비넥타이 등이 자주 출제됩니다.
- ☑ 문단 첫 글자 장식에서 모양은 지시사항을 확인하고 선택합니다.

➡ **주요 단축키** : 문서 작성시 시간 단축에 도움
- ☑ 개체 속성 : 개체를 선택한 후 [P]   저장하기 : [Alt]+[S]

Skill 01 글맵시 입력하기

① [한글 2022] 프로그램을 실행한 후 [파일]-[불러오기]를 클릭합니다. 이어서, [불러오기] 대화상자가 나오면 '유형02_문제.hwpx' 파일을 불러옵니다.

※ 학습을 위해 필요한 출제 유형 완전정복 파일을 [소스 및 정답] 폴더에서 불러와 작업합니다.

② 1 페이지의 첫 번째 줄을 클릭한 후 [입력] 탭에서 [글맵시( )]의 목록 단추( )를 클릭한 다음 '채우기 – 파란색 그러데이션, 역갈매기형 수장 모양'을 선택합니다.

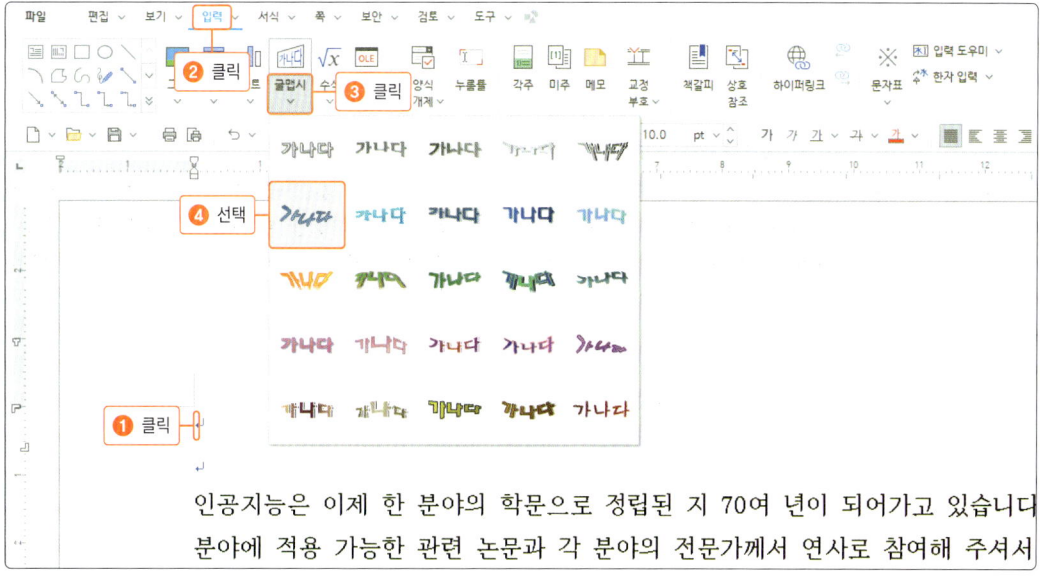

③ [글맵시 만들기] 대화상자가 나오면 '내용' 입력 칸에 '2024년인공지능학술대회'를 입력한 후 '글꼴(굴림체)'을 지정합니다.

※ 글맵시 내용은 [문제 1]을 참고하여 입력합니다.

④ '글맵시 모양'을 클릭합니다. 이어서, '갈매기형 수장()'을 선택한 후 〈설정〉 단추를 클릭합니다.

※ 실제 시험에서 자주 출제되는 글맵시 모양은 '역갈매기형 수장', '육각형' 등이 있습니다.

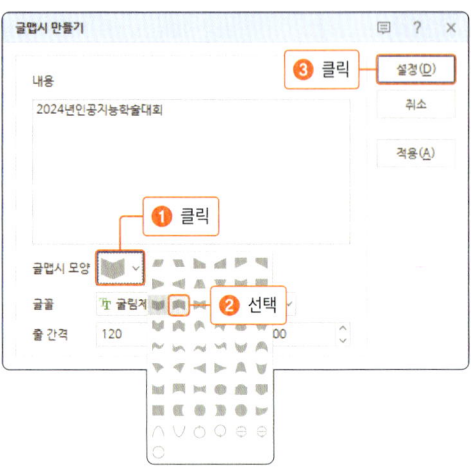

> **TIP — 시험 대비 주의사항**
> 실제 시험지에서는 글맵시 모양의 이름이 지시사항에 없으므로 시험지의 출력 형태를 보고 동일한 모양을 찾아서 선택해야 합니다. 만약, 잘못 선택했을 경우 [글맵시(▣)] 탭에서 '글맵시 모양(▣)'을 눌러 다른 모양을 선택할 수 있습니다.

Skill 02 글맵시 편집하기

① 삽입된 글맵시를 더블 클릭합니다.

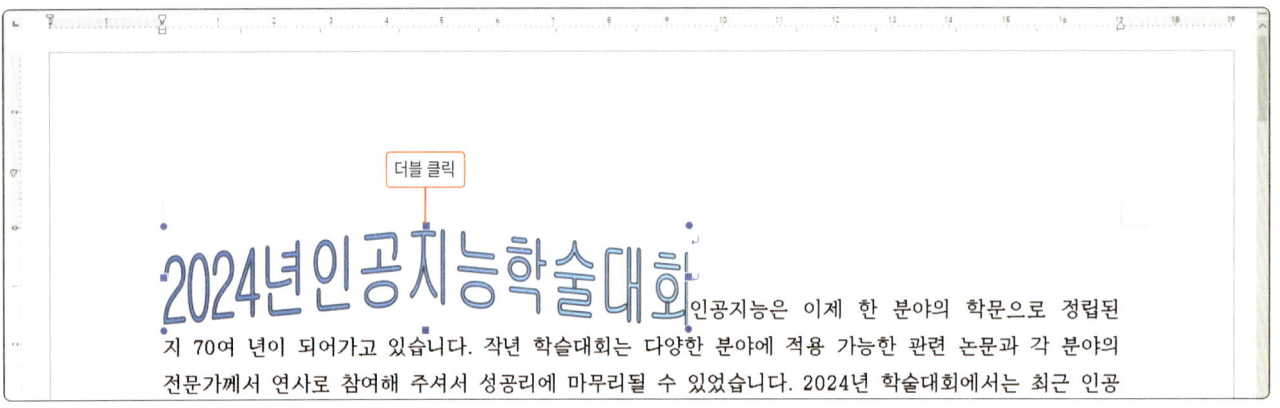

② [개체 속성] 대화상자가 나오면 [기본] 탭에서 '크기'를 '너비(120mm)', '높이(20mm)'로 입력합니다. 이어서, '크기 고정'과 '글자처럼 취급'을 클릭하여 체크합니다.

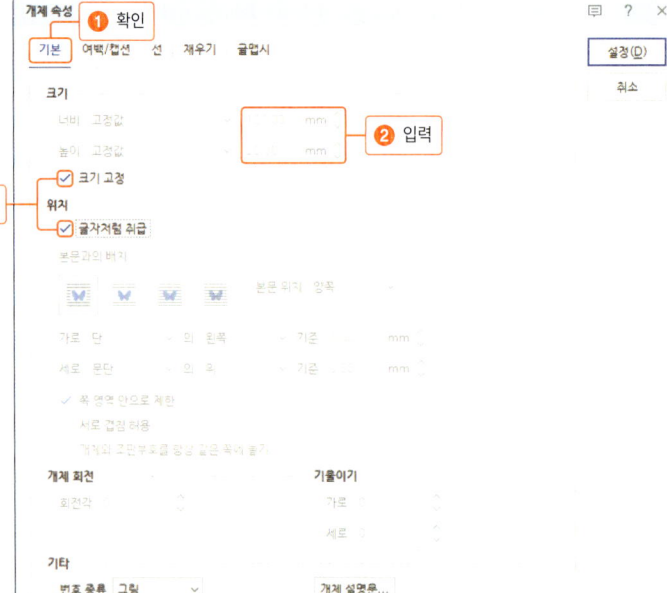

> **TIP — 글자처럼 취급**
> 글맵시에 '글자처럼 취급'을 체크하게 되면 글맵시를 하나의 도형 개체가 아닌 문서에 포함된 글자로 인식하여 커서 단위로 자유롭게 이동이 가능하며 정렬(가운데)을 지정할 수 있습니다.

❸ [개체 속성] 대화상자의 [채우기] 탭을 클릭한 후 '색'의 '면 색'을 클릭합니다. 이어서, '스펙트럼'을 클릭하여 문제지([문제 1])에 지시되어 있는 색상 값 '(RGB:199,82,82)'을 직접 입력한 다음 〈적용〉 단추 및 〈설정〉 단추를 클릭합니다.

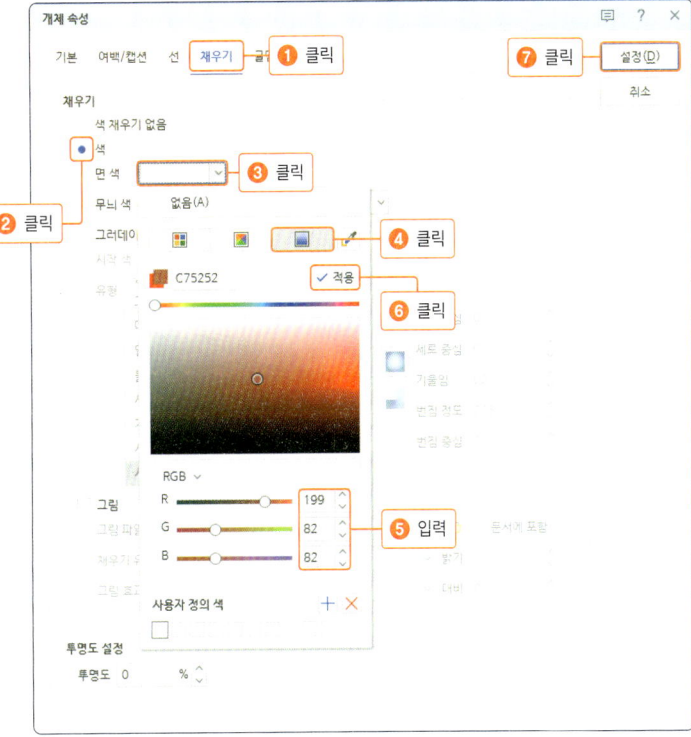

❹ [글맵시( )] 탭에서 [글맵시 윤곽선]의 목록 단추( )를 클릭한 후 '없음'을 선택합니다.

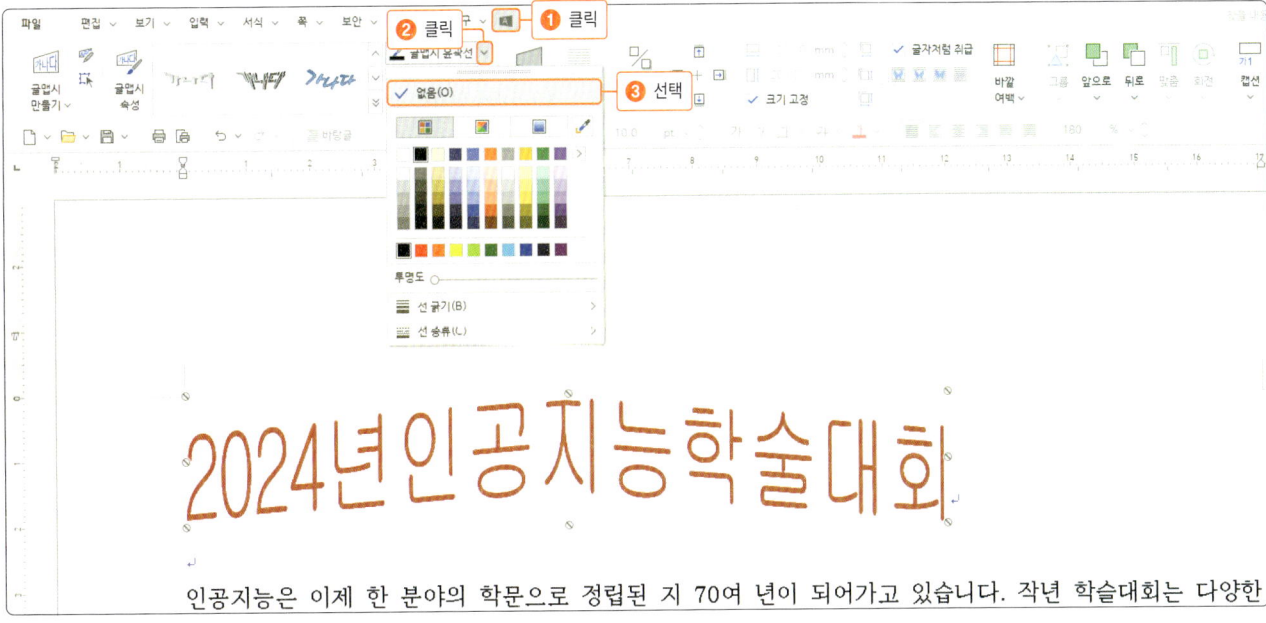

⑤ 글맵시의 모양과 색상이 변경되면 [Esc] 키를 누른 다음 [서식] 도구 상자에서 '**가운데 정렬(≡)**'을 클릭합니다.

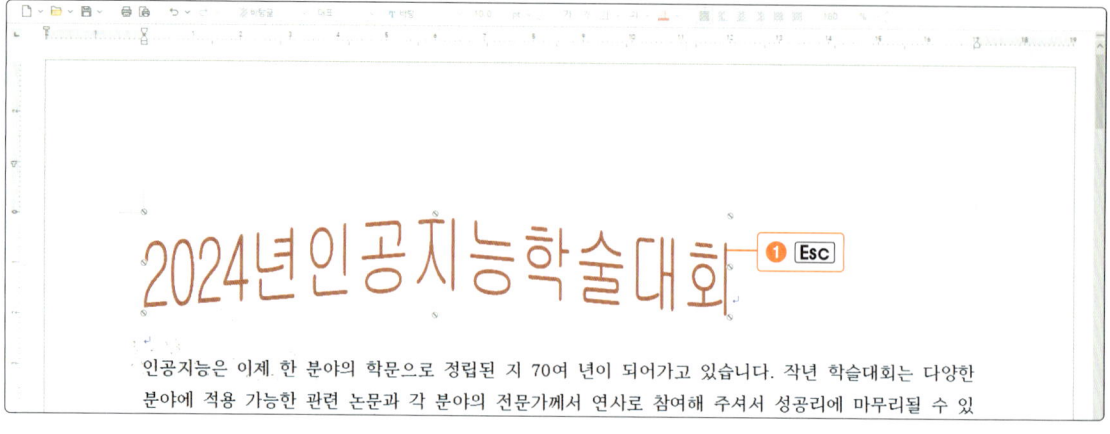

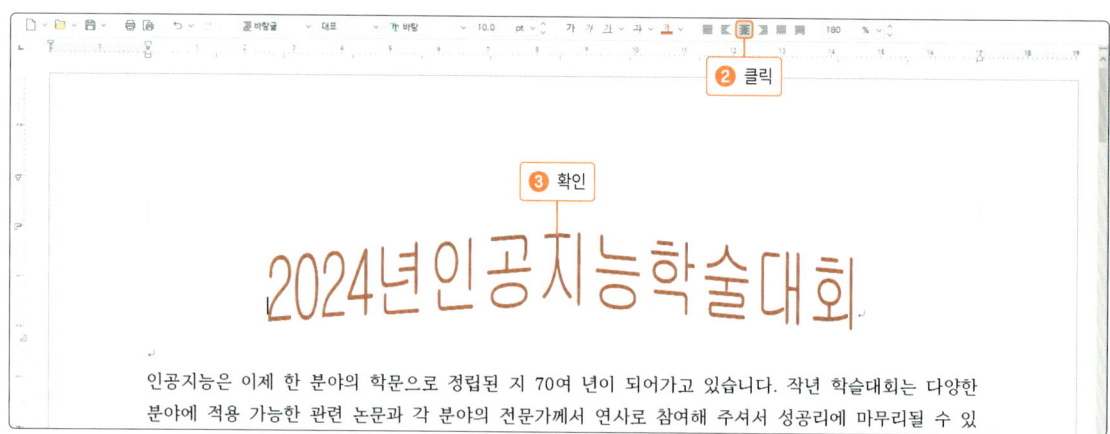

Skill 03 문단 첫 글자 장식하기

① 문단 첫 글자 장식을 지정하기 위해 첫 번째 문단 내용 '인공지능은' 앞을 클릭한 후 [서식] 탭에서 '**문단 첫 글자 장식(갇)**'을 클릭합니다.

※ [서식] 탭에서 목록 단추(▽)를 클릭한 후 [문단 첫 글자 장식]을 선택할 수도 있습니다.

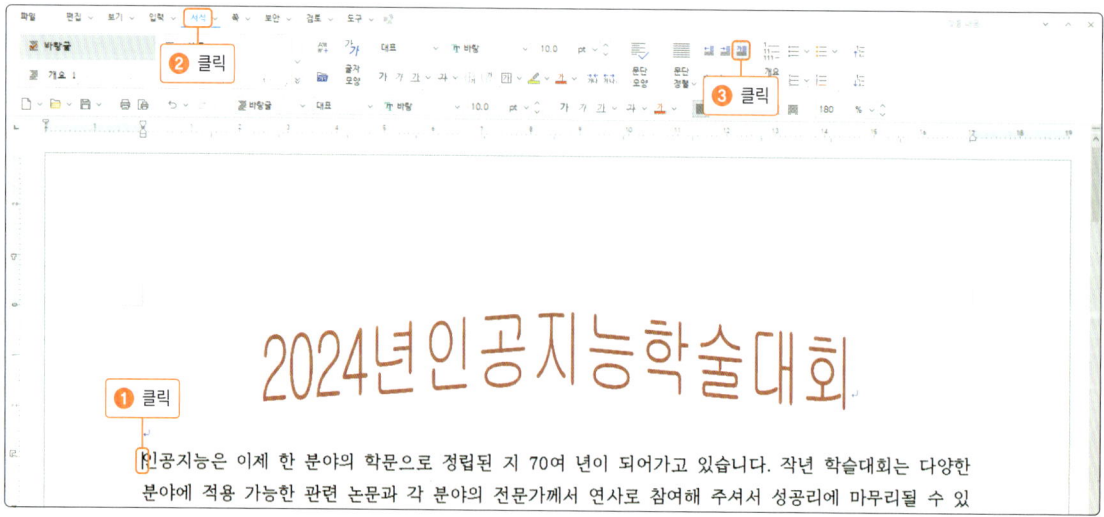

❷ [문단 첫 글자 장식] 대화상자가 나오면 '**모양-2줄, 글꼴/테두리-글꼴(궁서체), 면 색(RGB:255,255,0), 본문과의 간격(3.0mm)**'을 지정한 후 〈설정〉 단추를 클릭합니다.

※ 면 색(RGB:255,255,0)은 [스펙트럼]에서 지정합니다.

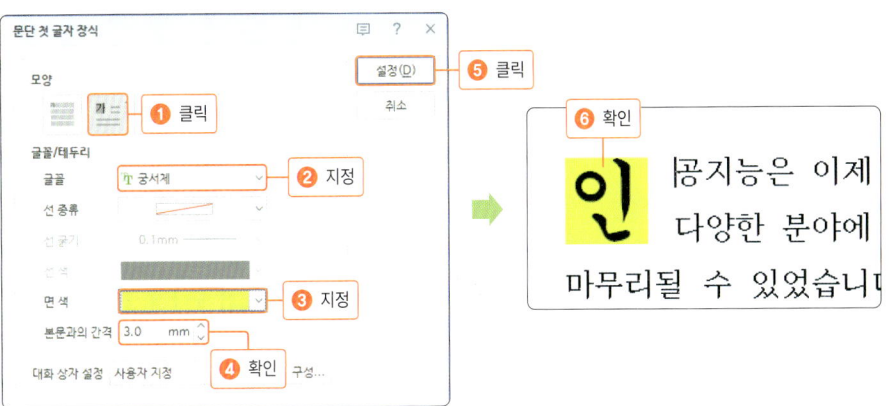

❸ [파일] 탭에서 [저장하기](또는 Alt + S) 또는 [서식] 도구 상자에서 '**저장하기()**'를 클릭하여 답안 파일을 저장합니다.

※ 실제 시험을 볼 때 작업 도중에 수시로(10분에 한 번 정도) 저장을 하는 것이 좋습니다.

글맵시 및 문단 첫 글자 장식

완전정복-01

다음 지시사항을 참고하여 글맵시 및 문단 첫 글자 장식을 입력해 보세요.
- 소스 : 정복02_문제01.hwpx
- 정답 : 정복02_정답01.hwpx

작성 시간 / 권장 시간: 분 / 4분

문단 첫 글자 장식 -
모양 : 2줄, 굴림체
면 색 : 색상(RGB:202,86,167), 본문과의 간격 : 3.0mm

글맵시 - 궁서, 채우기 : 색상(RGB:0,128,0)
크기 : 너비(110mm), 높이(20mm), 위치 : 글자처럼 취급, 가운데 정렬

1인카페창업세미나개최

1인 가구가 늘어나고 있는 현대사회에서 식당이나 카페도 1인 사용을 희망하는 사람들이 늘어나고 있습니다. 스케일이 다르고 이익률과 저렴한 인테리어로 특색 있는 공간을 만들기 위한 창업 비결을 공개하고자 세미나를 개최하게 되었습니다. 선착순 예약자분들께는 일부 가맹비 지원과 함께 전문가 분들의 고수익 상권 분석 시스템을 활용한 개별 상담이 이루어질 예정입니다. 1인 카페 예비 사장님들께서는 많은 관심 부탁드립니다.

완전정복-02

다음 지시사항을 참고하여 글맵시 및 문단 첫 글자 장식을 입력해 보세요.
- 소스 : 정복02_문제02.hwpx
- 정답 : 정복02_정답02.hwpx

작성 시간 / 권장 시간: 분 / 4분

문단 첫 글자 장식 -
모양 : 2줄, 궁서체
면 색 : 색상(RGB:53,135,145), 본문과의 간격 : 3.0mm

글맵시 - 굴림, 채우기 : 색상(RGB:0,0,255)
크기 : 너비(120mm), 높이(20mm), 위치 : 글자처럼 취급, 가운데 정렬

제10회동해바다사랑축제

2024년을 책임질 축제를 소개합니다! [제10회 동해바다사랑축제]는 지역 상권 발전을 위해 지역 상인들의 기부와 봉사로 시작되었고 축제 첫날부터 백사장 미디어 존과 미디어 아트로 신비롭고 창의적인 경광을 볼 수 있습니다. 아름다운 빛의 조형물과 함께 포토존에서 추억을 만들어 보세요! 넓고 넓은 바다에서 이루어지는 축제로 안전에 특히 신경을 많이 썼으며 바다와 함께 정적인 이미지를 개선할 다양한 행사를 즐겨보시기 바랍니다.

완전정복-03

다음 지시사항을 참고하여 글맵시 및 문단 첫 글자 장식을 입력해 보세요.
- 소스 : 정복02_문제03.hwpx
- 정답 : 정복02_정답03.hwpx

작성 시간 / 권장 시간: 분 / 4분

문단 첫 글자 장식 -
모양 : 2줄, 궁서
면 색 : 색상(RGB:199,82,82), 본문과의 간격 : 3.0mm

글맵시 - 궁서, 채우기 : 색상(RGB:128,0,208)
크기 : 너비(120mm), 높이(20mm), 위치 : 글자처럼 취급, 가운데 정렬

대한민국명화그림대회

안녕하십니까? 본 갤러리에서는 청소년들이 꿈꾸는 세상을 만들고 그동안의 재능을 뽐낼 수 있도록 명화 따라 그리기 대회를 개최합니다. 미래의 주역이 될 우리 학생들의 자질로 미래 성장 가능성을 재고하고 개인 역량 증진을 도모시키면서 수상을 통해 자신감 향상과 동기부여에 목적을 두고 있습니다. 상위 수상자는 글로벌 본선 대회 진출 자격을 얻을 수 있으니 개최되는 그림대회에 많은 관심과 참여 바랍니다.

완전정복-04

다음 지시사항을 참고하여 글맵시 및 문단 첫 글자 장식을 입력해 보세요.

- 소스 : 정복02_문제04.hwpx
- 정답 : 정복02_정답04.hwpx

작성 시간 / 권장 시간 : 분 / 4분

글맵시 : 굴림, 채우기 : 색상(RGB:233,174,43)
크기 : 너비(110mm), 높이(20mm), 위치 : 글자처럼 취급, 가운데 정렬

제1회디지털역량강화포럼

문단 첫 글자 장식 -
모양 : 2줄, 궁서체
면 색 : 색상(RGB:53,135,145), 본문과의 간격 : 3.0mm

지능정보사회는 우리의 삶을 획기적으로 변화시킬 것으로 기대되고 있습니다. 반면에 지능정보기술에 익숙하지 않은 취약계층의 디지털 격차는 단순하게 기술을 활용하지 못해서 오는 불편함을 넘어서 지능정보사회의 혜택을 제대로 누리지 못하게 되는 사회적, 경제적 불평등을 초래할 수도 있습니다. 오는 4월 '디지털 포용 실현을 위한 과제'라는 주제로 제1회 디지털 역량 강화 포럼을 개최하고자 하오니 많은 여러분들의 관심과 참여 부탁드립니다.

완전정복-05

다음 지시사항을 참고하여 글맵시 및 문단 첫 글자 장식을 입력해 보세요.

- 소스 : 정복02_문제05.hwpx
- 정답 : 정복02_정답05.hwpx

작성 시간 / 권장 시간 : 분 / 4분

글맵시 - 궁서체, 채우기 : 색상(RGB:202,86,167)
크기 : 너비(110mm), 높이(20mm), 위치 : 글자처럼 취급, 가운데 정렬

펫티켓문화확산캠페인

문단 첫 글자 장식 -
모양 : 2줄, 굴림체
면 색 : 색상(RGB:49,95,151), 본문과의 간격 : 3.0mm

요즘 반려동물로 인한 안전사고가 빈번히 발생하며, 반려인과 비반려인 간의 갈등이 심화되고 있습니다. 이를 계기로, 우리는 상호간의 예의와 존중이 필요한 펫티켓이 필수적인 시대에 살고 있습니다. 반려동물과 함께하는 삶에서도 기본적인 에티켓을 준수해야 합니다. 이러한 상황을 고려하여 저희 협회에서는 오는 5월에 펫티켓 홍보 캠페인을 진행할 예정입니다. 많은 분들의 관심과 참여를 기다리며, 이 캠페인이 더 나은 동물과 사람의 공존을 위한 큰 기회로 이어지길 기대합니다.

완전정복-06

다음 지시사항을 참고하여 글맵시 및 문단 첫 글자 장식을 입력해 보세요.

- 소스 : 정복02_문제06.hwpx
- 정답 : 정복02_정답06.hwpx

작성 시간 / 권장 시간 : 분 / 4분

글맵시 - 굴림체, 채우기 : 색상(RGB:199,82,82)
크기 : 너비(110mm), 높이(20mm), 위치 : 글자처럼 취급, 가운데 정렬

디지털윤리강사양성과정모집

문단 첫 글자 장식 -
모양 : 2줄, 궁서체
면 색 : 색상(RGB:105,155,55), 본문과의 간격 : 3.0mm

디지털은 현대 사회의 불가피한 동반자로 자리 잡고 있습니다. 우리 삶을 혁신적으로 편리하게 만들어 주지만 동시에 디지털 역기능과 허위정보 확산과 같은 부작용도 동반하고 있습니다. 이에 국민은 역기능을 스스로 인식하고 대응하기 위해 디지털 윤리 역량을 높이는 중요성을 인지하고 있습니다. 이에 '2024년 디지털 윤리 강사 양성 과정'이 개최되어 이들의 디지털 윤리 역량을 강화하고자 합니다. 관심 있는 분들은 아래 안내 사항을 확인하고, 기한 내에 교육 참가를 신청해주시기 바랍니다.

PART 02 출제유형 완전정복

특수 문자 입력과 글자/문단 모양 설정

☑ 특수 문자 입력하기   ☑ 글자 모양 설정하기
☑ 문단 모양 설정하기

 **미리보기**   • 소스 : 유형03_문제.hwpx   • 정답 : 유형03_정답.hwpx

2024년인공지능학술대회

인공지능은 이제 한 분야의 학문으로 정립된 지 70여 년이 되어가고 있습니다. 작년 학슬대회는 다양한 분야에 적용 가능한 관련 논문과 각 분야의 전문가께서 연사로 참여해 주셔서 성공리에 마무리될 수 있었습니다. 2024년 학술대회에서는 <u>최근 인공지능기술과 4차 산업혁명</u>이 앞으로 사회적 그리고 경제적으로 우리 인류에게 어떤 영향을 미칠지 되짚어 볼 수 있는 소중하고 의미 있는 시간이 되리라 생각합니다. 많은 관심과 참석 바랍니다.

[문자표] ▶▶ 행 사 안 내 ◀◀ [궁서, 가운데 정렬]

1. 행사일시 : 2024년 7월 6일(토), 09:00 ~ 18:00
2. 행사장소 : 한국대학교 중앙캠퍼스 미래관
3. 행사주관 : 인공지능학회
4. 참여방법 : *학회 홈페이지 (http://www.ihd.or.kr)* ← [진하게, 기울임]

[문자표]
※ 기타사항
— 학회 참가 신청은 선착순으로 진행되며 프로그램별 100명입니다.
— 자세한 내용은 학회 홈페이지에서 확인할 수 있으며 사전등록 및 교통 안내, 해외참가자의 출입국 관련 사무의 경우 학회사무국(02-123-4567)으로 문의 바랍니다.

[왼쪽여백 : 15pt]
[내어쓰기 : 12pt]

2024. 05. 30. ← [13pt, 가운데 정렬]

인공지능학회 ← [돋움, 24pt, 가운데 정렬]

Digital Information Ability Test

난이도	권장 시간 / 시험 시간	유형 점수 / 시험 점수
★★★☆☆	5분 / 40분	46점 / 200점

※ 출제유형 01 ~ 04까지 합쳐진 점수
※ 공통사항 1, 2 제외

시험 분석

➡ **주의 사항 : 실수가 많은 내용**
- ☑ 띄어쓰기와 줄 사이 한 칸 띄우기를 확인하면서 작성합니다.
- ☑ 문자표를 입력할 때 [한글(HNC) 문자표] 탭-'전각 기호(일반)'에서 문자표를 입력합니다.
- ☑ 글자 서식을 변경할 때 바꾸고자 하는 글자만 블록을 지정하고 변경합니다.
- ☑ 글자를 수정할 때 뒤 글자가 지워진다면 [Insert] 키를 눌러 삽입 모드로 변경합니다.

➡ **주요 단축키 : 문서 작성시 시간 단축에 도움**
- ☑ 글자 모양 : [Alt]+[L]   문단 모양 : [Alt]+[T]   문자표 : [Ctrl]+[F10]

Skill 01 특수 문자 입력하기

① 다음과 같이 1 페이지의 문장의 끝을 클릭한 후 [Enter] 키를 두 번 누릅니다.

② [입력] 탭에서 [문자표(※)]의 목록 단추(문자표▽)를 클릭한 후 '문자표'(또는 [Ctrl]+[F10])를 선택합니다.

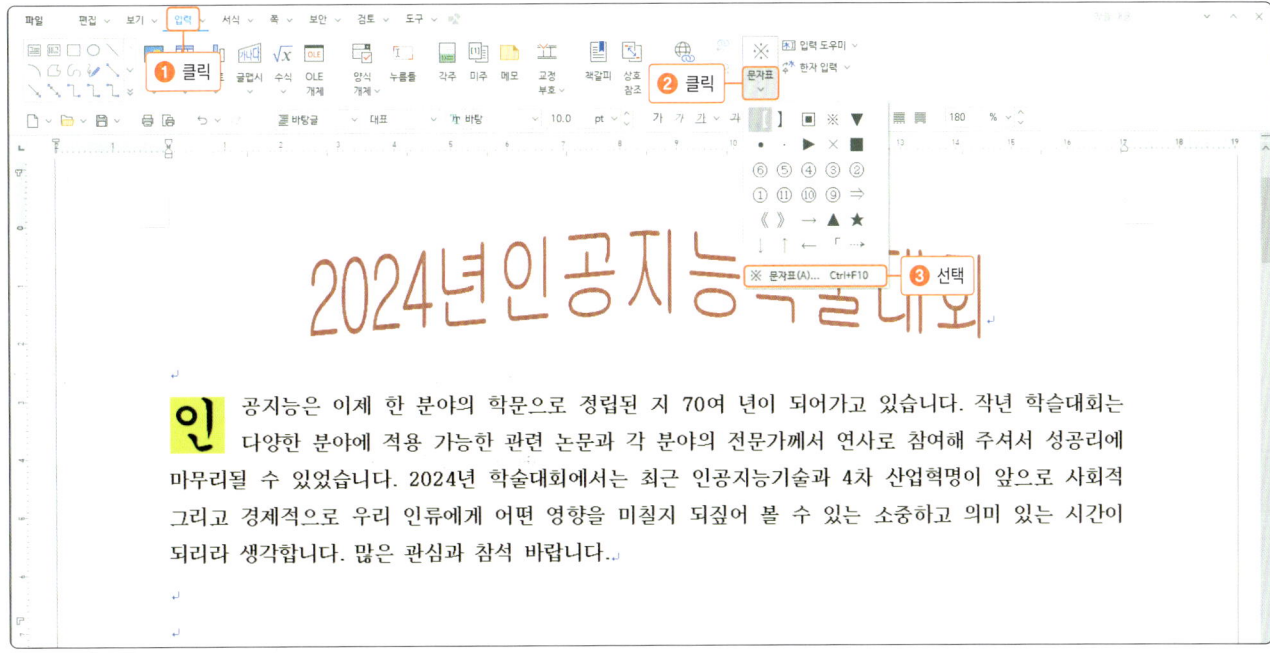

③ [문자표] 대화상자가 나오면 [훈글(HNC)
문자표]-[문자 영역]-[전각 기호(일반)]
에서 '▶' 모양을 선택한 후 〈넣기〉 단추
를 클릭합니다.

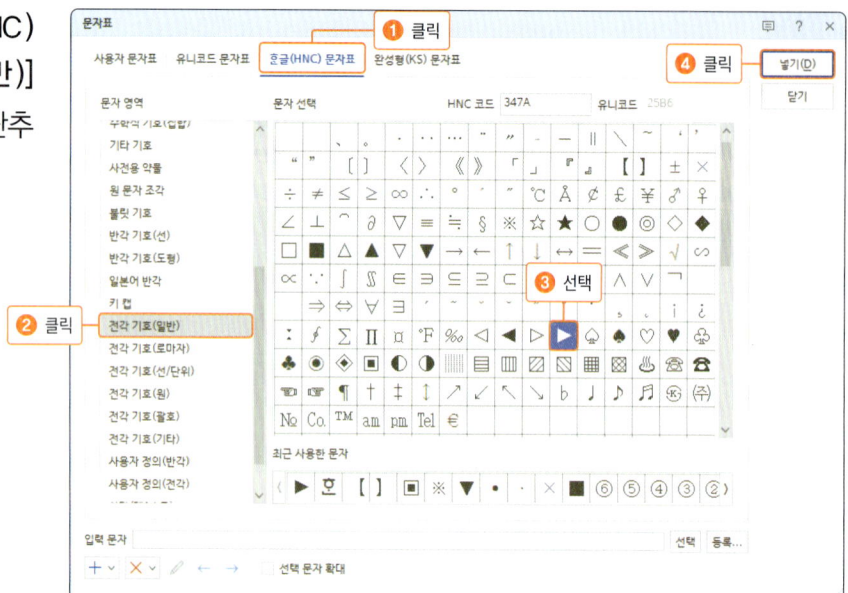

④ 특수 문자가 입력되면 Space Bar 키를 한 번 눌러 한 칸을 띄운 후 '행
사안내'를 입력합니다.

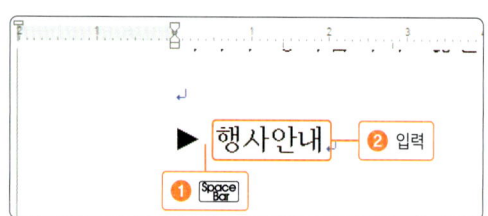

⑤ Space Bar 키를 다시 한 번 눌러 한 칸을 띄운 후 똑같은 방법으로 '◀'
모양을 입력합니다. 이어서, Enter 키를 두 번 누릅니다.

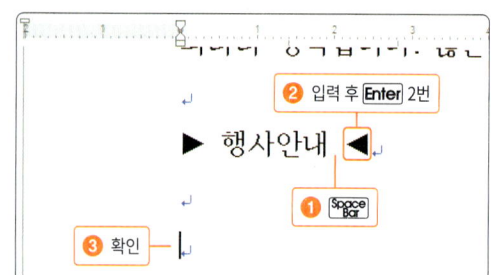

Skill 02 글자 모양 설정하기

① '자동 글머리 기호 넣기'와 '자동 번호 매
기기' 기능을 해제하기 위해 [도구] 탭에
서 [빠른 교정(ABC)]-'빠른 교정 내용'을
선택합니다.

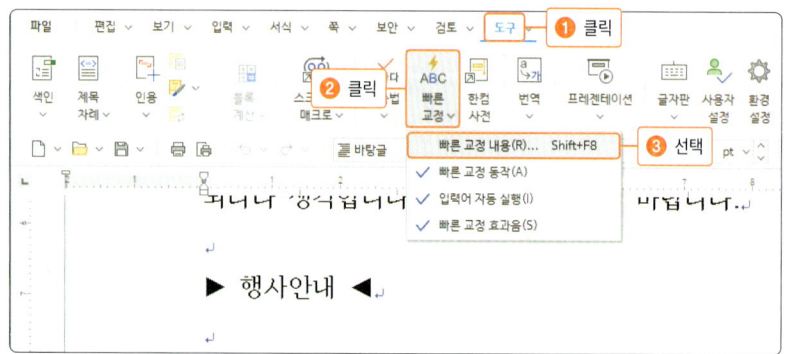

자동 글머리 기호 넣기/자동 번호 매기기

- 한글 2022 버전은 아래와 같이 '자동 글머리 기호 넣기'와 '자동 번호 매기기' 기능을 해제한다.

  도구 → 빠른 교정 → 빠른 교정 내용 → 입력 자동 서식 ⇒ 자동 글머리 기호 넣기(해제)
  자동 번호 매기기(해제)

▲ 실제 시험 지시문

❶ 한글 2022에서는 '1.'이나 '-'를 입력한 후 내용을 입력하고 Enter 키를 눌러 다음 문단으로 이동하면 자동으로 글머리 기호나 번호가 지정되어 나타납니다.

❷ 실제 시험 지시문의 방법대로 '자동 글머리 기호 넣기'와 '자동 번호 매기기' 기능을 해제한 후 내용을 입력해야 합니다.

❷ [빠른 교정 내용] 대화상자가 나오면 [입력 자동 서식] 탭에서 '**자동 글머리 기호 넣기**'와 '**자동 번호 매기기**'를 클릭하여 체크를 해제한 후 〈닫기〉 단추를 클릭합니다.

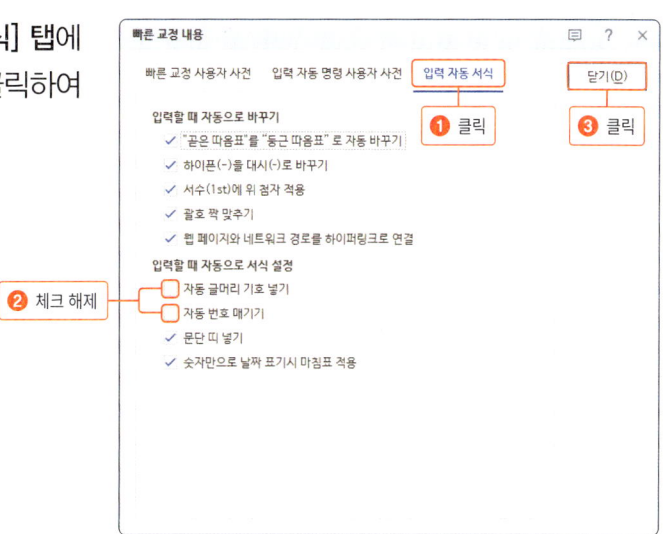

❸ [문제 1]을 보면서 다음과 같이 내용을 입력합니다.

▶ 행사안내 ◀

1. 행사일시 : 2024년 7월 6일(토), 09:00 ~ 18:00
2. 행사장소 : 한국대학교 중앙캠퍼스 미래관
3. 행사주관 : 인공지능학회
4. 참여방법 : 학회 홈페이지 (http://www.ihd.or.kr)

※ 기타사항
- 학회 참가 신청은 선착순으로 진행되며 프로그램별 100명입니다.
- 자세한 내용은 학회 홈페이지에서 확인할 수 있으며 사전등록 및 교통 안내, 해외참가자의 출입국 관련 사무의 경우 학회사무국(02-123-4567)으로 문의 바랍니다.

2024. 05. 30.

인공지능학회

④ URL 주소가 입력된 문장 위에서 마우스 오른쪽 단추를 눌러 바로 가기 메뉴가 나오면 **[하이퍼링크 지우기]**를 클릭합니다.

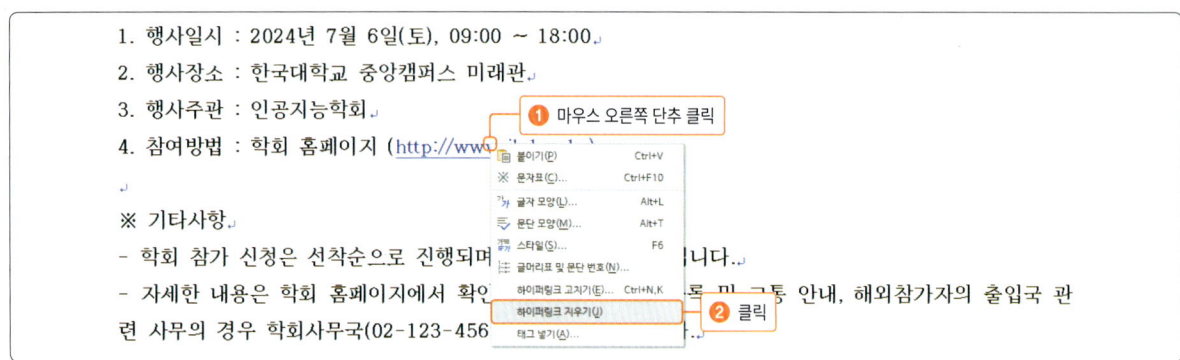

⑤ 다음과 같이 '**최근 인공지능기술과 4차 산업혁명**'을 드래그하여 블록으로 지정한 후 [서식] 도구 상자에서 '**진하게(가)**'와 '**밑줄(가)**'을 클릭합니다.

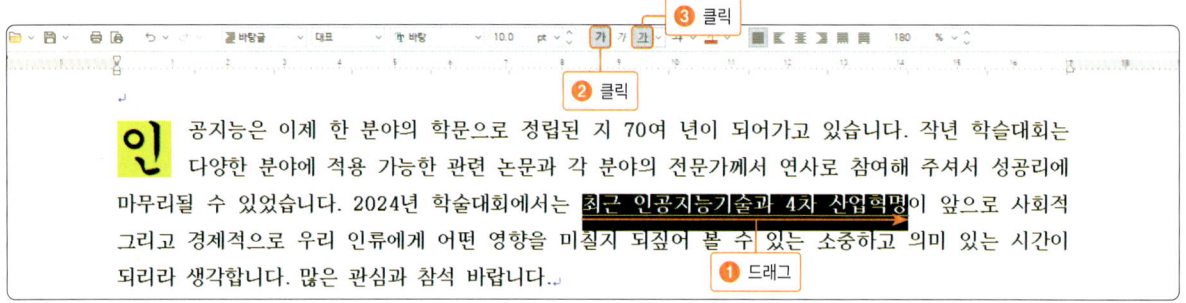

⑥ 똑같은 방법으로 다음과 같이 블록으로 지정한 후 [서식] 도구 상자에서 '**글꼴(궁서), 가운데 정렬(≡)**'을 지정합니다.

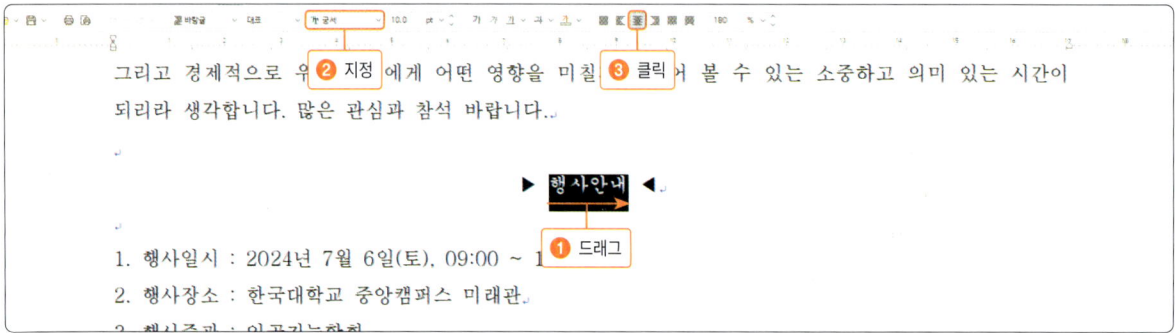

⑦ 똑같은 방법으로 다음과 같이 블록으로 지정한 후 [서식] 도구 상자에서 '**진하게(가)**'와 '**기울임(가)**'을 클릭합니다.

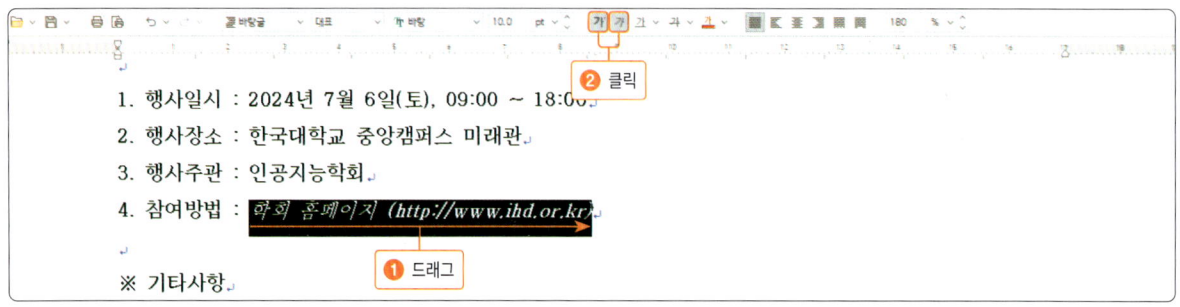

❽ 똑같은 방법으로 다음 지시사항에 따라 서식을 지정합니다.

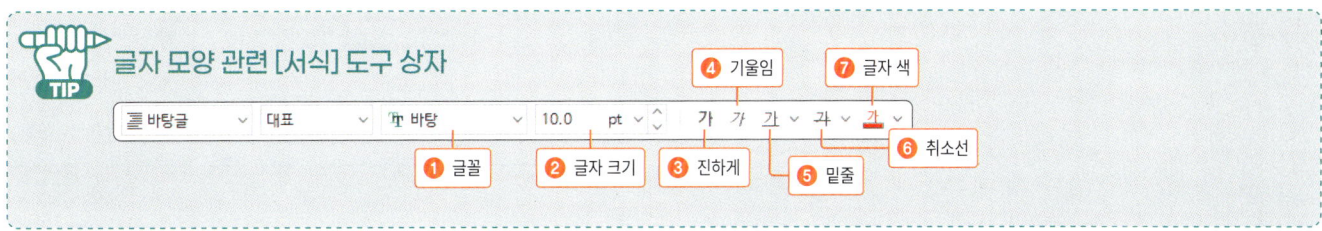

Skill 03 문단 모양 설정하기

❶ 문단 모양을 설정하기 위해 다음과 같이 드래그하여 블록으로 지정한 후 [편집] 탭에서 '문단 모양( )'(또는 Alt + T)을 클릭합니다.

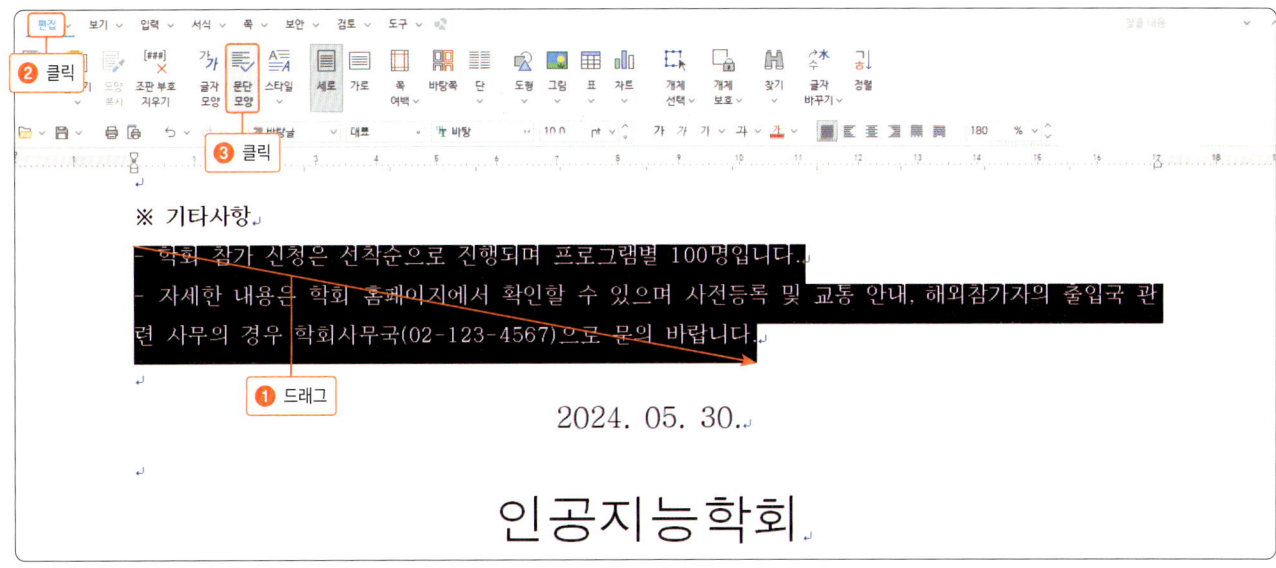

❷ [문단 모양] 대화상자가 나오면 [기본] 탭에서 '여백'의 '왼쪽(15pt)'을 지정합니다. 이어서, '첫 줄'의 '내어쓰기(12pt)'를 지정한 후 〈설정〉 단추를 클릭합니다.

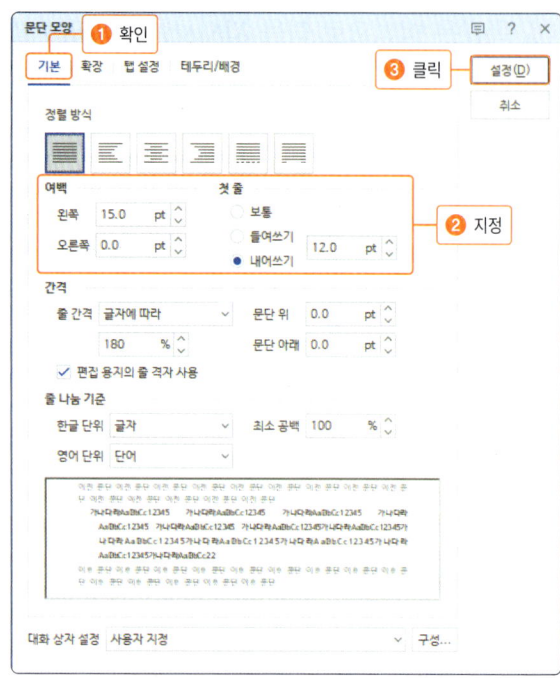

❸ Esc 키를 눌러 블록 지정을 해제한 후 '왼쪽 여백'과 '내어쓰기'가 지정된 것을 확인합니다.

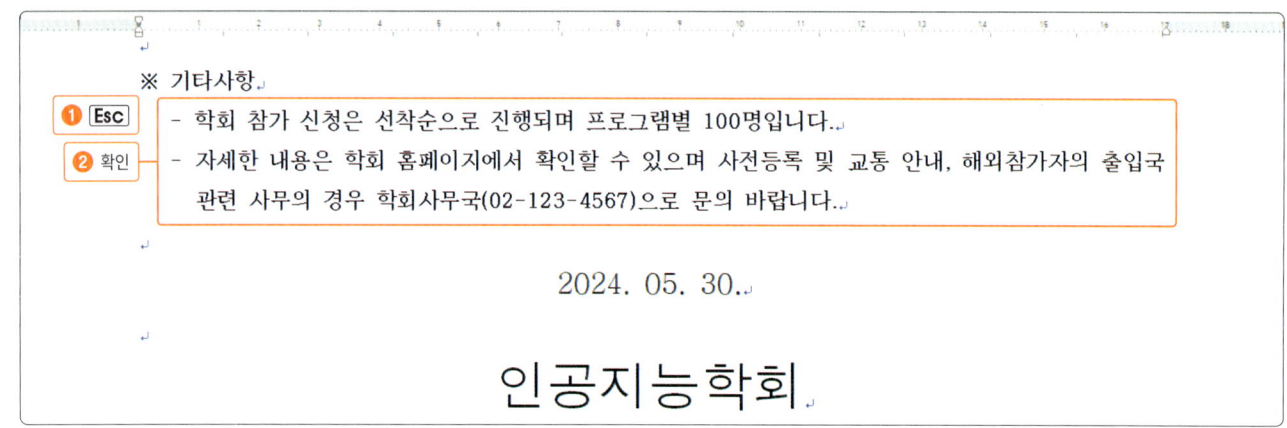

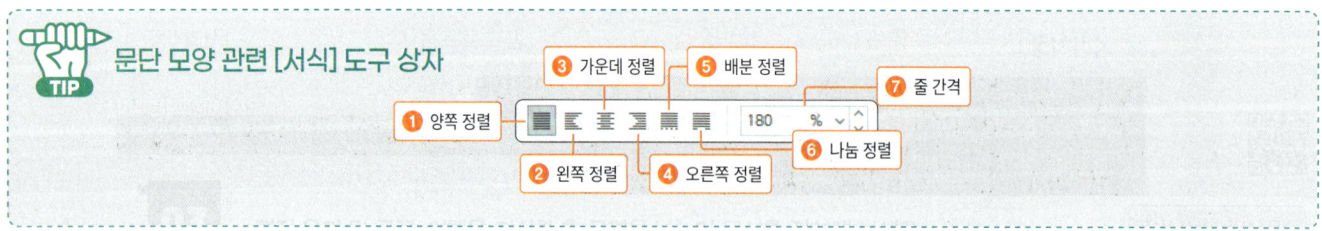

❹ [파일] 탭에서 [저장하기](또는 Alt + S) 또는 [서식] 도구 상자에서 '저장하기(💾)'를 클릭하여 답안 파일을 저장합니다.

※ 실제 시험을 볼 때 작업 도중에 수시로(10분에 한 번 정도) 저장을 하는 것이 좋습니다.

특수 문자 입력과 글자/문단 모양 설정

완전정복-01

다음 지시사항을 참고하여 문자표 입력과 글자/문단 모양을 설정해 보세요.

- 소스 : 정복03_문제01.hwpx
- 정답 : 정복03_정답01.hwpx

작성 시간 / 권장 시간: 분 / 5분

◆ 안내사항 ◆ (문자표, 궁서, 가운데 정렬)

1. 일   시 : 2024. 3. 1.(금) 13:00~16:00
2. 장   소 : 한국레오센터 1층 대강당
3. 대   상 : 1인 카페 창업에 관심 있는 분 누구나
4. 신청안내 : *한국레오카페 홈페이지 (http://www.ihd.or.kr)* ← 진하게, 기울임

※ 기타사항 (문자표)

- 행사 시작 전 10분 전까지 착석 부탁드리며 행사 시 휴대폰은 꼭 무음으로 부탁드립니다.
- 단체 참가 시 본 센터 총무팀으로 문의 주시기 바라며 재수강이신 분들께서는 소정의 선물이 증정되고 있으니 꼭 말씀해 주시면 감사드립니다.(02-1234-5678)

(왼쪽여백 : 10pt, 내어쓰기 : 12pt)

2024. 2. 24. ← 12pt, 가운데 정렬

㈜한국레오카페커뮤니티 ← 궁서, 30pt, 가운데 정렬

※ 실제 시험에서는 내용을 입력한 후 서식을 지정합니다.

완전정복-02

다음 지시사항을 참고하여 문자표 입력과 글자/문단 모양을 설정해 보세요.

- 소스 : 정복03_문제02.hwpx
- 정답 : 정복03_정답02.hwpx

작성 시간 / 권장 시간: 분 / 5분

■ 축제안내 ■ (문자표, 궁서, 가운데 정렬)

1. 축제 일정 : 2024년 4월 1일~15일 17:00~24:00
2. 축제 장소 : 동해 해수욕장 광장
3. 축제 행사 : 해변 불꽃쇼, 버스킹, 포토존, 먹거리, 스탬프 투어 등
4. 문의 사항 : *센터 홈페이지(http://www.ihd.or.kr)* ← 기울임, 밑줄

※ 기타사항 (문자표)

- 행사존 스탬프 투어는 당일 투어 완료 시 선물이 증정됩니다.
- 버스킹 참가 희망자는 접수 후 참가하시면 됩니다. 접수인원이 많을 시 선착순으로 받고 있으니 양해 부탁드립니다.

(왼쪽여백 : 10pt, 내어쓰기 : 12pt)

2024. 02. 24. ← 12pt, 가운데 정렬

동해 바다축제 센터장 ← 궁서, 24pt, 가운데 정렬

※ 실제 시험에서는 내용을 입력한 후 서식을 지정합니다.

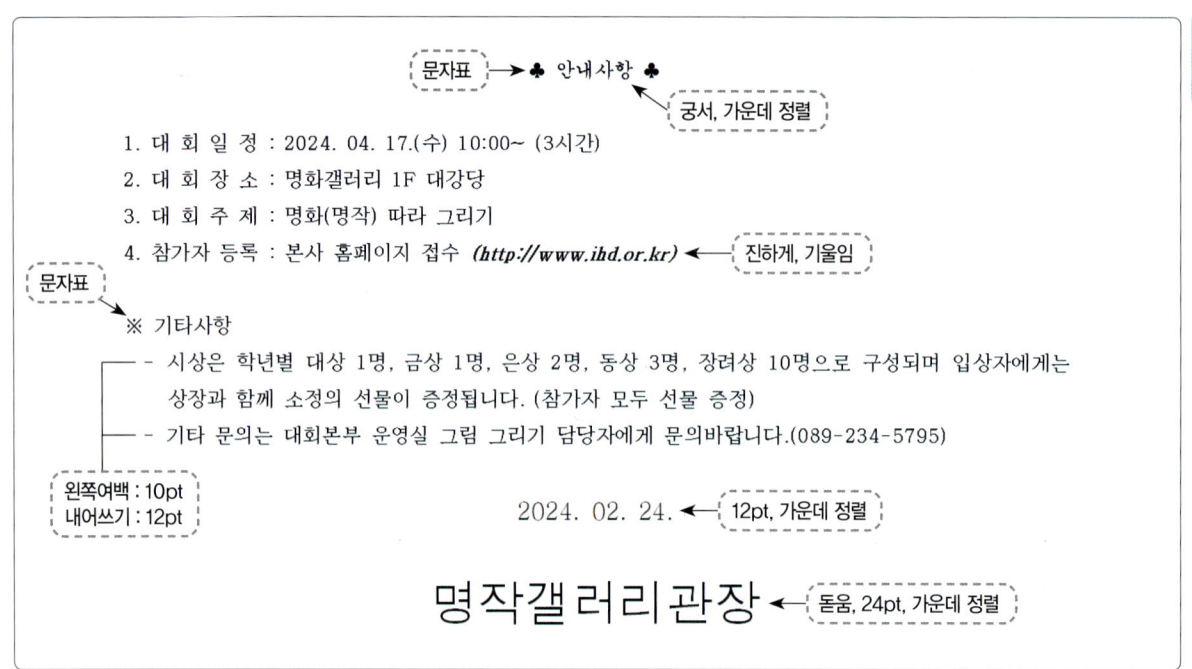

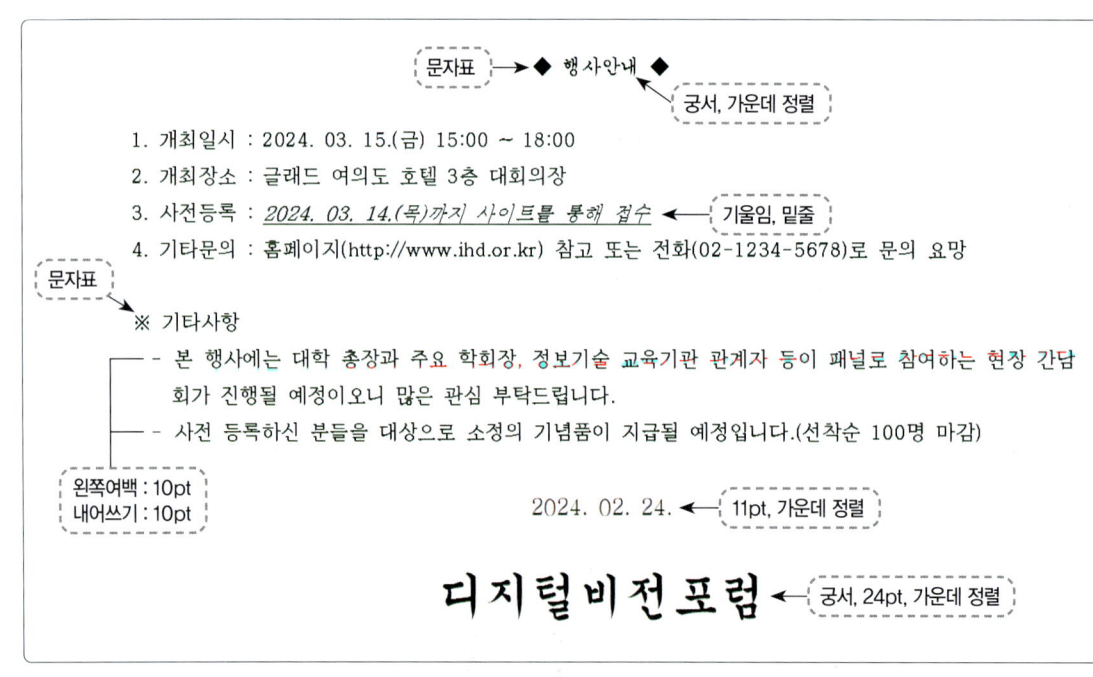

완전정복 - 05

다음 지시사항을 참고하여 문자표 입력과 글자/문단 모양을 설정해 보세요.

- 소스 : 정복03_문제05.hwpx
- 정답 : 정복03_정답05.hwpx

◎ 참여안내 ◎

1. 행사일시 : 2024.05.04.(토)~05.12.(일) 10:00~17:00
2. 행사장소 : 세종특별자치시 호수공원
3. 행사내용 : _인식표 만들기, 산책키트 만들기, 수의사 무료 건강상담 등_
4. 문 의 처 : 반려동물협회 홈페이지(http://www.ihd.or.kr) 참조

※ 기타사항
- 행사 당일 반려동물과 동반 참여시 목줄 및 배변 봉투를 지참하여 주시고 반려동물이 대형견일 경우 입마개 착용을 당부 드립니다.
- 수의사 무료 건강 상담 행사는 행사 당일 10:30분부터 사전 접수로만 진행되는 점 참고 바랍니다.

2024. 04. 10.

반려동물협회

※ 실제 시험에서는 내용을 입력한 후 서식을 지정합니다.

완전정복 - 06

다음 지시사항을 참고하여 문자표 입력과 글자/문단 모양을 설정해 보세요.

- 소스 : 정복03_문제06.hwpx
- 정답 : 정복03_정답06.hwpx

● 교육안내 ●

1. 교 육 명 : 2024년 디지털 윤리 강사 양성 과정
2. 교육기간 : 2024. 05. 06.(월) ~ 05. 17.(금) 10:00~17:00
3. 교육혜택 : _교육콘텐츠 제공 및 상/하반기 교육 강사로 파견 예정_
4. 문 의 처 : 홈페이지(http://www.ihd.or.kr) 참조

※ 기타사항
- 주요 교육 내용 : 올바른 디지털 사용 습관 정립 및 정보판별 교육, 디지털 교구 활용 교육, 학생 스스로 자연스럽게 익히는 디지털윤리 실천 교육
- 교육신청 후 교육 자료실에서 수업 교안을 다운로드하고 교육에 참여해 주시기 바랍니다.

2024. 04. 27.

디지털지능정보협회

※ 실제 시험에서는 내용을 입력한 후 서식을 지정합니다.

머리말 삽입/쪽 번호 매기기

☑ 머리말 삽입하기　　☑ 쪽 번호 매기기

문제 미리보기

· 소스 : 유형04_문제.hwpx　　· 정답 : 유형04_정답.hwpx

[머리말(굴림, 9pt, 오른쪽 정렬) → DIAT]

2024년인공지능학술대회

인공지능은 이제 한 분야의 학문으로 정립된 지 70여 년이 되어가고 있습니다. 작년 학슬대회는 다양한 분야에 적용 가능한 관련 논문과 각 분야의 전문가께서 연사로 참여해 주셔서 성공리에 마무리될 수 있었습니다. 2024년 학술대회에서는 **최근 인공지능기술과 4차 산업혁명**이 앞으로 사회적 그리고 경제적으로 우리 인류에게 어떤 영향을 미칠지 되짚어 볼 수 있는 소중하고 의미 있는 시간이 되리라 생각합니다. 많은 관심과 참석 바랍니다.

▶ 행 사 안 내 ◀

2024. 05. 30.

인공지능학회

[쪽 번호 매기기, 가, 나, 다 순으로, 가운데 아래]
↓
- 가 -

Digital Information Ability Test

난이도	권장 시간 / 시험 시간	유형 점수 / 시험 점수
★★★☆☆	3분 / 40분	46점 / 200점

*출제유형 01~04까지 합쳐진 점수
※ 공통사항 1, 2 제외

➡ **주의 사항** : 실수가 많은 내용
- ☑ 머리말을 닫지 않고 머리말에서 본문을 입력하는 경우가 있어 머리말을 닫았는지 확인합니다.
- ☑ 쪽 번호 매기기할 때 줄표 표시와 번호 모양을 확인하고 정확하게 맞춰서 입력합니다.

➡ **주요 단축키** : 문서 작성시 시간 단축에 도움
- ☑ 쪽 번호 매기기 : `Ctrl`+`N`,`P`   머리말 : `Ctrl`+`N`,`H`   머리말 닫기 : `Shift`+`Esc`

Skill 01 머리말 삽입하기

❶ [쪽] 탭에서 [머리말(≡)]-'머리말/꼬리말'(또는 `Ctrl`+`N`, `H`)을 선택합니다.

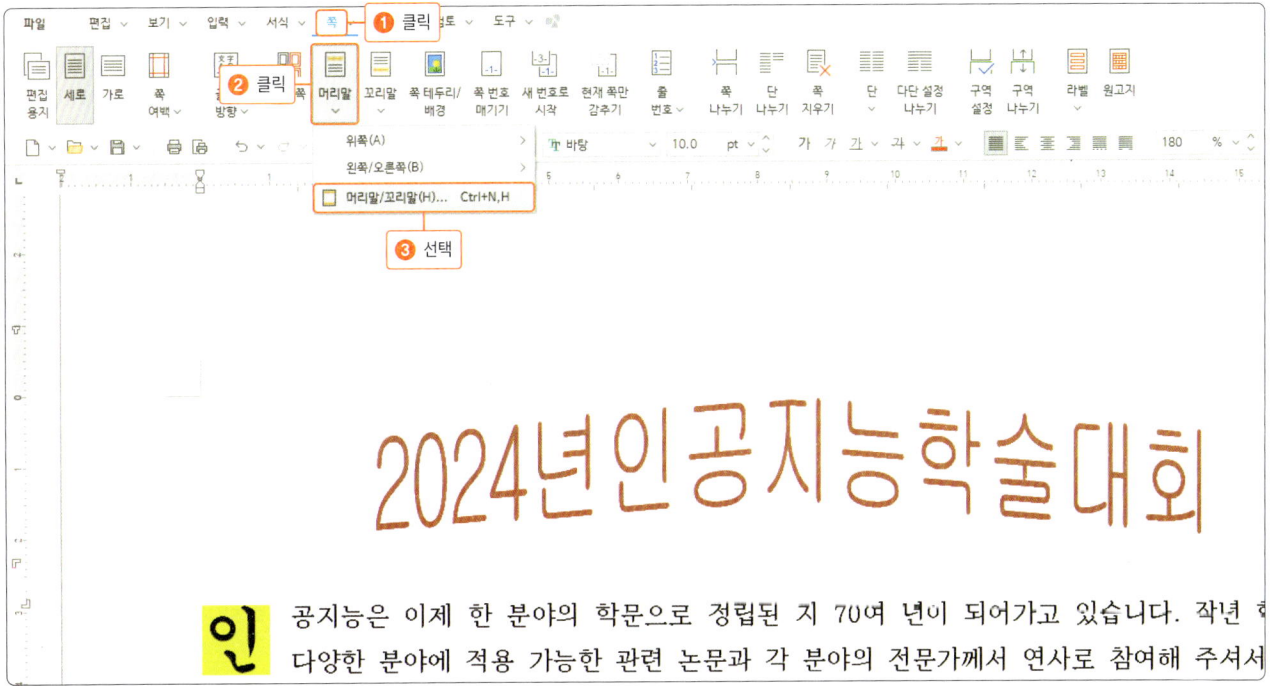

❷ [머리말/꼬리말] 대화상자가 나오면 '**종류(머리말), 위치(양쪽)**'이 지정된 것을 확인합니다. 이어서, '**머리말/꼬리말 마당-목록**'에서 '**(모양 없음)**'을 선택한 후 〈만들기〉 단추를 클릭합니다.

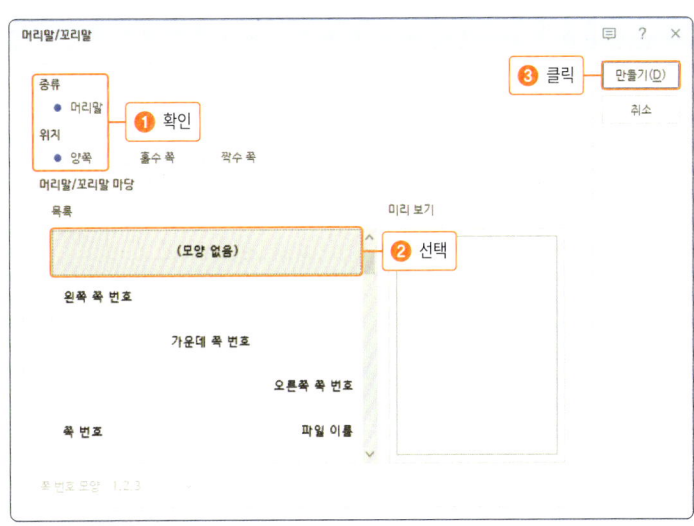

❸ 머리말(양쪽) 입력 화면이 나오면 [서식] 도구 상자에서 '**글꼴(굴림), 글자 크기(9pt), 오른쪽 정렬( )**'을 지정한 후 '**DIAT**'를 입력합니다.

❹ 머리말 입력 작업이 끝나면 [머리말/꼬리말] 탭에서 '닫기( )'(또는 Shift + Esc)를 클릭합니다.
※ 삽입된 머리말을 더블 클릭하여 머리말의 내용 또는 글자 서식을 수정할 수 있습니다.

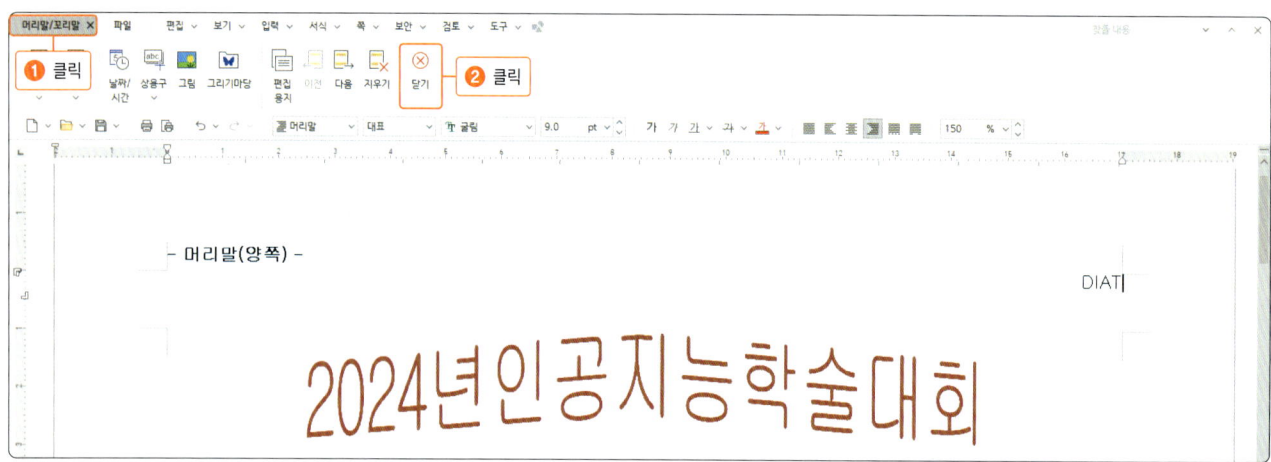

TIP 머리말이 보이지 않을 경우
작성한 머리말이 보이지 않을 경우에는 [보기] 탭에서 '쪽 윤곽'(또는 Ctrl + G , L)을 클릭하여 활성화합니다.

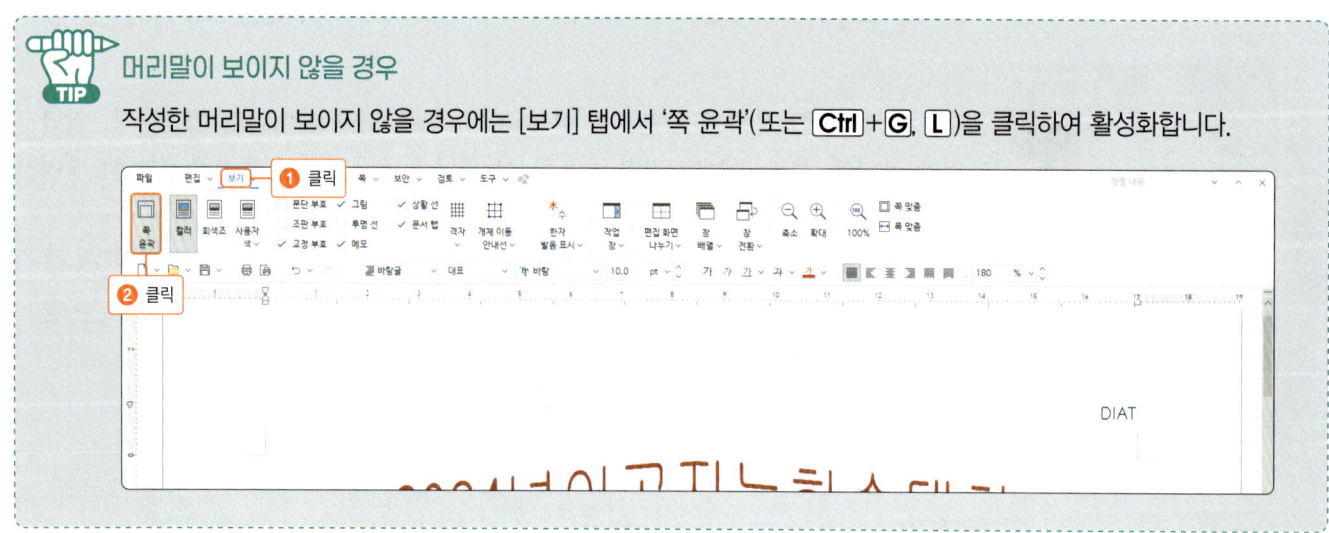

Skill 02 쪽 번호 매기기

❶ [쪽] 탭에서 '쪽 번호 매기기()'(또는 `Ctrl`+`N`, `P`)를 클릭합니다.

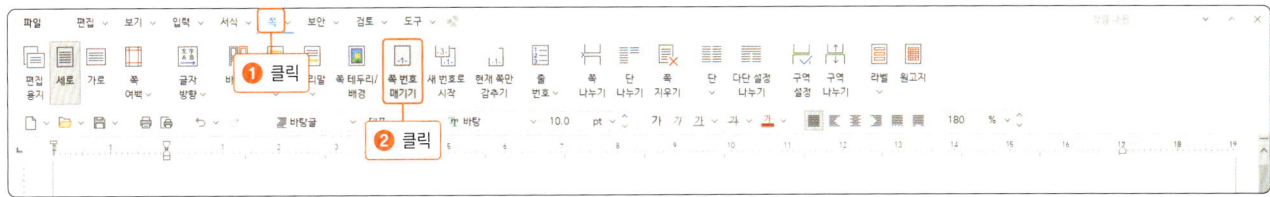

❷ [쪽 번호 매기기] 대화상자가 나오면 '번호 위치(가운데 아래), 번호 모양(가,나,다)'을 지정합니다. 이어서, '줄표 넣기'가 체크된 것을 확인한 후 〈넣기〉 단추를 클릭합니다.

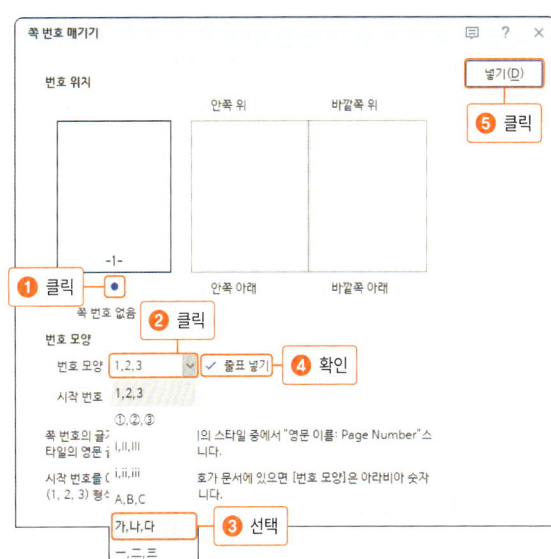

> **TIP 쪽 번호 모양**
> 실제 시험에서 쪽 번호 모양의 기본 값인 '1,2,3' 외에 다른 번호 모양이 제시된 경우에는 [쪽 번호 매기기] 대화상자에서 '번호 모양'을 클릭하여 문제지에 제시된 번호 모양(예 : Ⅰ,Ⅱ,Ⅲ)을 선택합니다.

❸ 쪽 아래 부분에 쪽 번호가 지정된 것을 확인합니다.

※ 2 페이지에도 '머리말'과 '쪽 번호'가 지정되어 있습니다.

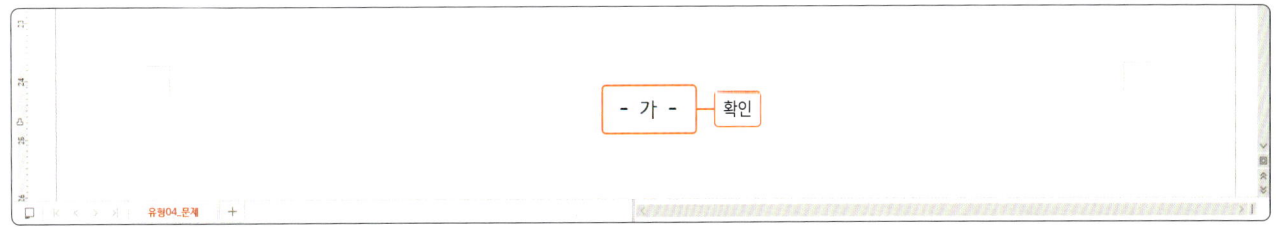

> **TIP 새 번호로 시작**
> 쪽 번호가 '1'이 아닌 다른 번호로 시작하려면 [쪽] 탭의 '새 번호로 시작(🔢)'을 클릭합니다. [새 번호로 시작] 대화상자가 나오면 '시작 번호' 입력 칸에 새로 시작할 번호를 입력합니다. 시작 번호가 변경되면 쪽 번호는 '1'에서 '3'으로 변경됩니다.

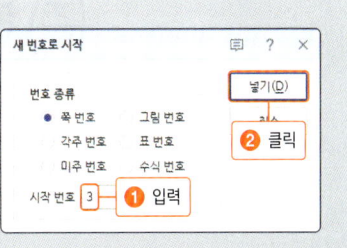

❹ [파일] 탭에서 [저장하기](또는 `Alt`+`S`) 또는 [서식] 도구 상자에서 '저장하기(💾)'를 클릭하여 답안 파일을 저장합니다.

※ 실제 시험을 볼 때 작업 도중에 수시로(10분에 한 번 정도) 저장을 하는 것이 좋습니다.

머리말(굴림, 9pt, 오른쪽 정렬) → DIAT

1인카페 창업 세미나 개최

1인 가구가 늘어나고 있는 현대사회에서 식당이나 카페도 1인 사용을 희망하는 사람들이 늘어나고 있습니다. 스케일이 다르고 이익률과 저렴한 인테리어로 특색 있는 공간을 만들기 위한 <u>창업 비결을 공개</u>하고자 세미나를 개최하게 되었습니다. 선착순 예약자분들께는 일부 가맹비 지원과 함께 전문가 분들의 고수익 상권 분석 시스템을 활용한 개별 상담이 이루어질 예정입니다. 1인 카페 예비 사장님들께서는 많은 관심 부탁드립니다.

◆ 안내사항 ◆

1. 일 　　시 : 2024. 3. 1.(금) 13:00~16:00
2. 장 　　소 : 한국레오센터 1층 대강당
3. 대 　　상 : 1인 카페 창업에 관심 있는 분 누구나
4. 신청안내 : *한국레오카페 홈페이지 (http://www.ihd.or.kr)*

※ 기타사항
 - 행사 시작 전 10분 전까지 착석 부탁드리며 행사 시 휴대폰은 꼭 무음으로 부탁드립니다.
 - 단체 참가 시 본 센터 총무팀으로 문의 주시기 바라며 재수강이신 분들께서는 소정의 선물이 증정되고 있으니 꼭 말씀해 주시면 감사드립니다.(02-1234-5678)

2024. 2. 24.

㈜한국레오카페커뮤니티

쪽 번호 매기기, 가, 나, 다 순으로, 가운데 아래

- 가 -

머리말(굴림, 9pt, 오른쪽 정렬) → DIAT

제10회동해바다사랑축제

2024년을 책임질 축제를 소개합니다! [제10회 동해바다사랑축제]는 지역 상권 발전을 위해 지역 상인들의 기부와 봉사로 시작되었고 축제 첫날부터 백사장 미디어 존과 미디어 아트로 신비롭고 창의적인 경광을 볼 수 있습니다. 아름다운 빛의 조형물과 함께 포토존에서 추억을 만들어 보세요! 넓고 넓은 바다에서 이루어지는 축제로 안전에 특히 신경을 많이 썼으며 바다와 함께 정적인 이미지를 개선할 다양한 행사를 즐겨보시기 바랍니다.

■ 축제안내 ■

1. 축제 일정 : 2024년 4월 1일~15일 17:00~24:00
2. 축제 장소 : 동해 해수욕장 광장
3. 축제 행사 : 해변 불꽃쇼, 버스킹, 포토존, 먹거리, 스탬프 투어 등
4. 문의 사항 : *센터 홈페이지(http://www.ihd.or.kr)*

※ 기타사항
 - 행사존 스탬프 투어는 당일 투어 완료 시 선물이 증정됩니다.
 - 버스킹 참가 희망자는 접수 후 참가하시면 됩니다. 접수인원이 많을 시 선착순으로 받고 있으니 양해 부탁드립니다.

2024. 02. 24.

동해바다축제센터장

쪽 번호 매기기, 가, 나, 다 순으로, 가운데 아래

- 가 -

머리말(궁서, 9pt, 오른쪽 정렬) → DIAT

대한민국명화그림대회

안녕하십니까? 본 갤러리에서는 청소년들이 꿈꾸는 세상을 만들고 그동안의 재능을 뽐낼 수 있도록 명화 따라 그리기 대회를 개최합니다. 미래의 주역이 될 우리 학생들의 자질로 미래 성장 가능성을 재고하고 개인 역량 증진을 도모시키면서 수상을 통해 자신감 향상과 동기부여에 목적을 두고 있습니다. 상위 수상자는 <u>글로벌 본선 대회 진출 자격</u>을 얻을 수 있으니 개최되는 그림대회에 많은 관심과 참여 바랍니다.

♣ 안내사항 ♣

1. 대 회 일 정 : 2024. 04. 17.(수) 10:00~ (3시간)
2. 대 회 장 소 : 명화갤러리 1F 대강당
3. 대 회 주 제 : 명화(명작) 따라 그리기
4. 참가자 등록 : 본사 홈페이지 접수 *(http://www.ihd.or.kr)*

※ 기타사항
 - 시상은 학년별 대상 1명, 금상 1명, 은상 2명, 동상 3명, 장려상 10명으로 구성되며 입상자에게는 상장과 함께 소정의 선물이 증정됩니다. (참가자 모두 선물 증정)
 - 기타 문의는 대회본부 운영실 그림 그리기 담당자에게 문의바랍니다.(089-234-5795)

2024. 02. 24.

명작갤러리관장

쪽 번호 매기기, A, B, C 순으로, 가운데 아래

- A -

머리말(굴림, 9pt, 오른쪽 정렬) → DIAT

제1회디지털역량강화포럼

지능정보사회는 우리의 삶을 획기적으로 변화시킬 것으로 기대되고 있습니다. 반면에 지능정보기술에 익숙하지 않은 취약계층의 디지털 격차는 단순하게 기술을 활용하지 못해서 오는 불편함을 넘어서 지능정보사회의 혜택을 제대로 누리지 못하게 되는 사회적, 경제적 불평등을 초래할 수도 있습니다. 오는 4월 '디지털 포용 실현을 위한 과제'라는 주제로 제1회 디지털 역량 강화 포럼을 개최하고자 하오니 많은 여러분들의 관심과 참여 부탁드립니다.

◆ 행사안내 ◆

1. 개최일시 : 2024. 03. 15.(금) 15:00 ~ 18:00
2. 개최장소 : 글래드 여의도 호텔 3층 대회의장
3. 사전등록 : *2024. 03. 14.(목)까지 사이트를 통해 접수*
4. 기타문의 : 홈페이지(http://www.ihd.or.kr) 참고 또는 전화(02-1234-5678)로 문의 요망

※ 기타사항
 - 본 행사에는 대학 총장과 주요 학회장, 정보기술 교육기관 관계자 등이 패널로 참여하는 현장 간담회가 진행될 예정이오니 많은 관심 부탁드립니다.
 - 사전 등록하신 분들을 대상으로 소정의 기념품이 지급될 예정입니다.(선착순 100명 마감)

2024. 02. 24.

디지털비전포럼

쪽 번호 매기기, A, B, C 순으로, 가운데 아래

- A -

DIAT

펫티켓문화확산캠페인

　즘 반려동물로 인한 안전사고가 빈번히 발생하며, 반려인과 비반려인 간의 갈등이 심화되고 있습니다. 이를 계기로, 우리는 상호간의 예의와 존중이 필요한 펫티켓이 필수적인 시대에 살고 있습니다. 반려동물과 함께하는 삶에서도 기본적인 에티켓을 준수해야 합니다. 이러한 상황을 고려하여 저희 협회에서는 오는 5월에 펫티켓 홍보 캠페인을 진행할 예정입니다. 많은 분들의 관심과 참여를 기다리며, 이 캠페인이 더 나은 동물과 사람의 공존을 위한 큰 기회로 이어지길 기대합니다.

◎ 참여안내 ◎

1. 행사일시 : 2024.05.04.(토)~05.12.(일) 10:00~17:00
2. 행사장소 : 세종특별자치시 호수공원
3. 행사내용 : 인식표 만들기, 산책키트 만들기, 수의사 무료 건강상담 등
4. 문 의 처 : 반려동물협회 홈페이지(http://www.ihd.or.kr) 참조

※ 기타사항
 - 행사 당일 반려동물과 동반 참여시 목줄 및 배변 봉투를 지참하여 주시고 반려동물이 대형견일 경우 입마개 착용을 당부 드립니다.
 - 수의사 무료 건강 상담 행사는 행사 당일 10:30분부터 사전 접수로만 진행되는 점 참고 바랍니다.

2024. 04. 10.

반려동물협회

- A -

머리말(굴림, 9pt, 오른쪽 정렬) → DIAT

디지털윤리강사양성과정모집

디지털은 현대 사회의 불가피한 동반자로 자리 잡고 있습니다. <u>우리 삶을 혁신적으로 편리하게 만들어 주지만</u> 동시에 디지털 역기능과 허위정보 확산과 같은 부작용도 동반하고 있습니다. 이에 국민은 역기능을 스스로 인식하고 대응하기 위해 디지털 윤리 역량을 높이는 중요성을 인지하고 있습니다. 이에 '2024년 디지털 윤리 강사 양성 과정'이 개최되어 이들의 디지털 윤리 역량을 강화하고자 합니다. 관심 있는 분들은 아래 안내 사항을 확인하고, 기한 내에 교육 참가를 신청해주시기 바랍니다.

● 교육안내 ●

1. 교 육 명 : 2024년 디지털 윤리 강사 양성 과정
2. 교육기간 : 2024. 05. 06.(월) ~ 05. 17.(금) 10:00~17:00
3. 교육혜택 : *교육콘텐츠 제공 및 상/하반기 교육 강사로 파견 예정*
4. 문 의 처 : 홈페이지(http://www.ihd.or.kr) 참조

※ 기타사항
 - 주요 교육 내용 : 올바른 디지털 사용 습관 정립 및 정보판별 교육, 디지털 교구 활용 교육, 학생 스스로 자연스럽게 익히는 디지털윤리 실천 교육
 - 교육신청 후 교육 자료실에서 수업 교안을 다운로드하고 교육에 참여해 주시기 바랍니다.

2024. 04. 27.

디지털지능정보협회

쪽 번호 매기기, 갑, 을, 병 순으로, 왼쪽 아래

- 갑 -

PART 02 출제유형 완전정복

다단 설정/글상자 입력

☑ 다단 설정 나누기 ☑ 글상자 입력하기
☑ 단 설정하기

• **소스** : 유형05_문제.hwpx   • **정답** : 유형05_정답.hwpx

DIAT

4차 산업혁명

글상자 – 크기 : 너비(60mm), 높이(12mm), 테두리 : 이중 실선(1.00mm), 둥근 모양
채우기 : 색상(RGB:195,174,207), 위치 : 글자처럼 취급, 가운데 정렬
글자 모양 : 맑은 고딕, 23pt, 가운데 정렬

- 나 -

Digital Information Ability Test

난이도	권장 시간 / 시험 시간	유형 점수 / 시험 점수
★★★☆☆	3분 / 40분	106점 / 200점

※ 출제유형 05 ~ 09까지 합쳐진 점수
※ 공통사항 1, 2 제외

➡ **주의 사항 : 실수가 많은 내용**
- ☑ 첫 번째 줄에서 '다단'을 설정하고, 두 번째 줄에서 '단'을 설정합니다.
- ☑ 글상자까지 '단'으로 나누지 않기 위해서는 '다단'을 설정해 줘야 합니다.

➡ **주요 단축키 : 문서 작성시 시간 단축에 도움**
- ☑ 다단 설정 나누기 : Ctrl + Alt + Enter   가로 글상자 : Ctrl + N, B

Skill 01 다단 설정 나누기

① 2 페이지를 클릭한 후 [쪽] 탭에서 '다단 설정 나누기()'(또는 Ctrl + Alt + Enter)를 클릭합니다.
이어서, 다음과 같이 자동으로 마우스 포인터가 두 번째 줄로 이동된 것을 확인합니다.

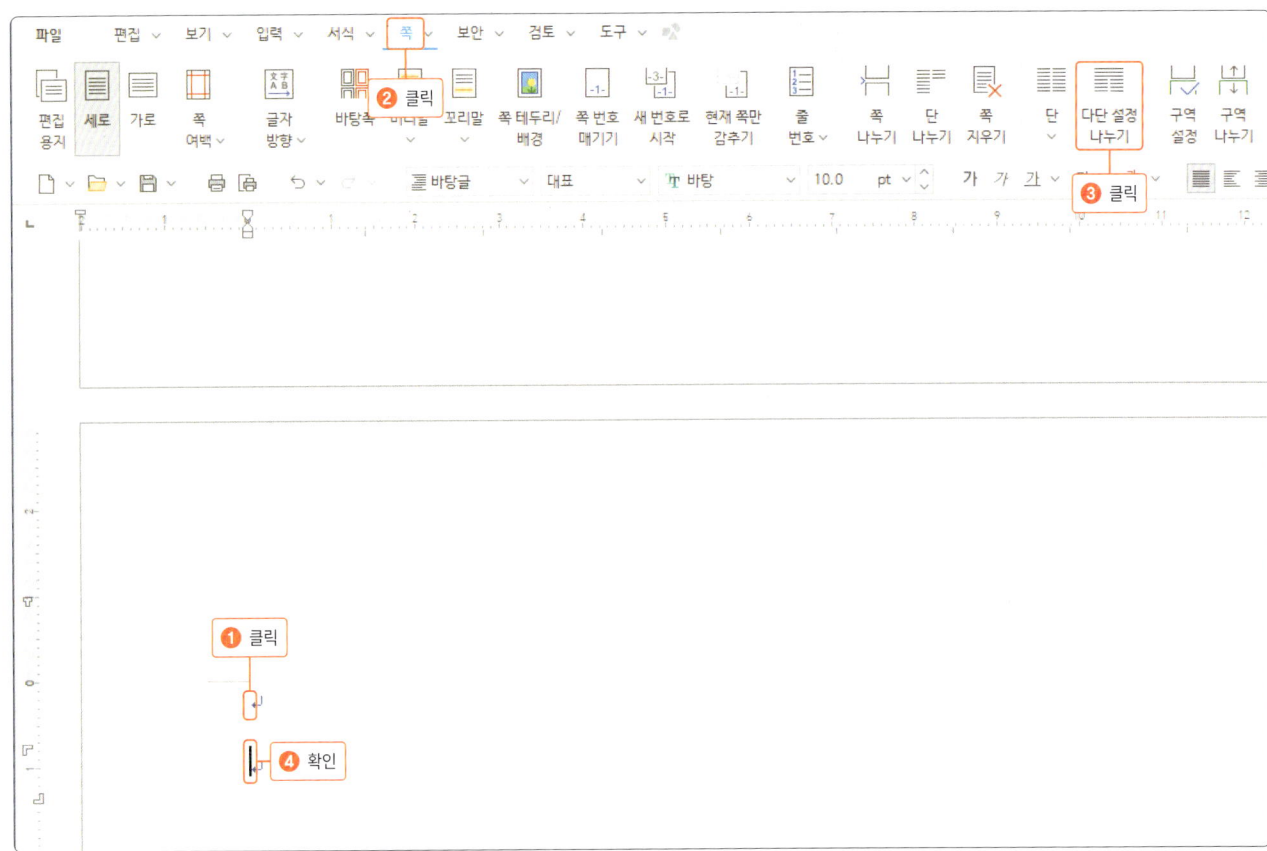

출제유형 05   **51**   다단 설정/글상자 입력

다단 설정 나누기

'다단 설정 나누기'를 하면 문단 별로 다단을 다르게 설정할 수 있습니다.

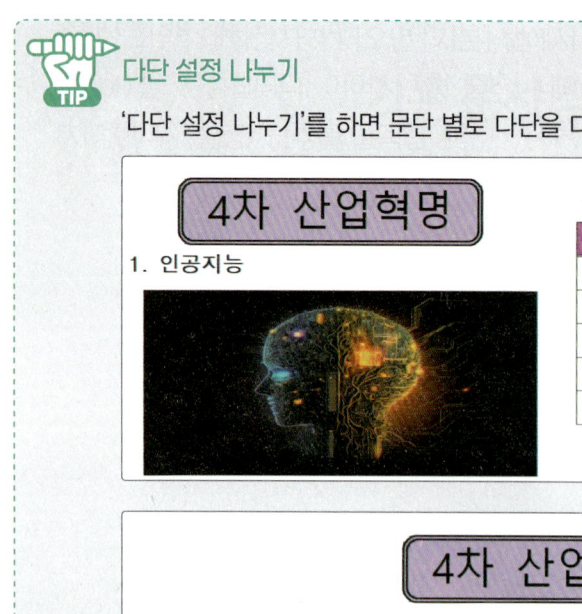

◀ 다단 설정 나누기가 적용 안 된 상태

◀ 다단 설정 나누기가 적용 된 상태

Skill 02 글상자 입력하기

① 2 페이지의 첫 번째 줄을 클릭한 후 [입력] 탭에서 '가로 글상자(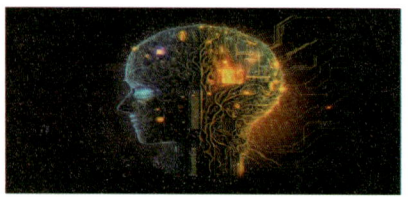)'(또는 Ctrl + N, B)를 선택합니다.

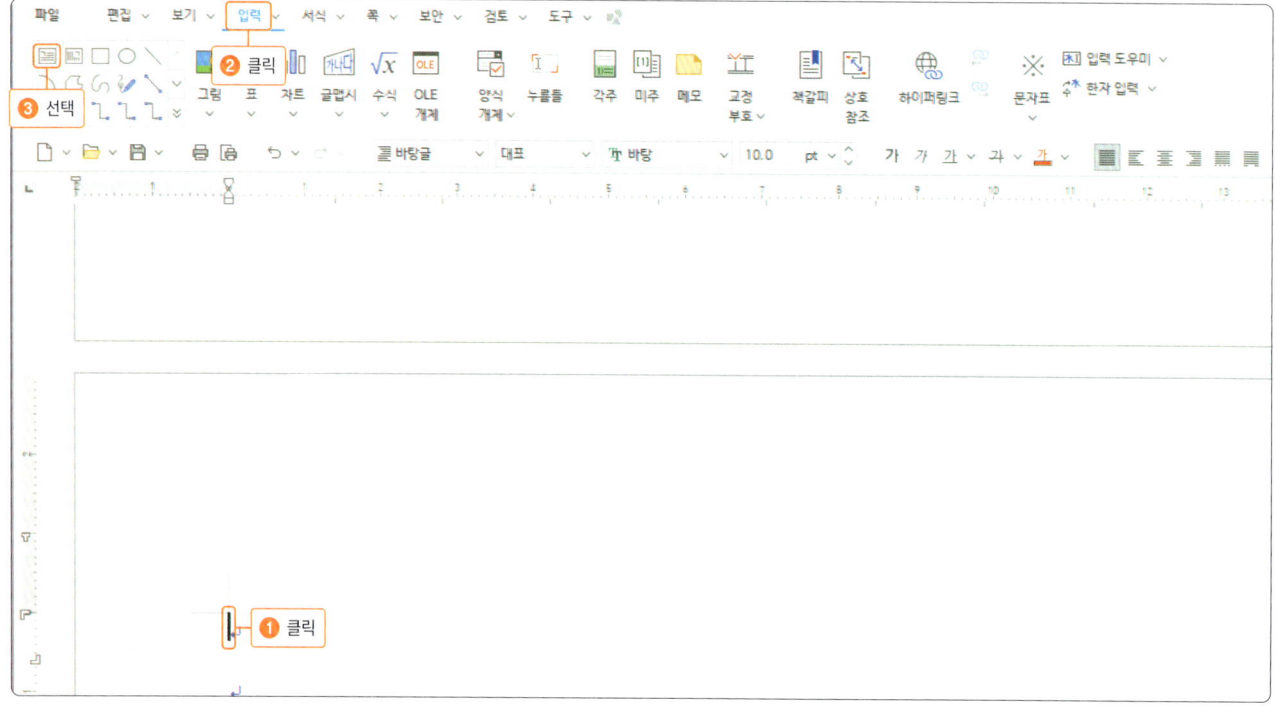

❷ 마우스 포인터 모양이 '┼'로 변경되면 드래그하여 글상자를 입력한 후 테두리를 더블 클릭합니다.

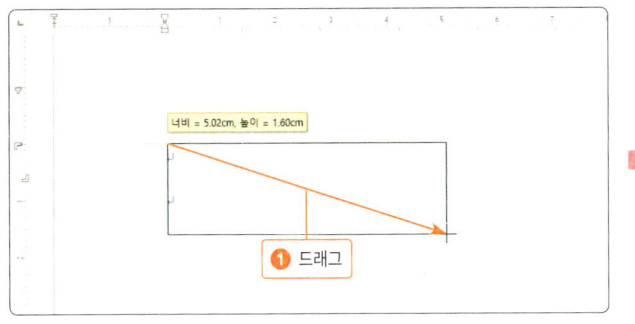 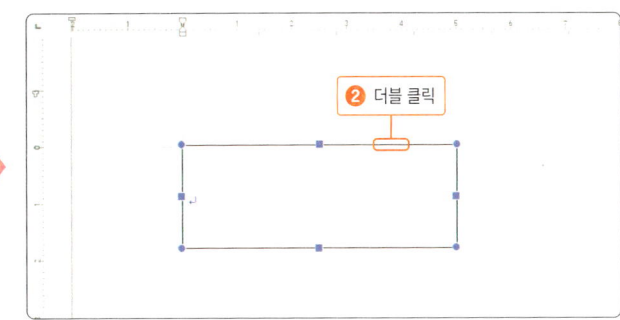

❸ [개체 속성] 대화상자가 나오면 [기본] 탭에서 '크기'의 '너비(60mm)', '높이(12mm)'를 입력합니다. 이어서, '크기 고정'과 '글자처럼 취급'을 클릭하여 체크합니다.

※ 글상자 작업은 [문제 2]를 보면서 작업합니다.

❹ [개체 속성] 대화상자의 [선] 탭을 클릭합니다. 이어서, '종류(이중 실선), 굵기(1.00mm)'를 지정한 후 '사각형 모서리 곡률(둥근 모양(▢))'을 선택합니다.

※ 실제 시험에서 자주 출제되는 글상자 모양은 '둥근 모양 (▢)', '반원(▢)' 등이 있습니다.

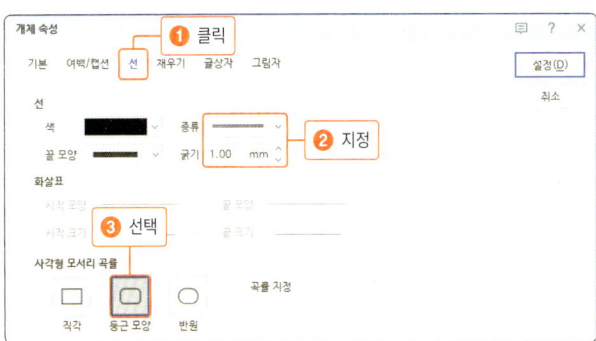

❺ [개체 속성] 대화상자의 [채우기] 탭을 클릭한 후 '색'의 '면 색'을 클릭합니다. 이어서, '스펙트럼'을 클릭하여 RGB 값 '195,174,207'을 직접 입력한 후 〈적용〉 단추 및 〈설정〉 단추를 클릭합니다.

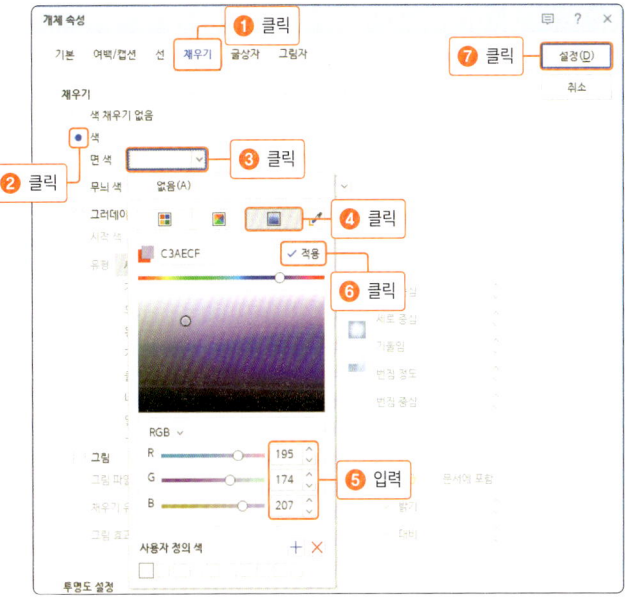

❻ 글상자의 서식이 변경되면 Esc 키를 누릅니다. 이어서, [서식] 도구 상자에서 '가운데 정렬(≡)'을 클릭합니다.

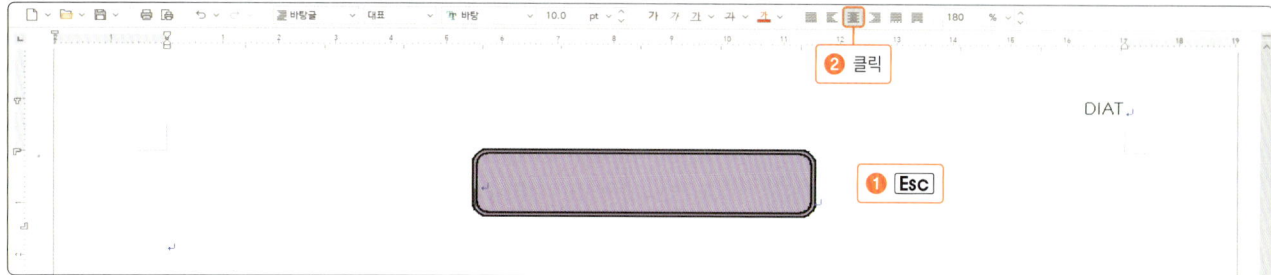

❼ 글상자 안을 마우스로 클릭한 후 [서식] 도구 상자에서 '글꼴(맑은 고딕), 글자 크기(23pt), 가운데 정렬(≡)'을 지정합니다.

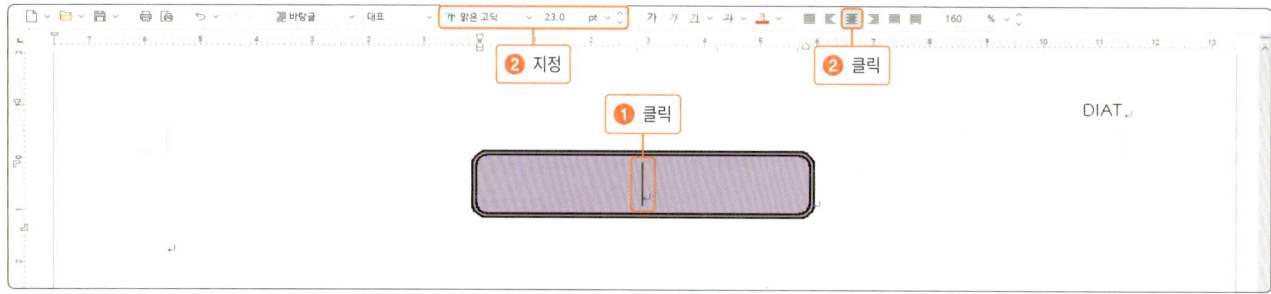

❽ 글상자에 '4차 산업혁명'을 입력합니다.

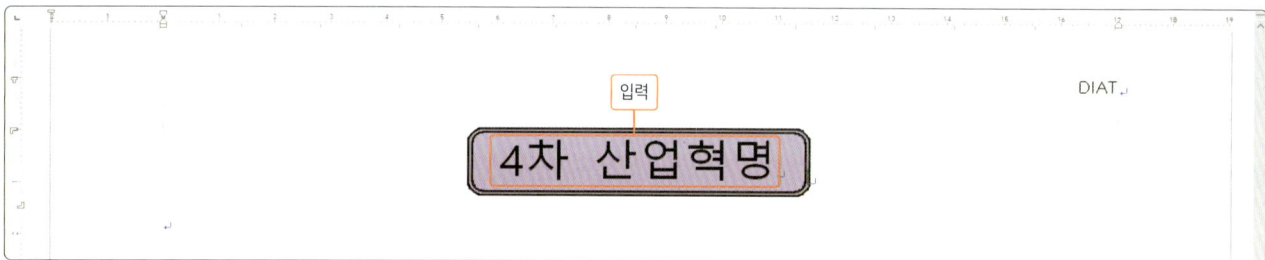

❾ 글상자 입력 작업이 끝나면 두 번째 줄을 클릭합니다.

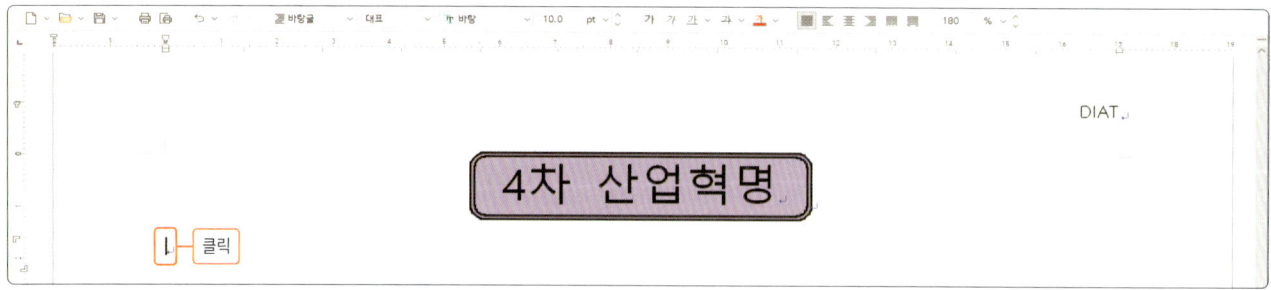

03 단 설정하기

❶ [쪽] 탭에서 '단( )'을 클릭합니다.

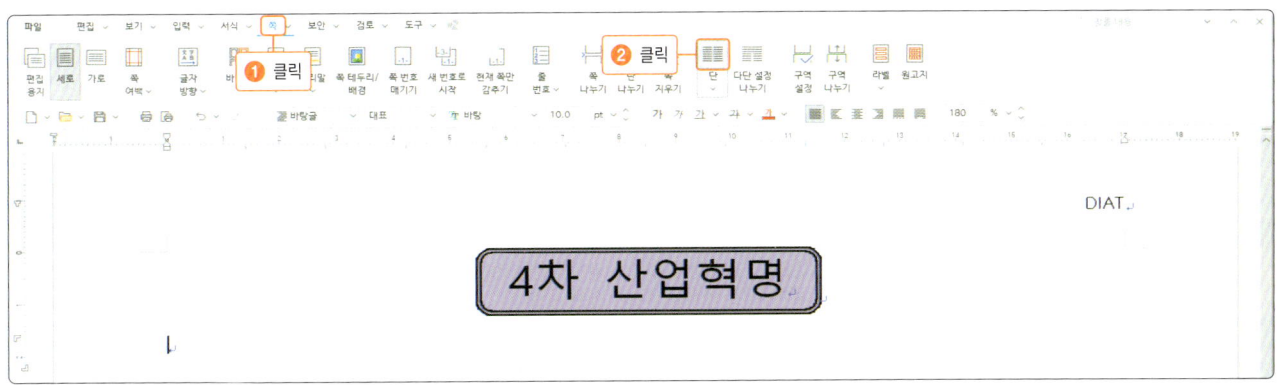

❷ [단 설정] 대화상자가 나오면 '**자주 쓰이는 모양(둘)**'을 선택한 후 〈설정〉 단추를 클릭합니다.

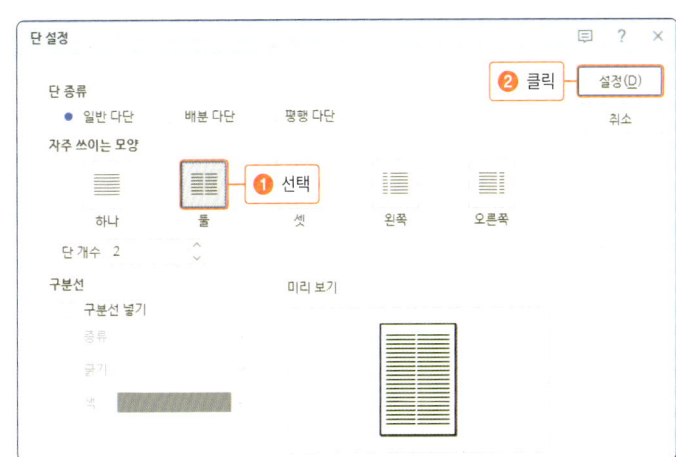

❸ 두 단으로 나누어진 것을 확인합니다.
   ※ 눈금자를 보면 단이 두 개로 나누어진 것을 알 수 있습니다.

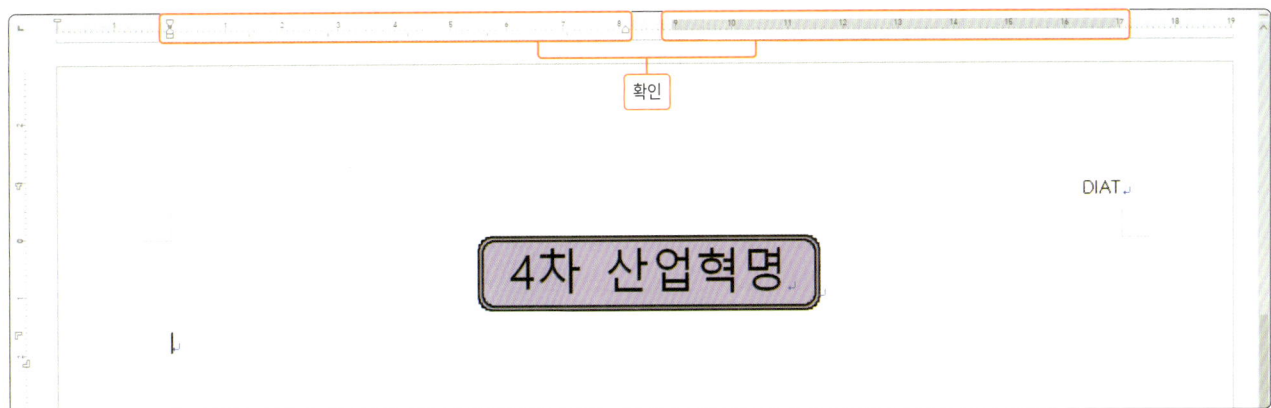

❹ [파일] 탭에서 [저장하기](또는 Alt + S) 또는 [서식] 도구 상자에서 '**저장하기( )**'를 클릭하여 답안 파일을 저장합니다.
   ※ 실제 시험을 볼 때 작업 도중에 수시로(10분에 한 번 정도) 저장을 하는 것이 좋습니다.

출제유형 완전정복: 다단 설정/글상자 입력

완전정복-01
다음 지시사항을 참고하여 다단 설정과 글상자를 입력해 보세요.
- 소스 : 정복05_문제01.hwpx
- 정답 : 정복05_정답01.hwpx

작성 시간 / 권장 시간
분 / 3분

글상자 - 크기 : 너비(60mm), 높이(12mm), 테두리 : 이중 실선(1.00mm), 반원
채우기 : 색상(RGB:255,238,216), 위치 : 글자처럼 취급, 가운데 정렬
글자 모양 : 굴림체, 25pt, 가운데 정렬

1인 카페 창업

완전정복-02
다음 지시사항을 참고하여 다단 설정과 글상자를 입력해 보세요.
- 소스 : 정복05_문제02.hwpx
- 정답 : 정복05_정답02.hwpx

작성 시간 / 권장 시간
분 / 3분

글상자 - 크기 : 너비(70mm), 높이(12mm), 테두리 : 이중 실선(1.00mm), 둥근 모양
채우기 : 색상(RGB:255,102,0), 위치 : 글자처럼 취급, 가운데 정렬
글자 모양 : 궁서, 20pt, 가운데 정렬

계절별 선호 여행지

완전정복-03
다음 지시사항을 참고하여 다단 설정과 글상자를 입력해 보세요.
- 소스 : 정복05_문제03.hwpx
- 정답 : 정복05_정답03.hwpx

작성 시간 / 권장 시간
분 / 3분

글상자 - 크기 : 너비(70mm), 높이(12mm), 테두리 : 이중 실선(1.00mm), 반원
채우기 : 색상(RGB:255,216,255), 위치 : 글자처럼 취급, 가운데 정렬
글자 모양 : 궁서, 25pt, 가운데 정렬

명화 이야기

완전정복 - 04

다음 지시사항을 참고하여 다단 설정과 글상자를 입력해 보세요.

- 소스 : 정복05_문제04.hwpx
- 정답 : 정복05_정답04.hwpx

작성 시간 / 권장 시간
분 / 3분

글상자 - 크기 : 너비(60mm), 높이(12mm), 테두리 : 이중 실선(1.00mm), 반원
채우기 : 색상(RGB:233,174,43), 위치 : 글자처럼 취급, 가운데 정렬
글자 모양 : 굴림, 18pt, 가운데 정렬

디지털 권리장전

완전정복 - 05

다음 지시사항을 참고하여 다단 설정과 글상자를 입력해 보세요.

- 소스 : 정복05_문제05.hwpx
- 정답 : 정복05_정답05.hwpx

작성 시간 / 권장 시간
분 / 3분

글상자 - 크기 : 너비(60mm), 높이(12mm), 테두리 : 이중 실선(1.00mm), 반원
채우기 : 색상(RGB:233,174,43), 위치 : 글자처럼 취급, 가운데 정렬
글자 모양 : 굴림, 17pt, 가운데 정렬

펫티켓 문화 확산

완전정복 - 06

다음 지시사항을 참고하여 다단 설정과 글상자를 입력해 보세요.

- 소스 : 정복05_문제06.hwpx
- 정답 : 정복05_정답06.hwpx

작성 시간 / 권장 시간
분 / 3분

글상자 - 크기 : 너비(60mm), 높이(12mm), 테두리 : 이중 실선(1.00mm), 반원
채우기 : 색상(RGB:105,155,55), 위치 : 글자처럼 취급, 가운데 정렬
글자 모양 : 궁서, 18pt, 가운데 정렬

디지털 윤리

PART 02 출제유형 완전정복

다단 내용 입력과 한자/각주 입력

☑ 다단 내용 입력하기 ☑ 한자 입력하기
☑ 각주 입력하기

 미리보기

· 소스 : 유형06_문제.hwpx   · 정답 : 유형06_정답.hwpx

DIAT

4차 산업혁명

1. 인공지능 ← 돋움, 12pt, 진하게

구글(Google)의 알파고는 세계의 여러 전문 바둑 기사와 대국에서 완벽에 가까운 승리를 거두면서 전 세계 사람에게 인공지능에 대한 관심을 불러일으켰다. 인공지능은 인간의 학습 능력, 추론 능력, 지각 능력을 구현해서 인공적으로 문제를 해결하려는 과학 기술 분야를 의미한다. 인공지능을(은) 크게 특정한 문제를 스스로 해결하는 '약인공지능'과 인간처럼 사고(思考)하여 문제를 해결할 수 있는 '강인공지능'으로 나뉜다. 현재의 인공지능은 기존의 컴퓨터 시스템에서 처리하기 어려웠던 특정(特定) 사진에서 목적한 것을 구분해 내는 것과 같이 현실적이고 실용적인 기능을 목표로 개발 중인 '약인공지능'이 대부분이다.

2. 4차산업 ← 돋움, 12pt, 진하게

일반적으로 농경사회에서 증기 시스템을 이용해 방적기, 방직기가 도입된 인류 최초의 산업혁명을 1차 산업혁명이라 하고 전기, 내연기관을 주축으로 하는 2차 산업혁명을 거쳐 1970년대 시작한 디지털 기술이 접목된 시기를 3차 산업혁명이라 정의하고 있다. 4차 산업혁명이란 정의는 2016년 세계경제포럼에서 의장인 '슈바프'의 주창(主唱)에 의해 화두(話頭)가 되었다. 현재 로봇공학, 인공지능, 생명공학, 자율주행차량 등 기술혁신이 나타나고 있는 최근의 시기를 의미하며 모든 사물의 연결, 탈중앙화, 개방 등이 대표적 형태이다. 요소(要素)기술 및 산업 분야로는 블록체인, 빅데이터, 인공지능, 로봇공학, 양자암호, 사물인터넷, 첨단헬스케어①가 대표적이다. ← 각주

---

① 의료 관련 기관의 전반적인 서비스를 총칭 ← 궁서, 9pt

- 나 -

Digital Information Ability Test

난이도	권장 시간 / 시험 시간	유형 점수 / 시험 점수
★★★☆☆	7분 / 40분	106점 / 200점

➡ **주의 사항 : 실수가 많은 내용**
- ☑ 글자를 모두 입력한 후 글자 모양을 변경합니다.
- ☑ 교정 부호와 한자는 글자를 입력할 때 바로 수정해서 입력합니다.
- ☑ 한자 입력시 적합한 입력 형식에 맞게 선택해서 입력합니다.

➡ **주요 단축키 : 문서 작성시 시간 단축에 도움**
- ☑ 한자 : F9   각주 : Ctrl+N,N   각주 닫기 : Shift+Esc

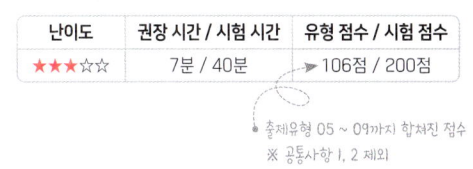
출제유형 05 ~ 09까지 합쳐진 점수
※ 공통사항 1, 2 제외

Skill 01 다단 내용 입력하기

① 2 페이지의 두 번째 줄을 클릭하여 마우스 포인터를 이동시킨 후 [문제 2]를 보면서 다음과 같이 내용을 입력합니다.

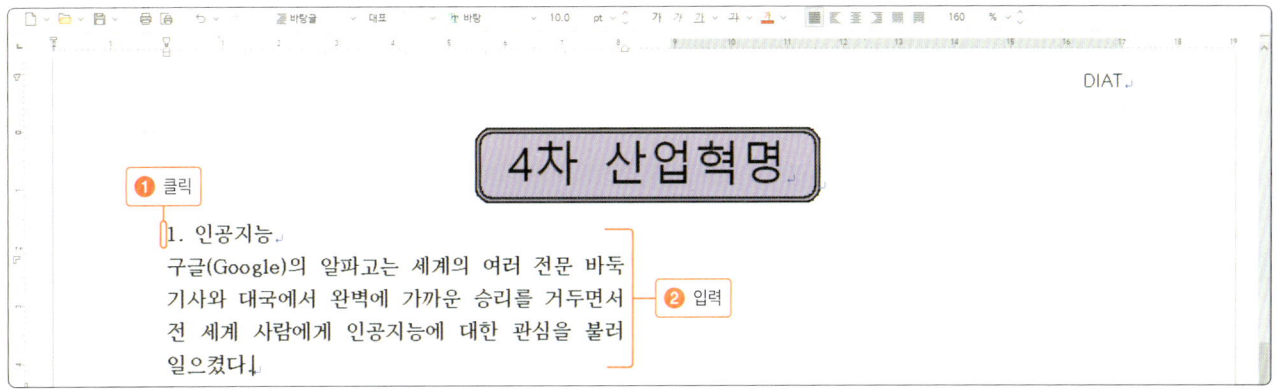

② '1. 인공지능' 부분을 드래그하여 블록으로 지정한 후 [서식] 도구 상자에서 '글꼴(돋움), 글자 크기(12pt), 진하게(가)'를 지정합니다.

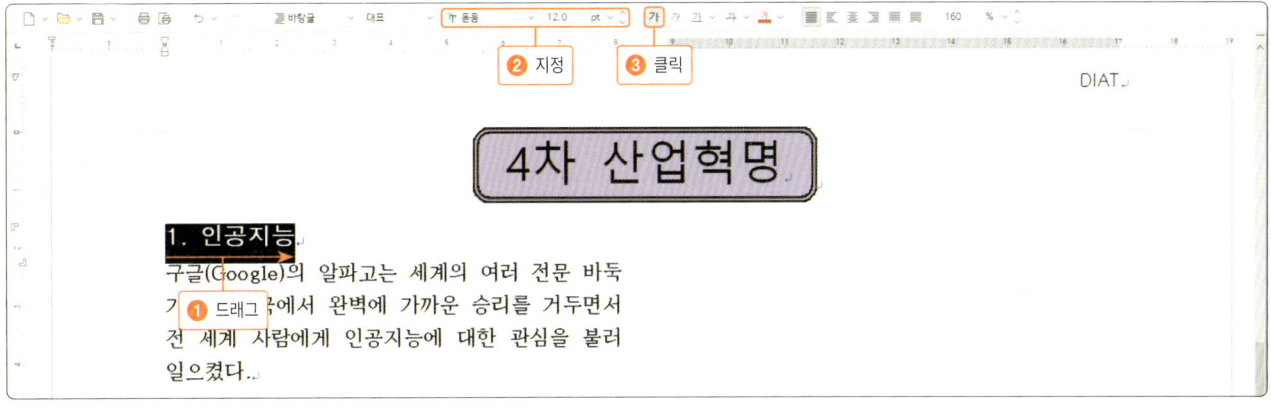

❸ 다음 교정 부호에 유의하여 나머지 내용을 입력합니다.

교정 전	교정 후
1. 인공지능 구글(Google)의 알파고는 세계의 여러 전문 바둑 기사와 대국에서 완벽에 가까운 승리를 거두면서 전 세계 사람에게 인공지능에 대한 관심을 불러일으켰다. 인공지능은 인간의 학습 능력, 추론 능력, 지각 능력을 ⌢구현해서⌣ ⌢인공적으로⌣ 문제를 해결하려는 과학 기술 분야를 의미한다. 인공지능을←은 크게 특정한 문제를 스스로 해결하는 '약인공지능'과 인간처럼 사고하여 문제를 해결할 수 있는 '강인공지능'으로 나뉜다. 현재의 인공지능은 기존의 컴퓨터 시스템에서 처리하기 어려웠던 특정 사진에서 목적한 것을 구분해 내는 것과 같이 현실적이고 실용적인 기능을 목표로 개발 중인 '약인공지능'이 대부분이다.	1. 인공지능 구글(Google)의 알파고는 세계의 여러 전문 바둑 기사와 대국에서 완벽에 가까운 승리를 거두면서 전 세계 사람에게 인공지능에 대한 관심을 불러일으켰다. 인공지능은 인간의 학습 능력, 추론 능력, 지각 능력을 인공적으로 구현해서 문제를 해결하려는 과학 기술 분야를 의미한다. 인공지능은 크게 특정한 문제를 스스로 해결하는 '약인공지능'과 인간처럼 사고하여 문제를 해결할 수 있는 '강인공지능'으로 나뉜다. 현재의 인공지능은 기존의 컴퓨터 시스템에서 처리하기 어려웠던 특정 사진에서 목적한 것을 구분해 내는 것과 같이 현실적이고 실용적인 기능을 목표로 개발 중인 '약인공지능'이 대부분이다.

교정 부호 이해하기

- 실제 시험에서는 [문제 2]에서 '자리 바꾸기'와 '다른 단어로 바꾸기'가 출제됩니다.

■ 자리 바꾸기

교정 전	교정 후
⌢구현해서⌣ ⌢인공적으로⌣	인공적으로 구현해서

■ 다른 단어로 바꾸기

교정 전	교정 후
인공지능을 ← 은	인공지능은

Skill 02 한자 입력하기

❶ '사고'를 드래그하여 블록으로 지정한 후 [입력] 탭에서 '한자 입력(🈂)'(또는 F9)을 클릭합니다.

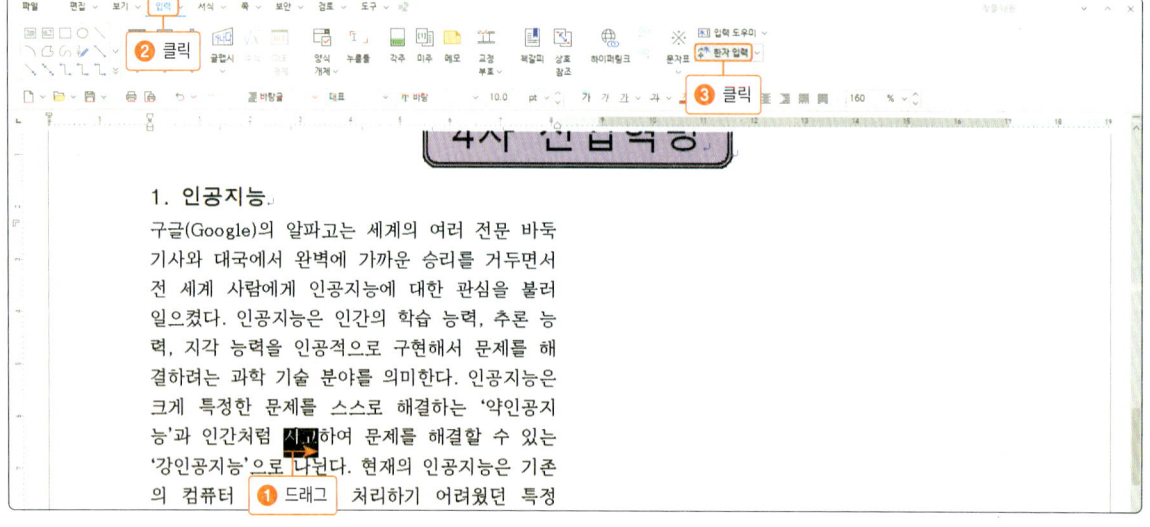

❷ [한자로 바꾸기] 대화상자가 나오면 '**한자 목록**'에서 문제지([문제 2])와 일치하는 한자를 클릭합니다. 이어서, '**입력 형식(한글(漢字))**'을 선택한 후 〈바꾸기〉 단추를 클릭합니다.

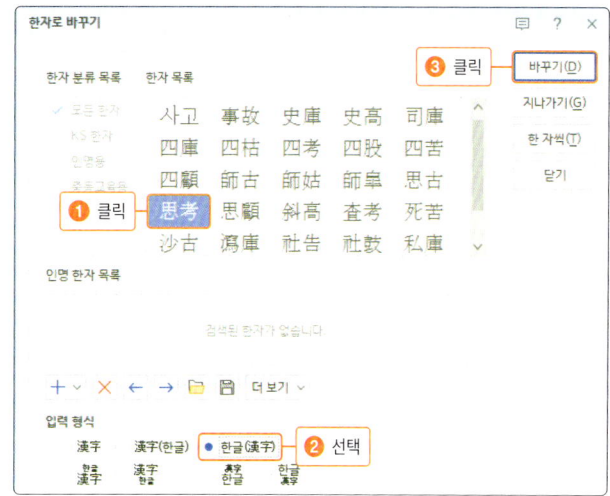

❸ 똑같은 방법으로 다른 단어들도 한자로 변환합니다.

> **TIP 한자로 바꾸기**
> 실제 시험에서는 두 개 이상의 단어가 합쳐진 하나의 단어가 나올 수 있습니다. 한자로 변환하려면 앞 단어부터 한자로 변환한 후 그 뒤 단어를 변환합니다. 문제지에 맞게 단어를 이어 붙이고 괄호를 지워서 [문제 2]에 맞게 수정합니다.

1. 인공지능
구글(Google)의 알파고는 세계의 여러 전문 바둑기사와 대국에서 완벽에 가까운 승리를 거두면서 전 세계 사람에게 인공지능에 대한 관심을 불러일으켰다. 인공지능은 인간의 학습 능력, 추론 능력, 지각 능력을 인공적으로 구현해서 문제를 해결하려는 과학 기술 분야를 의미한다. 인공지능은 크게 특정한 문제를 스스로 해결하는 '약인공지능'과 인간처럼 사고(思考)하여 문제를 해결할 수 있는 '강인공지능'으로 나뉜다. 현재의 인공지능은 기존의 컴퓨터 시스템에서 처리하기 어려웠던 특정(特定) 사진에서 목적한 것을 구분해 내는 것과 같이 현실적이고 실용적인 기능을 목표로 개발 중인 '약인공지능'이 대부분이다.

❹ '대부분이다.' 글자 뒤를 클릭한 후 Enter 키를 두 번 눌러 문제지([문제 2])를 보면서 두 번째 문단의 내용을 입력합니다.

❺ '**2. 4차산업**' 부분을 드래그하여 블록으로 지정한 후 [서식] 도구 상자에서 '**글꼴(돋움), 글자 크기(12pt), 진하게(가)**'를 지정합니다.

※ 실제 시험에서는 첫 번째 문단과 두 번째 문단의 내용을 모두 입력한 후 문제지([문제 2])를 참고하여 서식을 지정합니다.

같이 현실적이고 실용적인 기능을 목표로 개발 중인 '약인공지능'이 대부분이다.

2. 4차산업
일반적으로 농경사회에서 증기 시스템을 이용해 방적기, 방직기가 도입된 인류 최초의 산업혁명을 1차 산업혁명이라 하고 전기, 내연기관을 주축으로 하는 2차 산업혁명을 거쳐 1970년대 시작한 디지털 기술이 접목된 시기를 3차 산업혁명이라 정의하고 있다. 4차 산업혁명이란 정의는 2016년 세계경제포럼에서 의장인 '슈바프'의 주장에 의해 화두가 되었다. 현재 로봇공학, 인공지능, 생명공학, 자율주행차량 등 기술혁신이 나타나고 있는 최근의 시기를 의미하며 모든 사물의 연결, 탈중앙화, 개방 등이 대표적 형태이다. 요소기술 및 산업 분야로는 블록체인, 빅데이터, 인공지능, 로봇공학, 양자암호, 사물인터넷, 첨단 헬스케어가 대표적이다.

❻ 앞에서 배운 내용대로 한자를 변환합니다.

※ 한자로 변환하고자 하는 단어를 블록으로 지정한 후, [입력]-'한자 입력' 메뉴에서 한자를 변환합니다.

---

2. 4차산업

일반적으로 농경사회에서 증기 시스템을 이용해 방적기, 방직기가 도입된 인류 최초의 산업혁명을 1차 산업혁명이라 하고 전기, 내연기관을 주축으로 하는 2차 산업혁명을 거쳐 1970년대 시작한 디지털 기술이 접목된 시기를 3차 산업혁명이라 정의하고 있다. 4차 산업혁명이란 정의는 2016년 세계경제포럼에서 의장인 '슈바프'의 주창(主唱)에 의해 화두(話頭)가 되었다. 현재 로봇공학, 인공지능, 생명공학, 자율주행차량 등 기술혁신이 나타나고 있는 최근의 시기를 의미하며 모든 사물의 연결, 탈중앙화, 개방 등이 대표적 형태이다. 요소(要素)기술 및 산업 분야로는 블록체인, 빅데이터, 인공지능, 로봇공학, 양자암호, 사물인터넷, 첨단 헬스케어①가 대표적이다.

Skill 03 각주 입력하기

❶ '헬스케어' 글자 뒤를 클릭한 후 [입력] 탭에서 '각주(□)'(또는 Ctrl + N, N)을 클릭합니다.

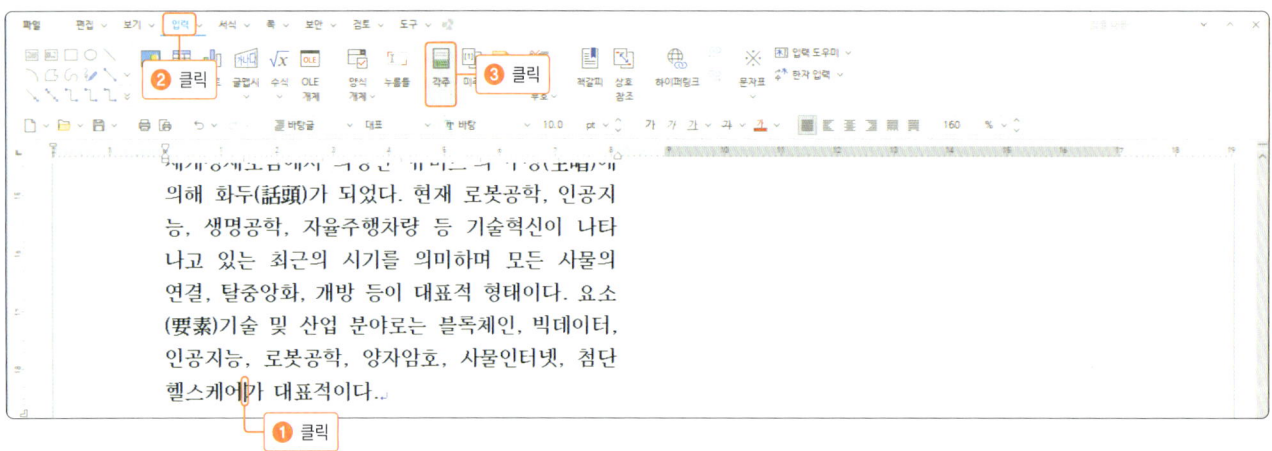

❷ 각주 입력 화면이 나오면 [문제 2]를 보면서 다음과 같이 내용을 입력합니다.

> 1) 의료 관련 기관의 전반적인 서비스를 총칭 ← 입력
>
> - 나 -

❸ 각주 내용을 드래그하여 블록으로 지정한 후 [서식] 도구 상자에서 '글꼴(궁서), 글자 크기(9pt)'를 지정합니다.

④ **Esc** 키를 눌러 블록 지정을 해제한 후 [주석] 탭에서 '각주/미주 모양( )'를 클릭합니다.

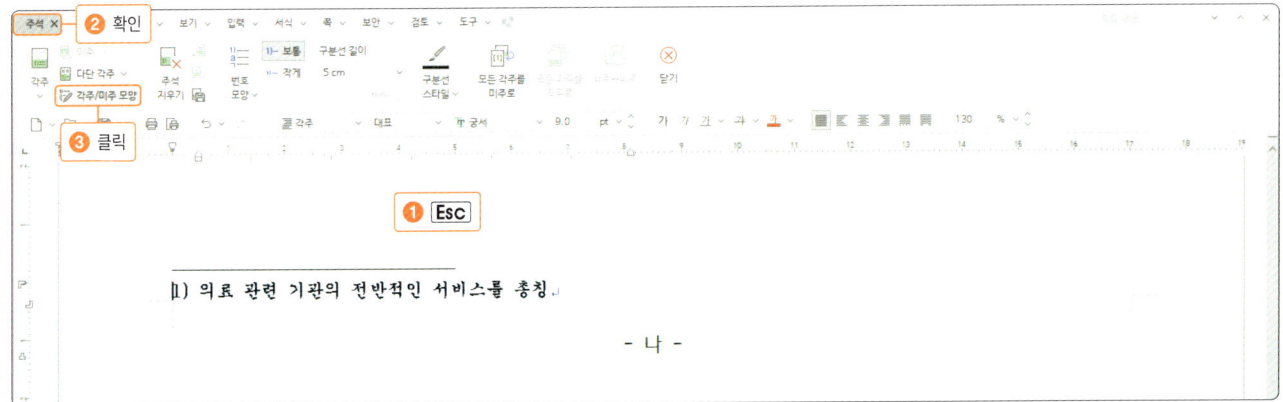

⑤ [주석 모양] 대화상자가 나오면 '번호 모양(①,②,③)'을 선택한 후 〈설정〉 단추를 클릭합니다.

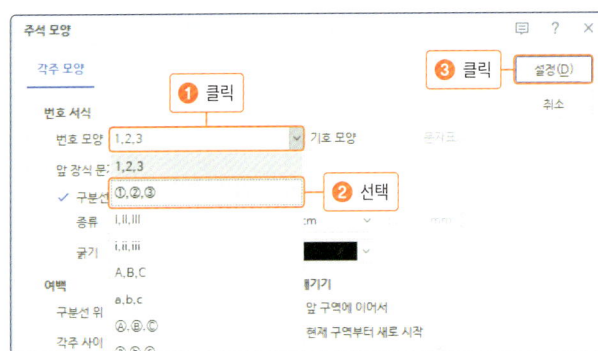

⑥ 각주 번호 모양이 변경된 것을 확인한 후 [주석] 탭에서 '닫기( )'(또는 **Shift** + **Esc**)를 클릭하여 각주 입력 작업을 끝냅니다.

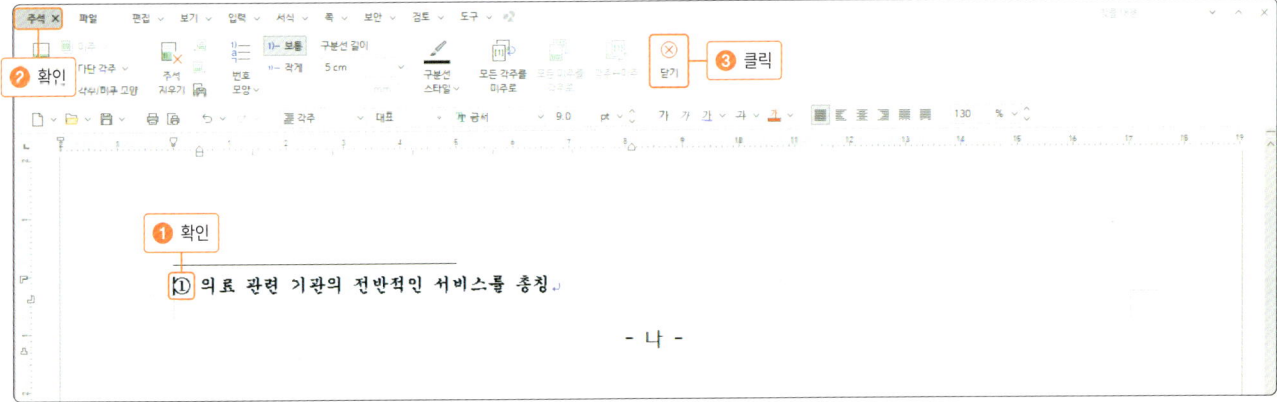

⑦ [파일] 탭에서 [저장하기](또는 **Alt** + **S**) 또는 [서식] 도구 상자에서 '저장하기( )'를 클릭하여 답안 파일을 저장합니다.

※ 실제 시험을 볼 때 작업 도중에 수시로(10분에 한 번 정도) 저장을 하는 것이 좋습니다.

> **TIP** 첫 번째 문단과 두 번째 문단 간격은 한 줄 띄어서 입력해야 합니다. 교재 속 문단 부호를 참고하여 각 문단 사이의 간격을 확인해 봅니다.

1. 우리나라의 1인 가구

2023년도 기준(standard) 통계청에 따르면 싱글족, 미혼자, 독거노인 등의 1인 세대의 비중이 약 45%를 넘어섰다고 합니다. 이후부터 2000년대 자발적으로 다양한 1인 가구가 등장했으며 1인 가구에 대한 고정관념이 줄어든 편입니다. 가구 수의 경우 실제 함께 살지 않아도 생계 등을 함께하고 있다면 1인 가구(家口)로 집계되지만 세대는 주민등록 주소지를 기준으로 구분하고 있습니다. '나 홀로 삶'은 이제 무색할 정도로 늘어나고 있습니다. 가족(家族) 실태조사 등을 통해 1인 가구에 대한 실태를 정확히 파악하여 국가에서는 1인 가구 지원정책 및 지원 사업, 안전Ⓐ, 범죄예방, 건강 돌봄에 대한 계획이 필요한 시기입니다. 1인 가구 보고서에 따르면 가장 큰 문제로는 경제 부분이 가장 높게 나왔고 사회적인 불안감에 따른 우울증, 건강문제로 집계되었습니다.

2. 1인 카페 창업

치솟는 물가(物價)와 나 홀로 족이 점점 늘어나고 있는 상황에서 많은 분들이 소비 활동에 대해 절약을 기본으로 삼고 있습니다. 이 부분은 창업자들에게도 마찬가지라는 생각이고 인건비와 임대료 등을 절감할 수 있는 소형 매장에 대한 관심도가 높아지고 있는 상황입니다. 그 중 많은 사람들이 선호하고 관심 있게 보는 창업아이템 중 하나는 1인 카페입니다. 코로나 시국을 보내면서 배달시장과 포장이 주력을 이루었고 예산(豫算)을 절감하면서 살아남을 수 있는 경쟁력을 키울 수 있습니다.

Ⓐ 위험이 생기거나 사고가 날 염려가 없음.

- 나 -

1. 여행의 역사

여행(旅行)이란 휴식을 위해 일상에서 벗어나 다른 지역이나 타국으로 떠나는 것을 뜻합니다. 크게 국내여행과 해외여행으로 구분이 되는데 2020년대 부터는 본격적으로 우주여행까지 새로운 여행(travel)으로 등장하기 시작하여 관광업계에서도 중요성을 두고 있습니다. 여유 있는 개인적인 시간으로 여겨졌던 관광(觀光)은 오늘날 산업의 관점으로 보기 시작했던 것은 18~19세기 유럽에서부터 시작되었습니다. 21세기가 시작되면서 많은 사람들은 여가시간을 보내기 시작했고 세계적으로 여행의 중요성이 더해지는 이유는 삶의 질을 향상시킬 수 있는 좋은 수단이 되었습니다. 인터넷이 발달하면서 편리한 여행의 수요ⓐ는 더 급증하게 되었고 바다와 산, 계곡 등 다양한 여행지의 장소로 선호하는 나이대가 점차 낮아지고 있습니다.

2. 바다 여행

특히 바다는 지구 표면의 약 70.8%를 차지하고 있습니다. 육지(陸贄) 면적의 2.43배이고 지구에 존재하는 물은 바다에 저장되고 있습니다. 고운 모래나 자갈로 깔려 있는 바다는 안전하게 수영할 수 있는 곳과 낚시, 주변의 팔경(八景)을 보며 감탄을 자아내고 있습니다. 바다는 시원한 배경을 바탕으로 청량함이 뿜어져 나오고 최근에는 삐뚤어진 사각 프레임과 함께 포토존이 많이 생겨나고 있습니다. 매년 관광객들의 즐거운 추억이 될 축제를 즐기면서 바다는 우리에게 빠질 수 없는 여행지입니다.

ⓐ 구매자가 원하는 재화나 서비스의 양

1. 명화 '별이 빛나는 밤'

작년 한해 우리나라에서 가장 사랑받던 명화(名畫) 10점을 선정하였습니다. 고전 작품부터 현대에 이르기까지 국내외적으로 가장 유명한 명화 10점 외에도 많은 작품이 쏟아져 나왔었는데 국외 작품Ⓐ 중 가장 인기 있었던 작품은 바로 빈센트 반 고흐 작품의 '별이 빛나는 밤'입니다. 고흐에게 밤하늘은 표현하는 무한함을 대상이었고, 반짝이는 별로 밤의 정경을 다루었습니다. 이 작품은 고갱(Gauguin)과 다툰 뒤 자신의 귀를 자른 사건 이후 생레미의 요양원에 지내면서 그린 그림입니다. 그는 병실(病室) 밖으로 내다보이는 밤 풍경을 상상하며 그렸는데 자연에 대한 주관적이고 내적인 표현을 구현하고 있습니다. 땅과 하늘을 수직으로 높이 연결하는 사이프러스는 전통적으로 애도(哀悼)와 무덤이 관련된 나무이지만 반 고흐는 죽음을 불길하게 보지 않았다고 합니다.

2. 초등학교의 놀라운 변화

제주도의 한 초등학교에서는 미술실을 미술관으로 탈바꿈하여 세간의 화제가 되고 있습니다. 지역사회뿐만 아니라 교사, 학생, 관광객까지 몰리고 있고 전교생을 대상으로 미술관 수업을 진행하여 흥미롭고 긍정적인 효과를 거두고 있다고 합니다. 학교에서의 미술관 수업, 인성교육, 학부모 공개수업, 지역주민들을 대상으로 초청 관람회 등으로 다양하게 미술관을 활용하고 있습니다. 전시구성과 도슨트 교육(敎育)은 전문 업체에서 맡아 하고 있는데 도슨트는 라틴어에서 유래된 말로 관람객들에게 전시물에 대해 설명을 해주는 사람을 말합니다.

Ⓐ 예술 창작 활동으로 얻어지는 제작물

1. 디지털 권리란?

디지털(Digital) 권리는 개인이 디지털 미디어에 액세스, 사용, 생성 및 게시하거나 컴퓨터, 기타 전자 장치 및 통신 네트워크에 액세스하고 사용할 수 있도록 허용하는 인권 및 법적 권리이다. 이 개념은 디지털 기술, 특히 인터넷의 맥락에서 개인정보 보호 및 표현의 자유와 같은 기존 권리의 보호(保護) 및 실현과 관련있다. 디지털 심화 국가적 시대에 원칙과 기준을 제시하며 해외 사례와는 다르게 AI 중심의 논의를 넘어 리터러시 향상, 격차 해소 등 디지털 전반의 이슈를 포괄(包括)하고 있다는 점이 특징이다.

2. 디지털 권리장전

디지털 환경에서 사람들이 가지는 기본적인 권리(權利)와 자유를 명시한 문서를 의미한다. 인간의 존엄과 가치에 대한 존중을 기본으로 디지털 향유권이 인간의 보편적 권리로 보장되는 새로운 디지털 질서를 정립하여 디지털 혁신을 추구하면서도 그 혜택을 모두가 정의롭고 공정하게 향유하고자 하는데 그 목적을 두고 있다. 챗GPT① 및 인공지능을 비롯한 디지털 기술 개발 활용이 확산(擴散) 되면서 개인정보 유출, 저작권 분쟁, 디지털 격차 등 새로운 사회적 문제들이 등장하고 이런 문제 해결을 위한 사회적 비용과 피해는 국민 모두에게 돌아갈 수 있다. 현재와 같은 새로운 국면에 디지털 규범 및 질서의 필요성이 대두되고 있는 시점이 디지털 환경에서의 공정성, 신뢰성 확보를 위해 함께 지켜나가야 할 규범과 질서(秩序)를 만들어나갈 필요성이 생기게 된 것이다.

---

① Open AI가 개발한 대화 전문 인공지능 챗봇

- B -

1. 펫티켓이란?

펫티켓(Pettiquette)은 'Pet'과 'etiquette'의 합성어로, 반려인과 비반려인이 서로 지켜야 할 일종의 예의 및 예절을 뜻한다. 펫티켓의 가장 기본이 되는 것은 복종 훈련이다. 반려동물이 사람을 물거나 위협적인 상황이 발생할 때 반려동물을 컨트롤할 수 있어야하기 때문이다. 복종(服從) 훈련이라는 말에서 반려동물을 강압적으로 통제(統制)한다고 생각 할 수도 있으나, 복종 훈련은 반려동물이 보호자를 보호자로 명확하게 인식하고 스스로 따르도록 하는 예절 교육에 가깝다. 복종 훈련을 마친 후에도 안전장치는 꼭 필요하다. 자신의 반려동물이 아무리 얌전하더라도 처음 보는 사람이 그런 사실을 알 수는 없고, 반려동물을 무서워하는 사람과도 마주칠 수도 있기 때문에 안전장치는 꼭 필요한 사항이다. 예를 들어 많은 훈련사가 꼭 맹견(猛犬)이 아니더라도 일정 크기 이상의 개는 입마개를 착용하는 것을 권장하는 이유가 그런 좋은 사례라고 할 수 있다.

2. 비반려인의 펫티켓

반려인만이 아니라 비반려인①도 지켜야 할 기본적인 펫티켓이 있다. 우선 반려동물의 눈을 응시하지 않아야 한다. 반려동물이 공격의 신호로 받아들일 가능성(可能性)이 높기 때문이다. 자신이 좋아한다고 반려동물에게 갑자기 무작정 다가가서 함부로 만지는 등 반려동물과 그 보호자가 예상할 수 없는 돌발행동을 한다면 자칫 큰 사고로 이어질 수 있다. 반려동물을 자극(刺戟)할 수 있기 때문이다.

---
① 최근 6개월 이내에 동물을 키운 경험이 없는 사람

- B -

1. 디지털 윤리란?

디지털을 활용할 때 자신의 감정을 조절하고 타인을 존중하며 상대방을 배려하는 긍정적인 사회 관계를 형성할 수 있는 기본 소양을 의미한다. 기술의 개발과 사용에 관련된 윤리적 문제를 다루는 학문으로 디지털을 윤리적으로 사용하기 위한 원칙들을 제시한다. 원칙(原則) 중 첫 번째는 존중이다. 이는 다양성과 개인의 권리를 포용하고 인간적(人間的) 가치를 존중하는 것을 의미한다.

2. 디지털 윤리 교육의 필요성

첫째, 디지털 윤리를 지킴으로써 우리는 개인 프라이버시를 보호하고 알고리즘 및 인공지능 사용의 공정성을 촉진하며 디지털 상호 작용에 대한 신뢰를 높일 수 있다. 둘째, 알고리즘과 인공지능이 점점 더 우리의 디지털 경험을 형성함에 따라 공정성과 알고리즘 편향(偏向)에 대한 우려가 대두되고 있다. 셋째, 디지털 격차를 해소하고 디지털 포용을 촉진할 필요가 있다. 넷째, 사이버 보안 위협이 만연한 시대에 디지털 윤리 교육은 사이버 보안 조치의 중요성(重要性)으로 강조되고 있다. 다섯째, 인공지능, 블록체인(Blockchain)ⓐ 및 가상현실과 같은 신흥 기술의 급속한 발전(發展)은 또 다른 윤리적 문제를 제기하고 있다. 빠르게 진화하는 디지털 환경이 벼랑에 서 있는 지금, 디지털 윤리의 중요성은 그 어느 때보다 강조되고 있다. 디지털 윤리 교육을 통해 책임 있는 행동을 위해 안내를 제시하고 사이버 보안을 보장함으로써 개인의 권리를 보호하며 사회 정의를 촉진하고 신뢰를 구축하는 디지털 사회를 형성할 수 있게 될 것이다.

ⓐ 가상 화폐로 거래할 때 해킹을 막기 위한 기술

- 을 -

그림 삽입과 쪽 테두리 설정

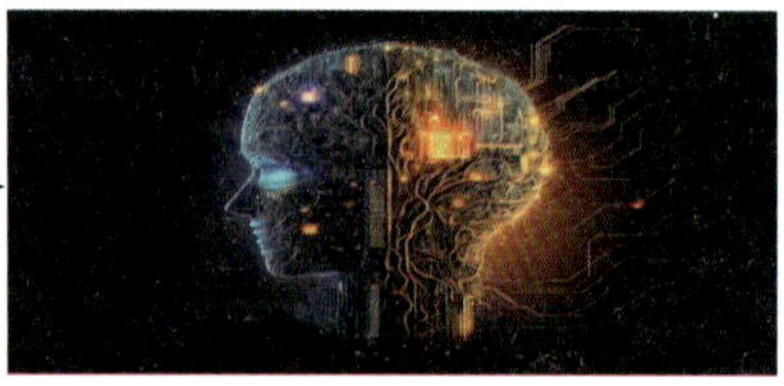

- ☑ 그림 삽입하기
- ☑ 쪽 테두리 설정하기

문제 미리보기

• 소스 : 유형07_문제.hwpx   • 정답 : 유형07_정답.hwpx

Digital Information Ability Test

난이도	권장 시간 / 시험 시간	유형 점수 / 시험 점수
★★★☆☆	3분 / 40분	106점 / 200점

● 출제유형 05 ~ 09까지 합쳐진 점수
※ 공통사항 1, 2 제외

➡ **주의 사항** : 실수가 많은 내용

☑ 그림을 입력할 때 첫 번째 문단 내용의 글자 앞을 클릭한 다음 그림을 입력합니다.

☑ 쪽 테두리를 설정할 때 '머리말 포함'과 '현재 구역'으로 설정되었는지 확인합니다.

➡ **주요 단축키** : 문서 작성시 시간 단축에 도움

☑ 그림 : Ctrl + N, I   개체 속성 : 그림을 클릭한 후 P

Skill 01 그림 삽입하기

① 2 페이지의 첫 번째 문단 내용의 글자 앞을 클릭한 후 [입력] 탭에서 '그림(🖼)'(또는 Ctrl + N, I)을 클릭합니다.

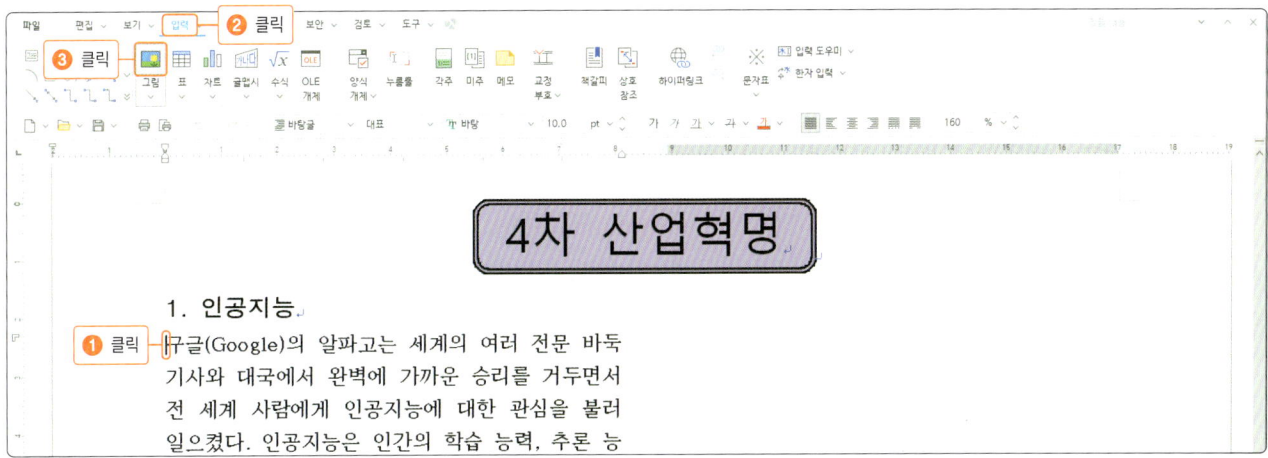

② [그림 넣기] 대화상자가 나오면 [출제유형 완전정복]–[출제유형 07] 폴더에서 '그림A'를 선택합니다. 이어서, '**문서에 포함**'을 클릭하여 체크한 후 〈열기〉 단추를 클릭합니다.

※ 나머지 기능이 체크되어 있다면 클릭하여 체크를 해제합니다.

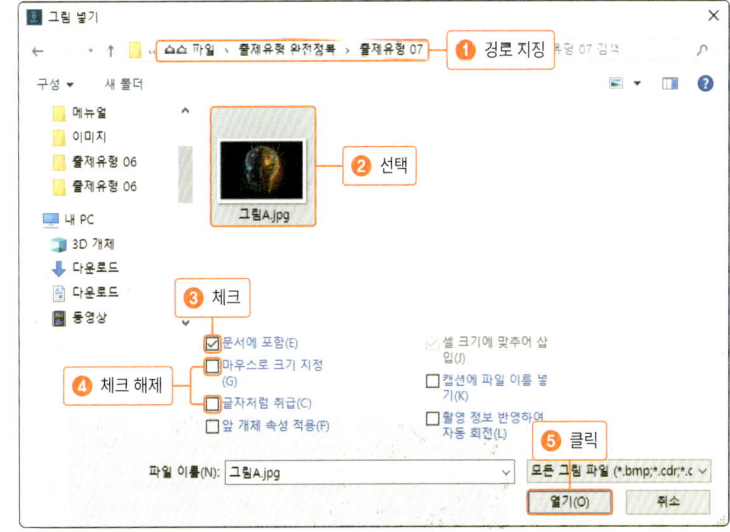

 그림 삽입하기

실제 시험에서는 [바탕 화면]–[KAIT]–[제출파일] 폴더에 있는 그림을 불러와 입력합니다.

❸ 삽입된 그림을 더블 클릭합니다.

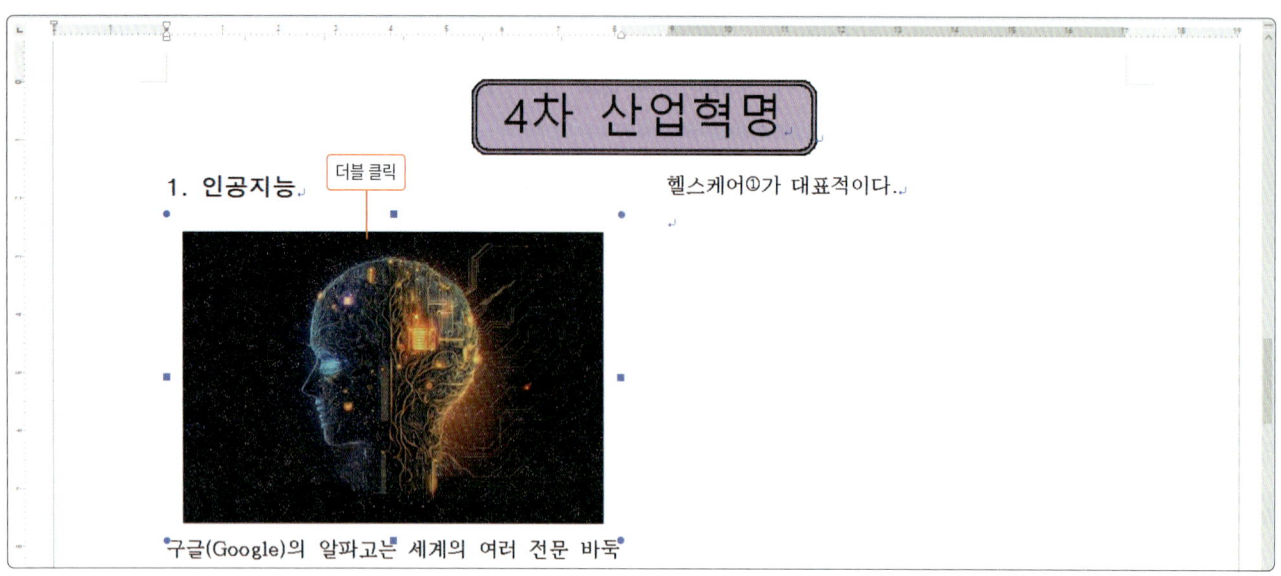

❹ [개체 속성] 대화상자가 나오면 [기본] 탭에서 '크기'의 '너비(85mm)', '높이(40mm)'를 입력한 후 '크기 고정'과 '본문과의 배치(어울림(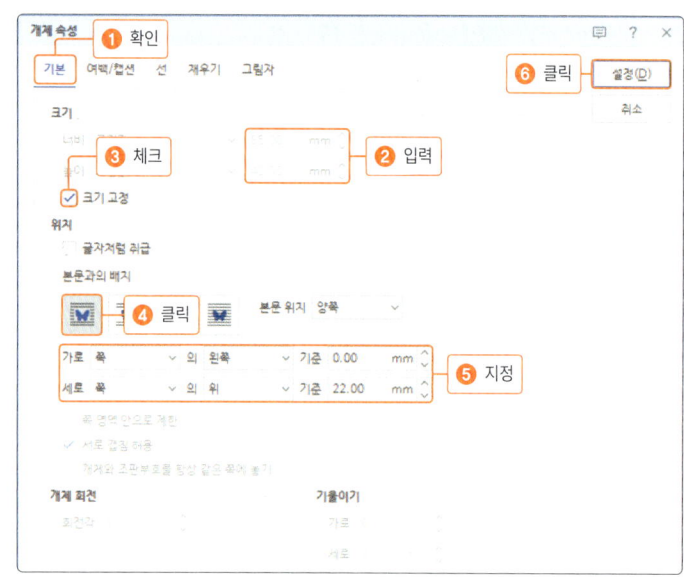))'를 클릭합니다. 이어서, '가로(쪽), 왼쪽(0mm)'과 '세로(쪽), 위(22mm)'를 지정한 후 〈설정〉 단추를 클릭합니다.

❺ 그림의 크기 및 위치가 변경된 것을 확인한 후 Esc 키를 누릅니다.

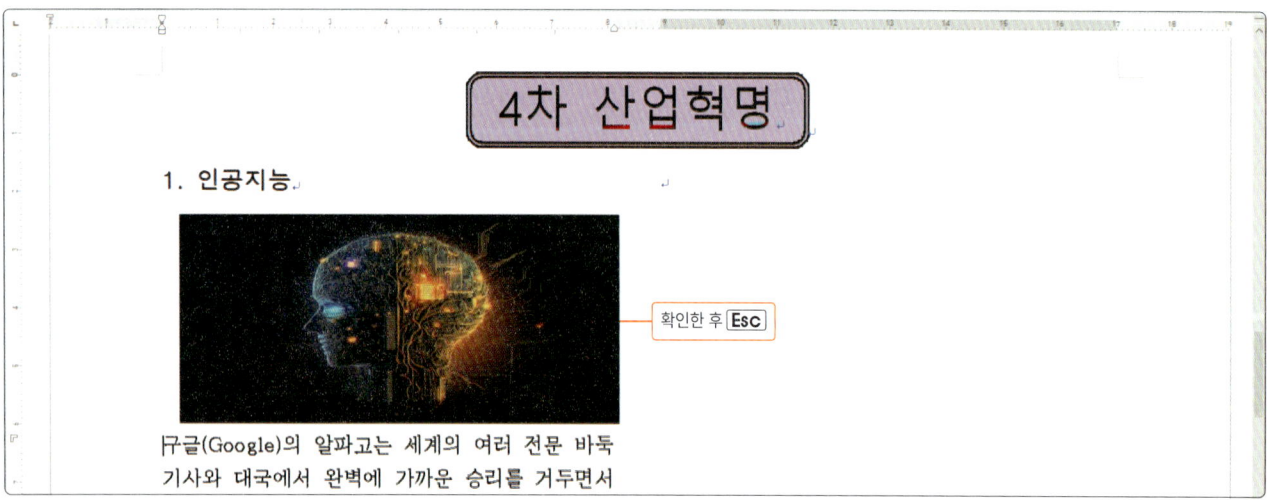

Skill 02 쪽 테두리 설정하기

① [쪽] 탭에서 '쪽 테두리/배경( )'을 클릭합니다.

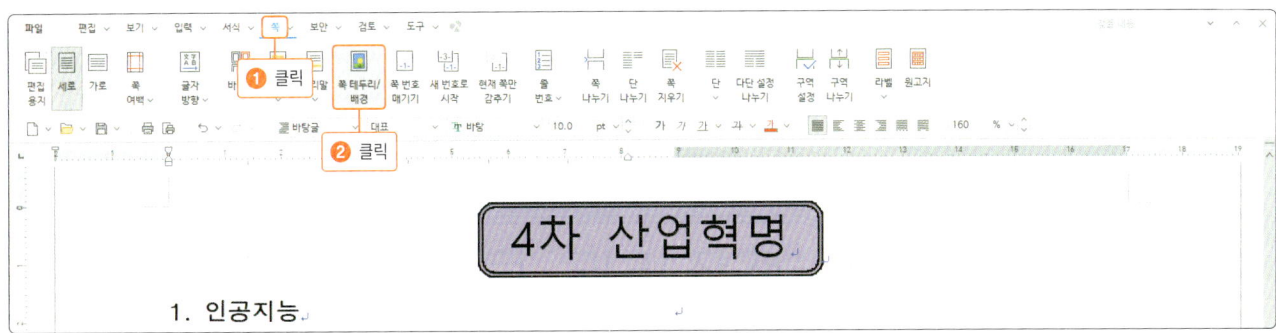

② [쪽 테두리/배경] 대화상자가 나오면 '종류(이중 실선), 모두( ), 위치(머리말 포함), 적용 범위(현재 구역)'를 지정한 후 〈설정〉 단추를 클릭합니다.

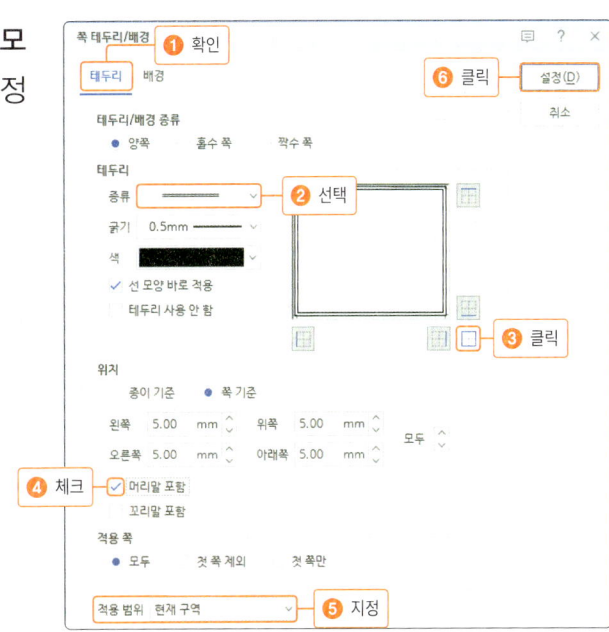

③ 쪽 테두리가 머리말을 포함하여 설정된 것을 확인합니다.

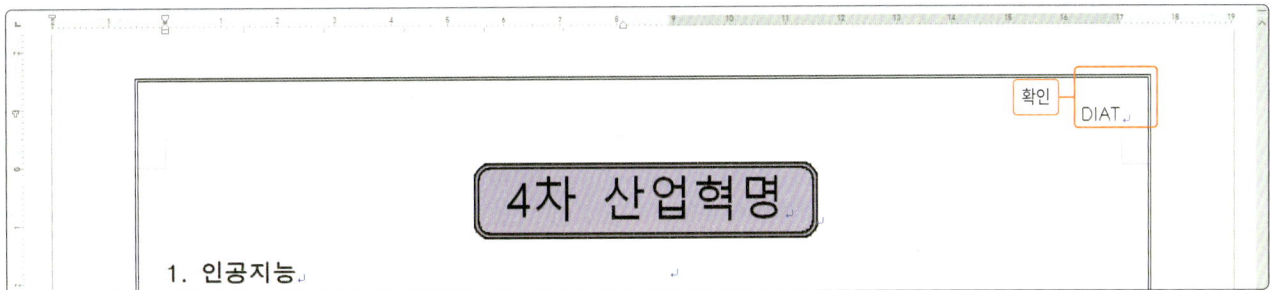

④ [파일] 탭에서 [저장하기](또는 Alt + S) 또는 [서식] 도구 상자에서 '저장하기( )'를 클릭하여 답안 파일을 저장합니다.

※ 실제 시험을 볼 때 작업 도중에 수시로(10분에 한 번 정도) 저장을 하는 것이 좋습니다.

출제유형 완전정복: 그림 삽입과 쪽 테두리 설정

완전정복-01
다음 지시사항을 참고하여 그림 삽입과 쪽 테두리를 설정해 보세요.
- 소스 : 정복07_문제01.hwpx
- 정답 : 정복07_정답01.hwpx

작성 시간 / 권장 시간 : 분 / 3분

쪽 테두리 : 이중 실선, 머리말 포함

그림B 삽입(바탕화면-KAIT-제출파일폴더)
너비(85mm), 높이(40mm)
위치 : 어울림(가로-쪽의 왼쪽:0.0mm, 세로-쪽의 위:22mm)

1. 우리나라의 1인 가구

2023년도 기준(standard) 통계청에 따르면 싱글족, 미혼자, 독거노인 등의 1인 세대의 비중이 약 45%를 넘어섰다고 합니다. 2000년대 이후부터

완전정복-02
다음 지시사항을 참고하여 그림 삽입과 쪽 테두리를 설정해 보세요.
- 소스 : 정복07_문제02.hwpx
- 정답 : 정복07_정답02.hwpx

작성 시간 / 권장 시간 : 분 / 3분

쪽 테두리 : 이중 실선, 머리말 포함

그림C 삽입(바탕화면-KAIT-제출파일폴더)
너비(85mm), 높이(40mm)
위치 : 어울림(가로-쪽의 왼쪽:0.0mm, 세로-쪽의 위:22mm)

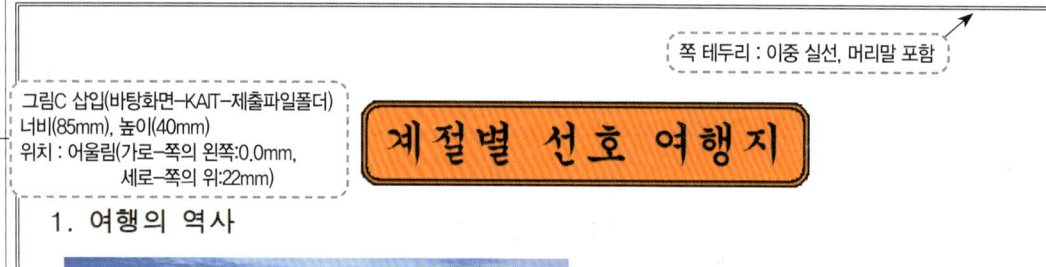

1. 여행의 역사

여행(旅行)이란 휴식을 위해 일상에서 벗어나 다른 지역이나 타국으로 떠나는 것을 뜻합니다. 크게 국내여행과 해외여행으로 구분이 되는데 2020

완전정복-03

다음 지시사항을 참고하여 그림 삽입과 쪽 테두리를 설정해 보세요.

- 소스 : 정복07_문제03.hwpx
- 정답 : 정복07_정답03.hwpx

작성 시간 / 권장 시간
분 / 3분

쪽 테두리 : 이중 실선, 머리말 포함   DIAT

그림D 삽입(바탕화면-KAIT-제출파일폴더)
너비(85mm), 높이(38mm)
위치 : 어울림(가로-쪽의 왼쪽:0.0mm,
        세로-쪽의 위:22mm)

명화 이야기

1. 명화 '별이 빛나는 밤'

작년 한해 우리나라에서 가장 사랑받던 명화(名畵) 10점을 선정하였습니다. 고전 작품부터 현대에 이르기까지 국내외적으로 가장 유명한 명화

완전정복-04

다음 지시사항을 참고하여 그림 삽입과 쪽 테두리를 설정해 보세요.

- 소스 : 정복07_문제04.hwpx
- 정답 : 정복07_정답04.hwpx

작성 시간 / 권장 시간
분 / 3분

쪽 테두리 : 이중 실선, 머리말 포함   DIAT

그림E 삽입(바탕화면-KAIT-제출파일폴더)
너비(85mm), 높이(40mm)
위치 : 어울림(가로-쪽의 왼쪽:0.0mm,
        세로-쪽의 위:22mm)

디지털 권리장전

1. 디지털 권리란?

디지털(Digital) 권리는 개인이 디지털 미디어에 액세스, 사용, 생성 및 게시하거나 컴퓨터, 기타 전자 장치 및 통신 네트워크에 액세스하고 사용

완전정복-05

다음 지시사항을 참고하여 그림 삽입과 쪽 테두리를 설정해 보세요.

· 소스 : 정복07_문제05.hwpx   · 정답 : 정복07_정답05.hwpx

작성 시간 / 권장 시간: 분 / 3분

쪽 테두리 : 이중 실선, 머리말 포함

DIAT

그림F 삽입(바탕화면-KAIT-제출파일폴더)
너비(85mm), 높이(40mm)
위치 : 어울림(가로-쪽의 왼쪽:0.0mm,
세로-쪽의 위:22mm)

펫티켓 문화 확산

1. 펫티켓이란?

펫티켓(Pettiquette)은 'pet'과 'etiquette'의 합성어로, 반려인과 비반려인이 서로 지켜야 할 일종의 예의 및 예절을 뜻한다. 펫티켓의 가장 기본이

완전정복-06

다음 지시사항을 참고하여 그림 삽입과 쪽 테두리를 설정해 보세요.

· 소스 : 정복07_문제06.hwpx   · 정답 : 정복07_정답06.hwpx

작성 시간 / 권장 시간: 분 / 3분

쪽 테두리 : 이중 실선, 머리말 포함

DIAT

그림G 삽입(바탕화면-KAIT-제출파일폴더)
너비(85mm), 높이(38mm)
위치 : 어울림(가로-쪽의 왼쪽:0.0mm,
세로-쪽의 위:22mm)

디지털 윤리

1. 디지털 윤리란?

디지털을 활용할 때 자신의 감정을 조절하고 타인을 존중하며 상대방을 배려하는 긍정적인 사회 관계를 형성할 수 있는 기본 소양을 의미한다. 기

MEMO

PART 02 출제유형 완전정복

표 작성

☑ 표 만들기 ☑ 표 편집하기
☑ 블록 계산하기

문제 미리보기

· 소스 : 유형08_문제.hwpx   · 정답 : 유형08_정답.hwpx

DIAT

4차 산업혁명

굴림체, 12pt, 진하게, 가운데 정렬

1. 인공지능

4차산업 특허 동향

구분	인공지능	지능형로봇
2020	1,150	563
2021	2,367	1,002
2022	3,668	1,595
2023	4,174	2,341
합계	11,359	5,501

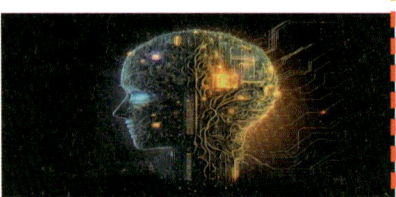

위쪽 제목 셀 : 색상(RGB:202,86,167), 진하게
제목 셀 아래선 : 이중 실선(0.5mm)
글자 모양 : 굴림, 10pt, 가운데 정렬
합계는 블록계산식 기능을 이용

구글(Google)의 알파고는 세계의 여러 전문 바둑 기사와 대국에서 완벽에 가까운 승리를 거두면서 전 세계 사람에게 인공지능에 대한 관심을 불러 일으켰다. 인공지능은 인간의 학습 능력, 추론 능력, 지각 능력을 인공적으로 구현해서 문제를 해결하려는 과학 기술 분야를 의미한다. 인공지능은 크게 특정한 문제를 스스로 해결하는 '약인공지능'과 인간처럼 사고(思考)하여 문제를 해결할 수 있는 '강인공지능'으로 나뉜다. 현재의 인공지능은 기존의 컴퓨터 시스템에서 처리하기 어려웠던 특정(特定) 사진에서 목적한 것을 구분해 내는 것과 같이 현실적이고 실용적인 기능을 목표로 개발 중인 '약인공지능'이 대부분이다.

2. 4차산업

일반적으로 농경사회에서 증기 시스템을 이용해 방적기, 방직기가 도입된 인류 최초의 산업혁명을 1차 산업혁명이라 하고 전기, 내연기관을 주축으로 하는 2차 산업혁명을 거쳐 1970년대 시작한 디지털 기술이 접목된 시기를 3차 산업혁명이라 정의하고 있다. 4차 산업혁명이란 정의는 2016년 세계경제포럼에서 의장인 '슈바프'의 주창(主唱)에 의해 화두(話頭)가 되었다. 현재 로봇공학, 인공지능, 생명공학, 자율주행차량 등 기술혁신이 나타나고 있는 최근의 시기를 의미하며 모든 사물의 연결, 탈중앙화, 개방 등이 대표적 형태이다. 요소(要素)기술 및 산업 분야로는 블록체인, 빅데이터, 인공지능, 로봇공학, 양자암호, 사물인터넷, 첨단 헬스케어[1]가 대표적이다.

---

[1] 의료 관련 기관의 전반적인 서비스를 총칭

- 나 -

Digital Information Ability Test

난이도	권장 시간 / 시험 시간	유형 점수 / 시험 점수
★★★★☆	6분 / 40분	106점 / 200점

● 출제유형 05 ~ 09까지 합쳐진 점수
※ 공통사항 1, 2 제외

➜ **주의 사항** : 실수가 많은 내용

☑ 표는 오른쪽 단의 첫 번째 줄부터 작성합니다.
☑ 합계 및 평균은 블록계산식을 이용해서 작성합니다.
☑ 표를 '글자처럼 취급'를 하지 않아도 채점과는 상관없지만 키보드로 정렬 및 위치를 지정할 때 편하므로 '글자처럼 취급'에 체크합니다.

➜ **주요 단축키** : 문서 작성시 시간 단축에 도움

☑ 표 : Ctrl + N, T   표 크기 조절 : Ctrl + ↓   블록 합계 : Ctrl + Shift + S   블록 평균 : Ctrl + Shift + A

Skill 01 표 만들기

 2 페이지 마지막 줄의 '**대표적이다.**' 글자 뒤를 클릭한 후 Enter 키를 누릅니다.

※ 문제지([문제 2])를 보면서 문서를 작성한 후 Enter 키를 눌러 오른쪽 단으로 이동하여 표를 작성합니다.

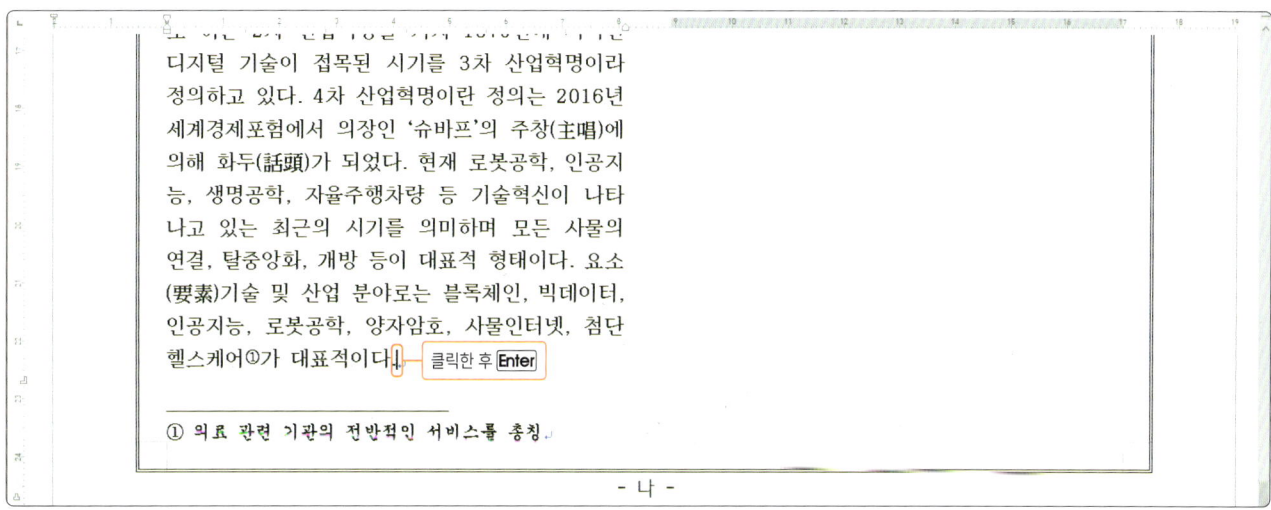

❷ 오른쪽 단의 첫 번째 줄로 마우스 포인터가 이동하면 [문제 2]를 보고 다음과 같이 표 제목을 입력한 후 Enter 키를 누릅니다.

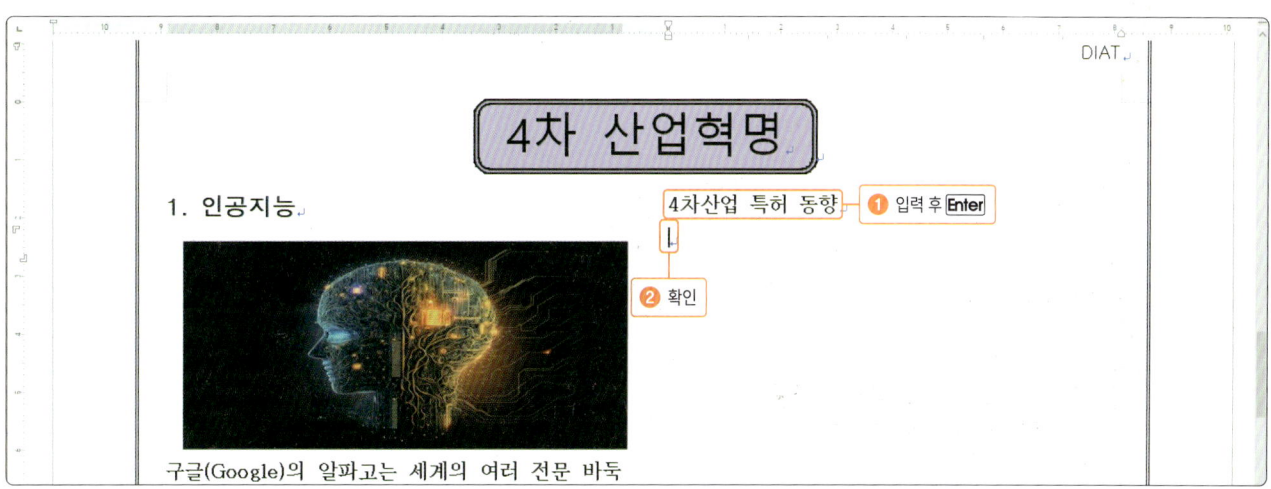

❸ 표를 작성하기 위해 [입력] 탭에서 '표(⊞)'(또는 Ctrl+N, T)를 클릭합니다.

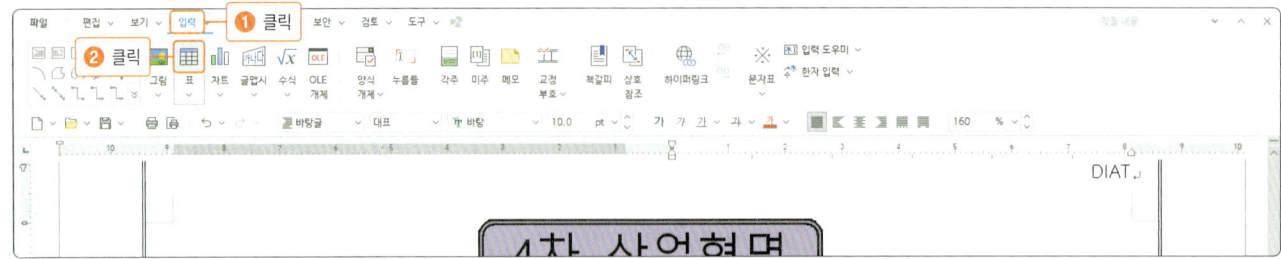

❹ [표 만들기] 대화상자가 나오면 '줄 개수(6), 칸 개수(3)'를 입력합니다. 이어서, '글자처럼 취급'이 체크된 것을 확인한 후 〈만들기〉 단추를 클릭합니다.

※ 줄 개수(6)와 칸 개수(3)는 [문제 2]의 표를 참고하여 입력합니다.

❺ 표가 작성되면 표 제목인 '4차산업 특허 동향'을 드래그하여 블록으로 지정한 후 [서식] 도구 상자에서 '글꼴(굴림체), 글자 크기(12pt), 진하게(가), 가운데 정렬(≡)'을 지정합니다.

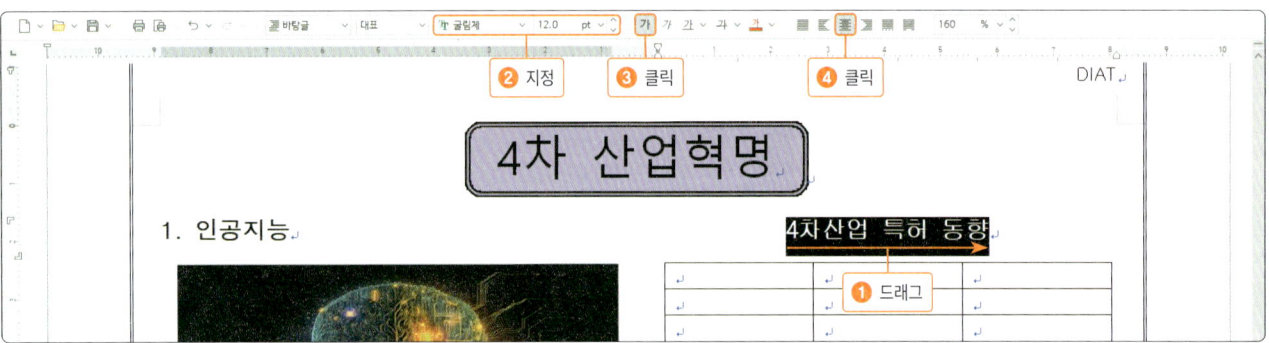

❻ 이어서, [문제 2]를 보면서 다음과 같이 표 안에 내용을 입력합니다.

※ '인공지능 합계'와 '지능형로봇 합계'는 블록 계산식으로 구해야 하므로 입력하지 않습니다.

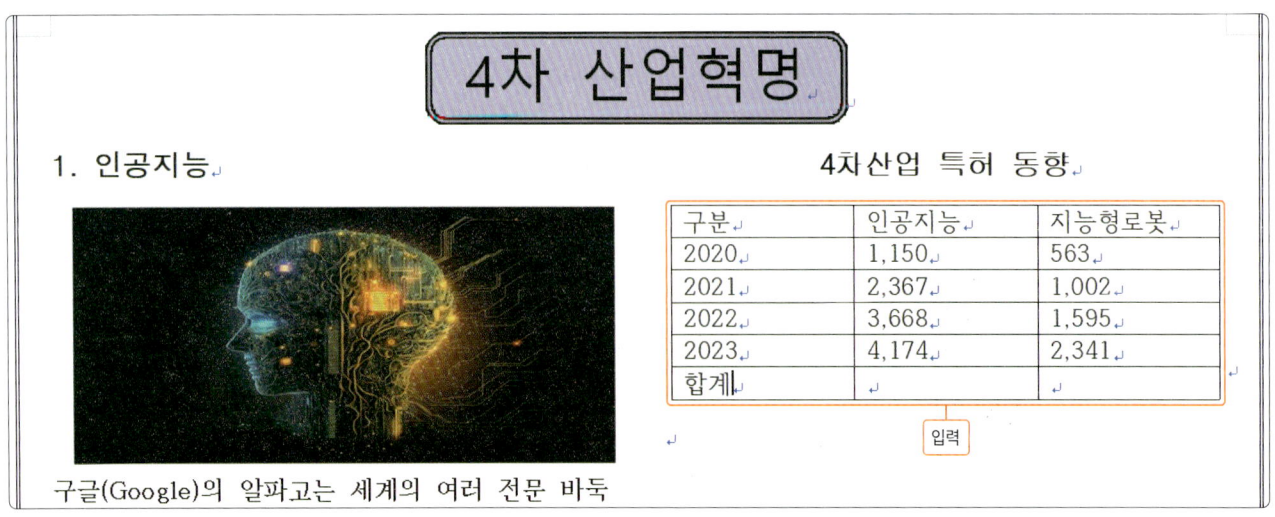

Skill 02 표 편집하기

① 표 전체를 드래그하여 블록으로 지정한 후 [서식] 도구 상자에서 '글꼴(굴림), 글자 크기(10pt), 가운데 정렬(☰)'을 지정합니다.

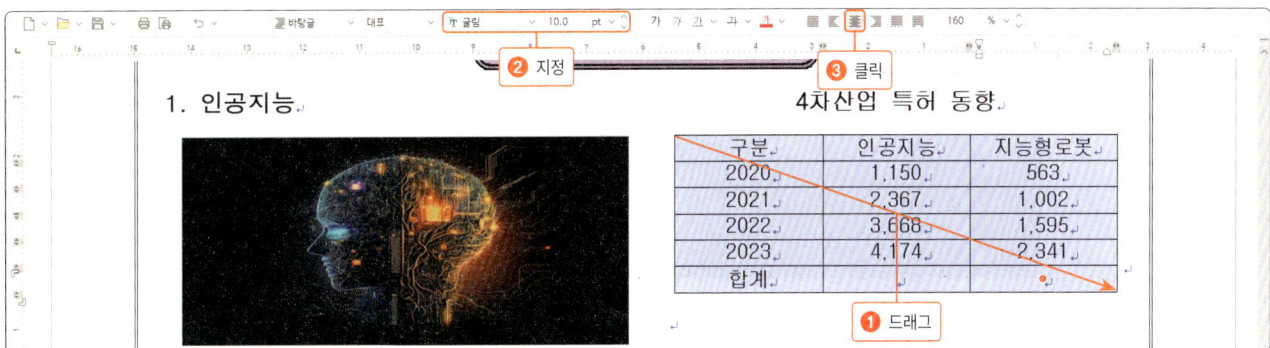

② 표의 높이를 조절하기 위해 Ctrl 키를 누른 채 키보드의 아래쪽 방향키(↓)를 두 번 누릅니다.

※ 표의 높이 조절은 [문제 2]를 보면서 최대한 비슷하게 높이를 조절합니다.

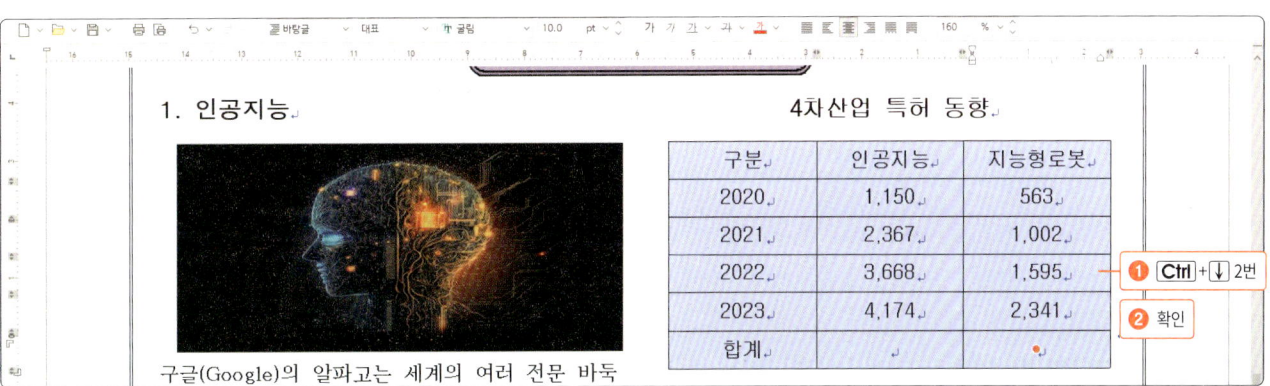

TIP
표의 높이나 너비 등의 크기 조절은 문제지를 참고하여 조절합니다.
- Ctrl+방향키 : Ctrl 키를 누른 채 방향키를 누르면 표 전체의 크기가 변경됩니다.
- Alt+방향키 : Alt 키를 누른 채 방향키를 누르면 선택한 셀 부분의 너비만 변경됩니다.

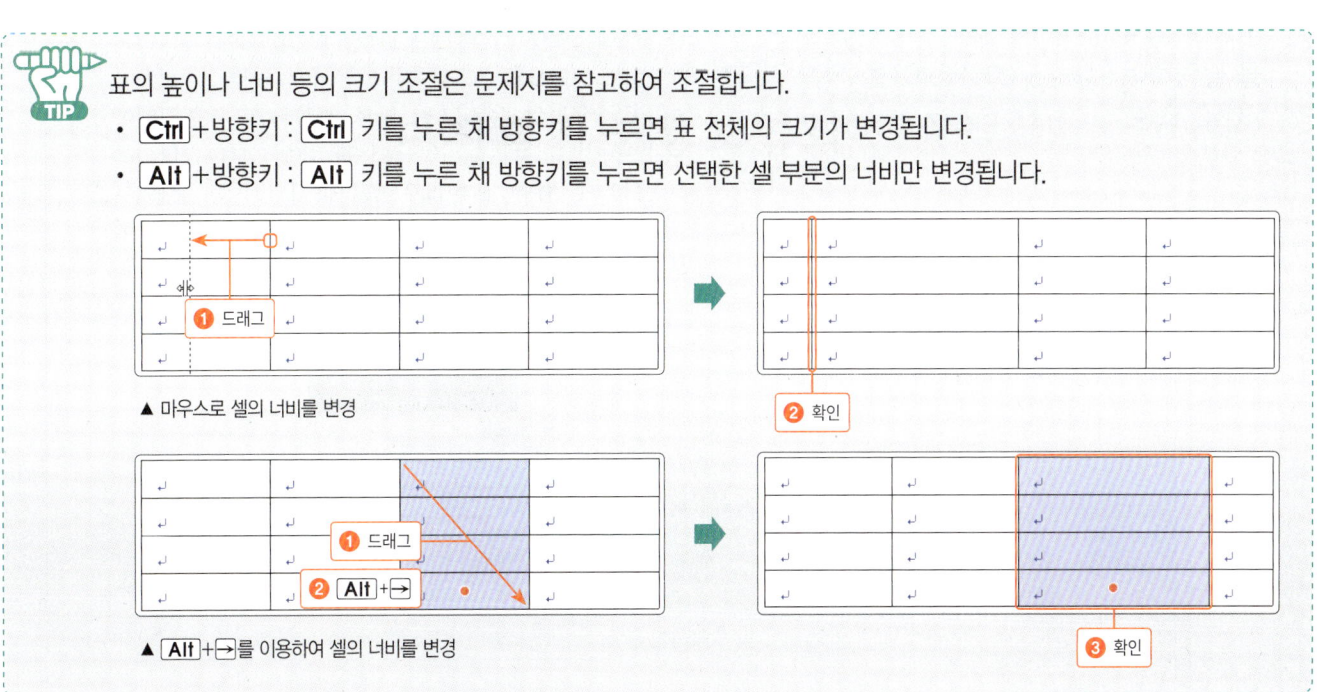

❸ 다음과 같이 표의 제목 셀을 드래그하여 블록으로 지정한 후 [서식] 도구 상자에서 '**진하게(가)**'를 클릭합니다. 이어서, 지정된 블록 위에서 마우스 오른쪽 단추를 눌러 바로 가기 메뉴가 나오면 [**셀 테두리/배경**]-[**각 셀마다 적용**]을 클릭합니다.

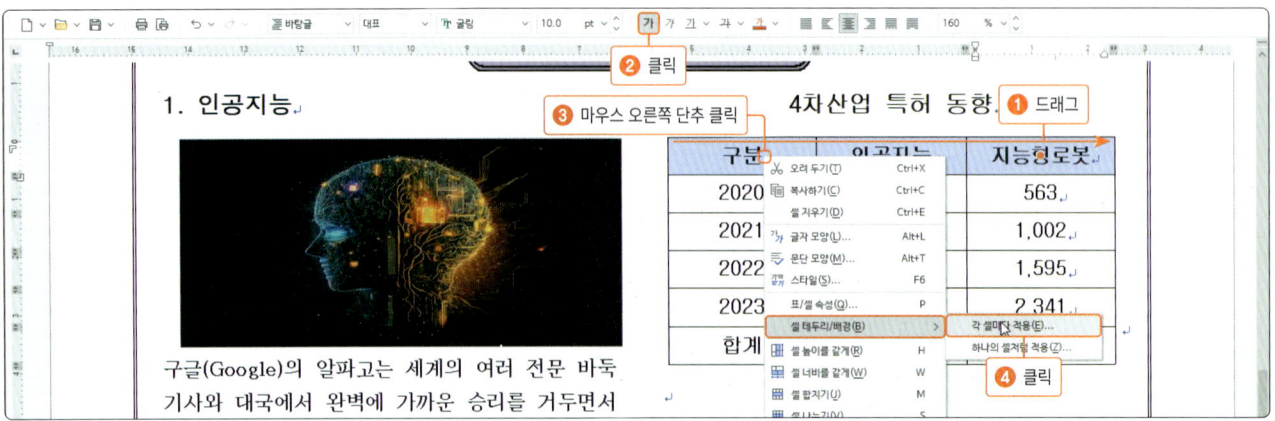

❹ [셀 테두리/배경] 대화상자가 나오면 [**테두리**] **탭**에서 '**종류**(이중 실선), **굵기**(0.5mm), **아래쪽 테두리**(▦)'를 지정합니다.

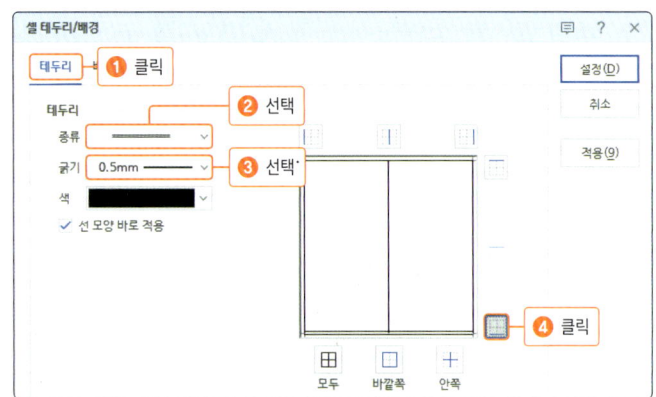

❺ [셀 테두리/배경] 대화상자의 [**배경**] **탭**을 클릭한 후 '**색**'의 '**면 색**'을 클릭합니다. 이어서, '**스펙트럼**'을 클릭하여 RGB값 '202,86,167'을 직접 입력한 후 〈적용〉 단추 및 〈설정〉 단추를 클릭합니다.

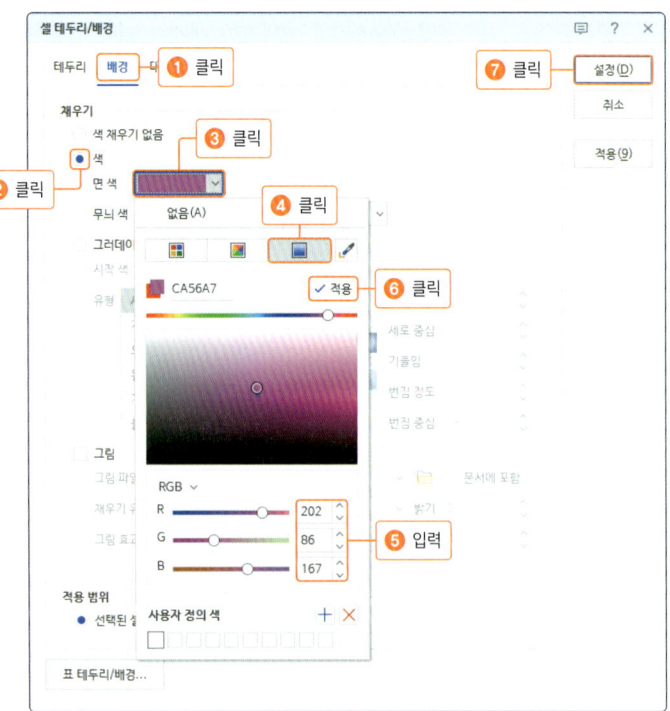

Skill 03 블록 계산하기

① 블록 계산식을 이용하여 합계를 구하기 위해 다음과 같이 드래그하여 블록으로 지정합니다. 이어서, 블록으로 지정된 셀 위에서 마우스 오른쪽 단추를 눌러 [블록 계산식]-[블록 합계]를 클릭합니다.

※ [표 레이아웃] 탭에서 [계산식]-'블록 합계'를 선택할 수도 있습니다.

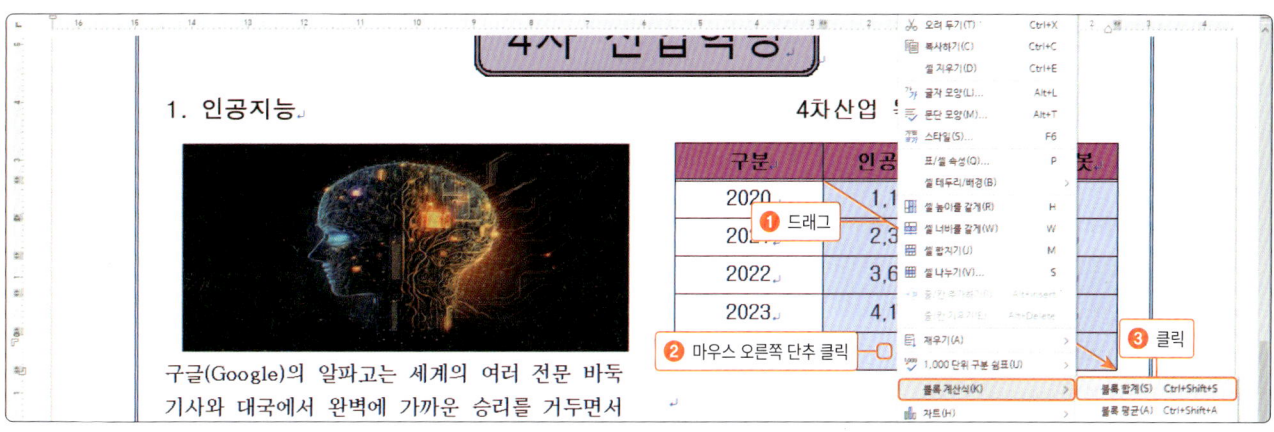

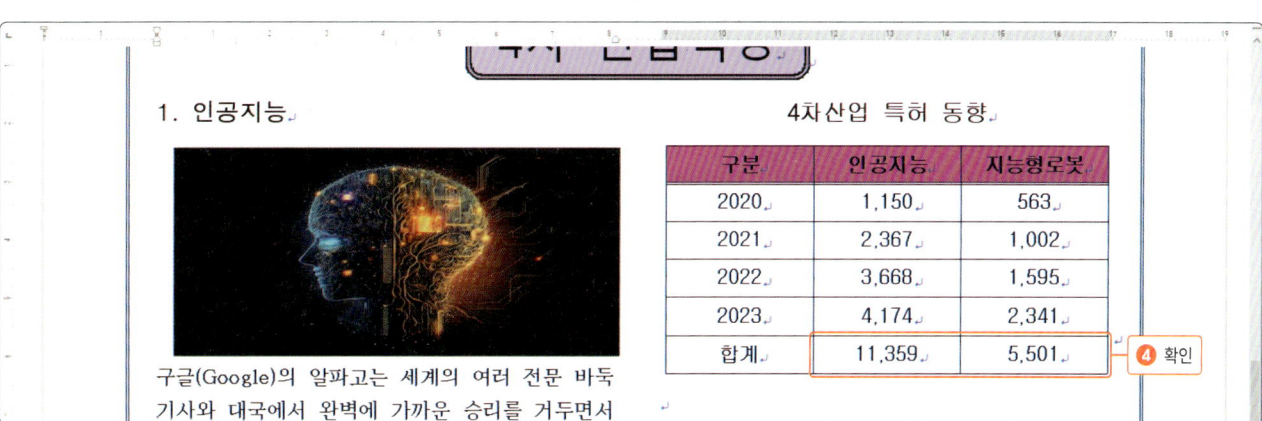

② [파일] 탭에서 [저장하기](또는 Alt+S) 또는 [서식] 도구 상자에서 '저장하기(💾)'를 클릭하여 답안 파일을 저장합니다.

※ 실제 시험을 볼 때 작업 도중에 수시로(10분에 한 번 정도) 저장을 하는 것이 좋습니다.

표 작성

완전정복-01

다음 지시사항을 참고하여 표를 작성해 보세요.

- 소스 : 정복08_문제01.hwpx
- 정답 : 정복08_정답01.hwpx

작성 시간 / 권장 시간
분 / 6분

1인 카페 창업

궁서, 12pt, 진하게, 가운데 정렬

1. 우리나라의 1인 가구

2023년도 기준(standard) 통계청에 따르면 싱글족, 미혼자, 독거노인 등의 1인 세대의 비중이 약 45%를 넘어섰다고 합니다. 2000년대 이후부터 자발적으로 다양한 1인 가구가 등장했으며 1인 가구에 대한 고정관념이 줄어든 편입니다. 가구

지역별 1인 카페 개업 현황

지역	2023년	2024년
서울특별시	150	200
경기도	80	120
인천광역시	20	35
광주광역시	15	20
합계	265	375

위쪽 제목 셀 : 색상(RGB:255,102,0), 진하게
제목 셀 아래선 : 이중 실선(0.5mm)
글자 모양 : 굴림, 10pt, 가운데 정렬
합계는 블록계산식 기능을 이용

완전정복-02

다음 지시사항을 참고하여 표를 작성해 보세요.

- 소스 : 정복08_문제02.hwpx
- 정답 : 정복08_정답02.hwpx

작성 시간 / 권장 시간
분 / 6분

계절별 선호 여행지

굴림체, 12pt, 진하게, 가운데 정렬

1. 여행의 역사

여행(旅行)이란 휴식을 위해 일상에서 벗어나 다른 지역이나 타국으로 떠나는 것을 뜻합니다. 크게 국내여행과 해외여행으로 구분이 되는데 2020년대 부터는 우주여행까지 본격적으로 새로운 여행(travel)으로 등장하기 시작하여 관광업계에서

여행 선호 계절 비율(%)

장소	남성	여성
봄	55	89
여름	73	45
가을	76	67
겨울	81	84
합계	285	285

위쪽 제목 셀 : 색상(RGB:255,255,0), 진하게
제목 셀 아래선 : 이중 실선(0.5mm)
글자 모양 : 굴림, 10pt, 가운데 정렬
평균은 블록계산식 기능을 이용

완전정복-03

다음 지시사항을 참고하여 표를 작성해 보세요.

• 소스 : 정복08_문제03.hwpx   • 정답 : 정복08_정답03.hwpx

작성 시간 / 권장 시간
분 / 6분

명화 이야기

굴림체, 12pt, 진하게, 가운데 정렬

1. 명화 '별이 빛나는 밤'

학생들이 선호하는 명화 작가 비율(%)

작가명	초등학생	중고등학생
고흐	45	55
고갱	35	65
르누아르	27	73
다빈치	50	50
합계	157	243

위쪽 제목 셀 : 색상(RGB:255,194,0), 진하게
제목 셀 아래선 : 이중 실선(0.5mm)
글자 모양 : 굴림, 10pt, 가운데 정렬
합계는 블록계산식 기능을 이용

작년 한해 우리나라에서 가장 사랑받던 명화(名畫) 10점을 선정하였습니다. 고전 작품부터 현대에 이르기까지 국내외적으로 가장 유명한 명화 10점 외에도 많은 작품이 쏟아져 나왔었는데 국외 작품ⓐ 중 가장 인기 있었던 작품은 바로 빈센

완전정복-04

다음 지시사항을 참고하여 표를 작성해 보세요.

• 소스 : 정복08_문제04.hwpx   • 정답 : 정복08_정답04.hwpx

작성 시간 / 권장 시간
분 / 6분

디지털 권리장전

굴림체, 12pt, 진하게, 가운데 정렬

1. 디지털 권리란?

디지털 격차 실태조사(단위:%)

연도	저소득층	고령층
2020	87.8	64.3
2021	95.1	68.6
2022	95.4	69.1
2023	95.6	69.9
평균	93.48	67.97

위쪽 제목 셀 : 색상(RGB:105,155,55), 진하게
제목 셀 아래선 : 이중 실선(0.5mm)
글자 모양 : 돋움, 10pt, 가운데 정렬
평균은 블록계산식 기능을 이용

디지털(Digital) 권리는 개인이 디지털 미디어에 액세스, 사용, 생성 및 게시하거나 컴퓨터, 기타 전자 장치 및 통신 네트워크에 액세스하고 사용할 수 있도록 허용하는 인권 및 법적 권리이다. 이 개념은 디지털 기술, 특히 인터넷의 맥락에서

완전정복 - 05

다음 지시사항을 참고하여 표를 작성해 보세요.
- 소스 : 정복08_문제05.hwpx
- 정답 : 정복08_정답05.hwpx

작성 시간 / 권장 시간
분 / 6분

펫티켓 문화 확산

굴림체, 12pt, 진하게, 가운데 정렬

1. 펫티켓이란?

반려동물 양육가구 비율(단위:%)

년도	반려견	반려묘
2021	42	28
2022	45	25
2023	50	20
2024	52	22
합계	189	95

위쪽 제목 셀 : 색상(RGB:53,135,145), 진하게
제목 셀 아래선 : 이중 실선(0.5mm)
글자 모양 : 돋움, 10pt, 가운데 정렬
합계는 블록계산식 기능을 이용

펫티켓(Pettiquette)은 'pet'과 'etiquette'의 합성어로, 반려인과 비반려인이 서로 지켜야 할 일종의 예의 및 예절을 뜻한다. 펫티켓의 가장 기본이 되는 것은 복종 훈련이다. 반려동물이 사람을 물거나 위협적인 상황이 발생할 때 반려동물을 컨

완전정복 - 06

다음 지시사항을 참고하여 표를 작성해 보세요.
- 소스 : 정복08_문제06.hwpx
- 정답 : 정복08_정답06.hwpx

작성 시간 / 권장 시간
분 / 6분

디지털 윤리

굴림체, 12pt, 진하게, 가운데 정렬

1. 디지털 윤리란?

디지털 윤리 교육 필요성(단위 : %)

영역	초등학생	중고등학생
정보 보호	30	20
온라인 소통	25	20
사이버 괴롭힘	15	25
법적 윤리	5	5
합계	75	70

위쪽 제목 셀 : 색상(RGB:53,135,145), 진하게
제목 셀 아래선 : 이중 실선(0.5mm)
글자 모양 : 돋움, 10pt, 가운데 정렬
합계는 블록계산식 기능을 이용

디지털을 활용할 때 자신의 감정을 조절하고 타인을 존중하며 상대방을 배려하는 긍정적인 사회 관계를 형성할 수 있는 기본 소양을 의미한다. 기술의 개발과 사용에 관련된 윤리적 문제를 다루는 학문으로 디지털을 윤리적으로 사용하기 위한

MEMO

PART 02 출제유형 완전정복

차트 작성

☑ 차트 만들기
☑ 차트 편집하기

 **미리보기**

· 소스 : 유형09_문제.hwpx · 정답 : 유형09_정답.hwpx

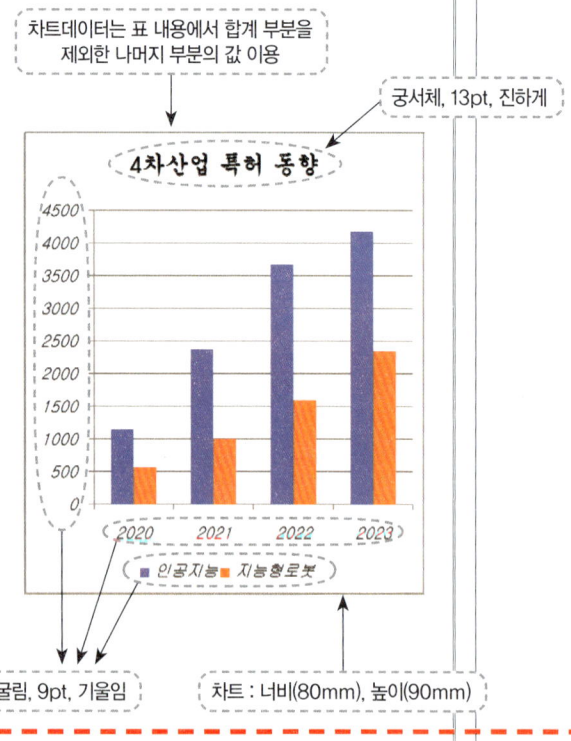

DIAT

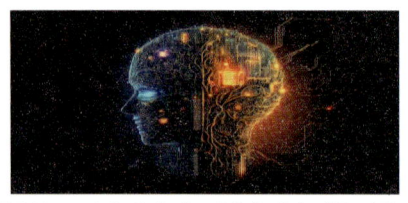

1. 인공지능

4차 산업 특허 동향

구분	인공지능	지능형로봇
2020	1,150	563
2021	2,367	1,002
2022	3,668	1,595
2023	4,174	2,341
합계	11,359	5,501

구글(Google)의 알파고는 세계의 여러 전문 바둑 기사와 대국에서 완벽에 가까운 승리를 거두면서 전 세계 사람에게 인공지능에 대한 관심을 불러 일으켰다. 인공지능은 인간의 학습 능력, 추론 능력, 지각 능력을 인공적으로 구현해서 문제를 해결하려는 과학 기술 분야를 의미한다. 인공지능을 크게 특정한 문제를 스스로 해결하는 '약인공지능'과 인간처럼 사고(思考)하여 문제를 해결할 수 있는 '강인공지능'으로 나뉜다. 현재의 인공지능은 기존의 컴퓨터 시스템에서 처리하기 어려웠던 특정(特定) 사진에서 목적한 것을 구분해 내는 것과 같이 현실적이고 실용적인 기능을 목표로 개발 중인 '약인공지능'이 대부분이다.

2. 4차산업

일반적으로 농경사회에서 증기 시스템을 이용해 방적기, 방직기가 도입된 인류 최초의 산업혁명을 1차 산업혁명이라 하고 전기, 내연기관을 주축으로 하는 2차 산업혁명을 거쳐 1970년대 시작한 디지털 기술이 접목된 시기를 3차 산업혁명이라 정의하고 있다. 4차 산업혁명이란 정의는 2016년 세계경제포럼에서 의장인 '슈바프'의 주창(主唱)에 의해 화두(話頭)가 되었다. 현재 로봇공학, 인공지능, 생명공학, 자율주행차량 등 기술혁신이 나타나고 있는 최근의 시기를 의미하며 모든 사물의 연결, 탈중앙화, 개방 등이 대표적 형태이다. 요소(要素)기술 및 산업 분야는 블록체인, 빅데이터, 인공지능, 로봇공학, 양자암호, 사물인터넷, 첨단 헬스케어①가 대표적이다.

① 의료 관련 기관의 전반적인 서비스를 총칭

- 나 -

Digital Information Ability Test

난이도	권장 시간 / 시험 시간	유형 점수 / 시험 점수
★★★★★	4분 / 40분	▶ 106점 / 200점

● 출제유형 05 ~ 09까지 합쳐진 점수
※ 공통사항 1, 2 제외

시험 분석

➡ **주의 사항** : 실수가 많은 내용
- ☑ 차트 작성 전에 꼭! 저장합니다.
    - ※ 차트 작성 시 오류가 나오는 경우가 있어서 저장을 먼저 하는게 좋습니다.
- ☑ '세로 값 축', '가로 값 축', '범례'의 글자 속성을 작성 안하는 경우가 있어 작성을 했는지 확인을 합니다.
- ☑ 저장을 할 때 아무 글자 위에서 클릭을 한 후 저장을 합니다.
    - ※ 블록을 잡고 저장을 누를 경우 블록을 지정한 부분만 저장이 됩니다.

➡ **주요 단축키** : 문서 작성시 시간 단축에 도움
- ☑ 저장하기 : [Alt] + [S]

Skill 01 차트 만들기

❶ 2 페이지의 합계 열을 제외한 표 전체를 드래그하여 블록으로 지정한 후 [표 디자인( )] 탭에서 '**차트 만들기**( )'를 클릭합니다.

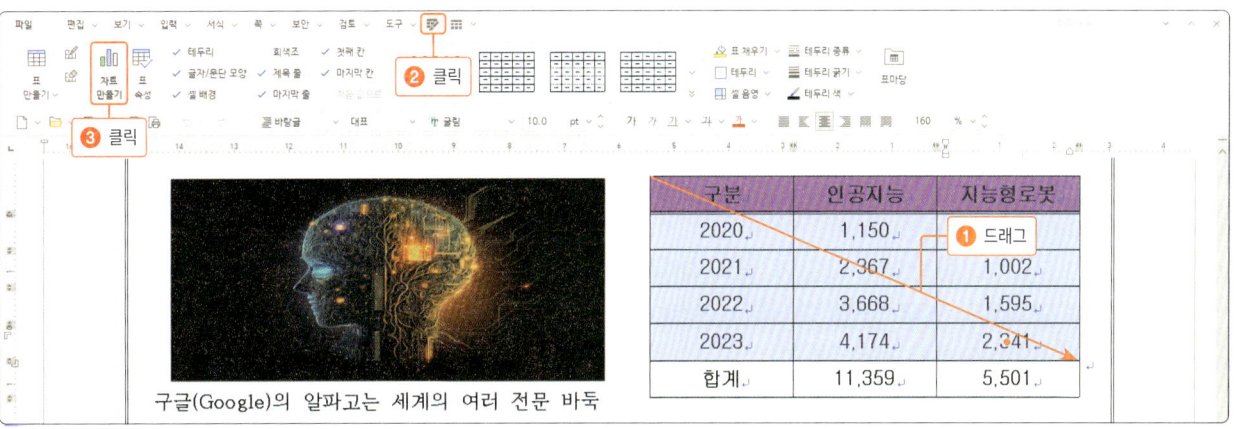

❷ [차트 데이터 편집] 대화상자가 나오면 '**닫기**(✕)'를 눌러 대화상자를 닫습니다. 이어서, 차트 위에서 마우스 오른쪽 단추를 눌러 바로 가기 메뉴가 나오면 [**개체 속성**]을 클릭합니다.

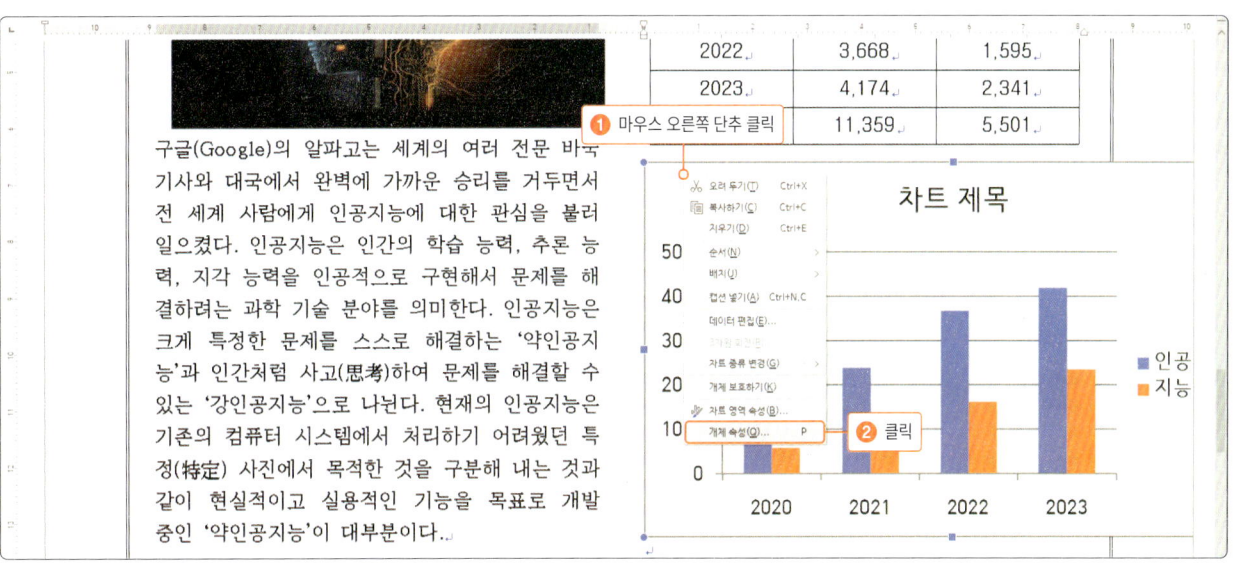

❸ [개체 속성] 대화상자가 나오면 [기본] 탭에서 '크기'의 '너비(80mm)', '높이(90mm)'를 입력합니다. 이어서, '크기 고정'과 '글자처럼 취급'을 클릭하여 체크한 후 〈설정〉 단추를 클릭합니다.

 가로 막대형 차트로 변경
[차트 디자인()] 탭에서 [차트 종류 변경]-'묶은 가로 막대형'을 선택합니다.

줄/칸 전환
[차트 디자인()] 탭에서 [줄/칸 전환()]을 클릭하여 차트의 방향을 변경할 수 있습니다.

Skill 02 차트 편집하기

❶ 차트 제목 : '차트 제목' 위에서 마우스 오른쪽 단추를 클릭한 후 [제목 편집]을 클릭합니다.

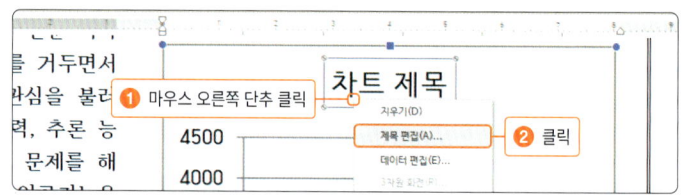

❷ [차트 글자 모양] 대화상자가 나오면 '글자 내용(4차산업 특허 동향), 한글 글꼴(궁서체), 영문 글꼴(궁서체), 진하게(), 크기(13pt)'를 지정한 후 〈설정〉 단추를 클릭합니다.

※ 차트 제목은 문제지([문제 2])를 보고 정확하게 입력합니다.

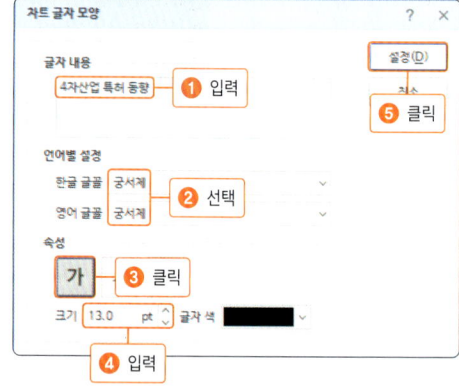

한글/영어 글꼴
언어별 설정에 숫자는 영어 글꼴을 한글과 숫자가 같이 있을 경우에는 한글과 영어 글꼴 모두 시험지에 지시한 '궁서체'를 지정합니다.

❸ [차트 디자인()] 탭에서 [차트 구성추가]-[범례]-'아래쪽'을 선택합니다.

※ 범례의 배치는 문제지([문제 2])를 보고 판단하여 선택합니다.

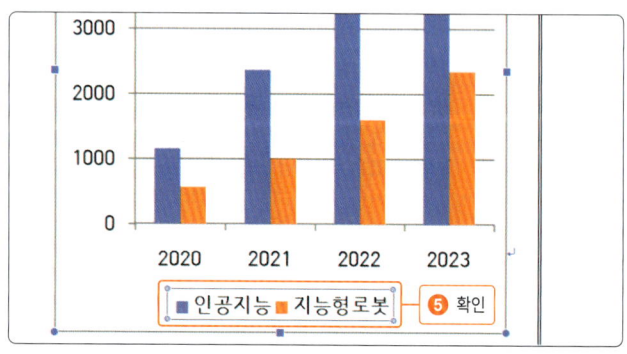

④ '세로 값 축'을 클릭한 후 마우스 오른쪽 단추를 눌러 바로 가기 메뉴가 나오면 [글자 모양 편집]을 클릭합니다.

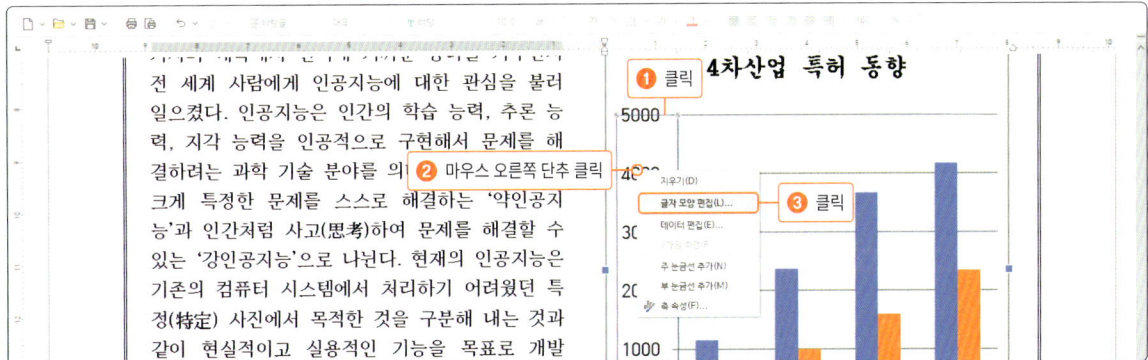

⑤ [차트 글자 모양] 대화상자가 나오면 '한글 글꼴(굴림), 영어 글꼴(굴림), 기울임(가), 크기(9pt)'를 지정한 후 〈설정〉 단추를 클릭합니다.

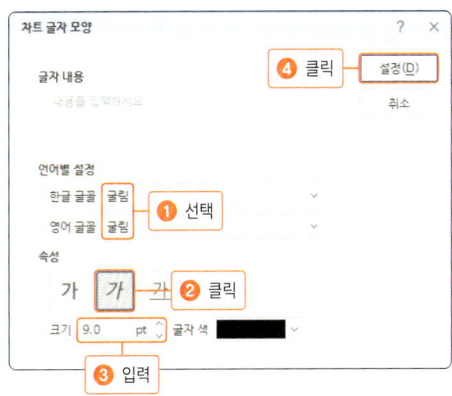

⑥ '가로 값 축'을 클릭한 후 마우스 오른쪽 단추를 눌러 바로 가기 메뉴가 나오면 [글자 모양 편집]을 클릭합니다.

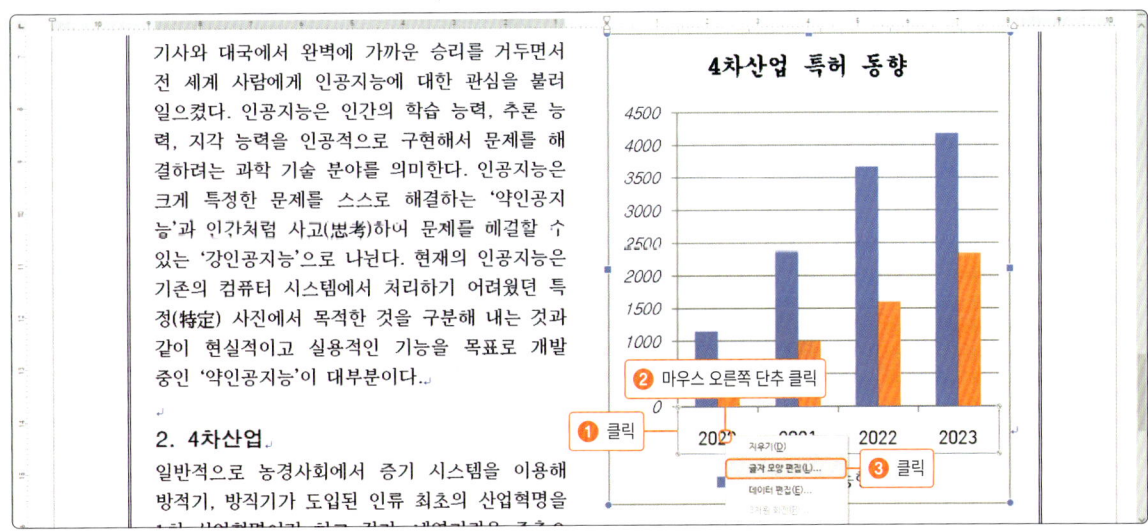

⑦ [차트 글자 모양] 대화상자가 나오면 '한글 글꼴(굴림), 영어 글꼴(굴림), 기울임(가), 크기(9pt)'를 지정한 후 〈설정〉 단추를 클릭합니다.

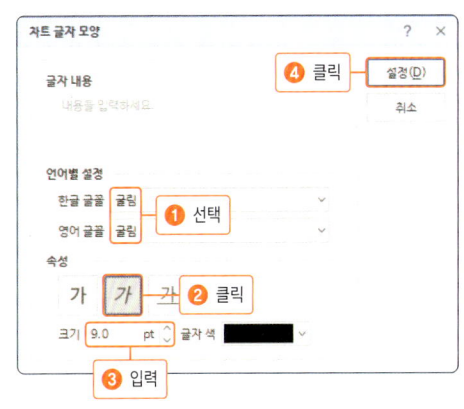

❽ '범례'를 클릭한 후 마우스 오른쪽 단추를 눌러 바로 가기 메뉴가 나오면 [글자 모양 편집]을 클릭합니다.

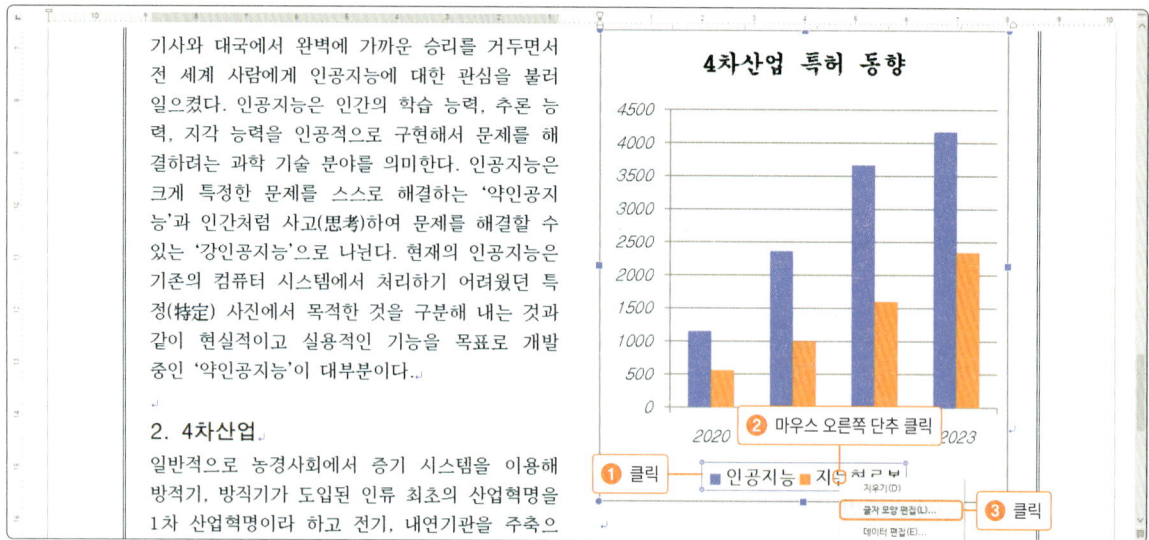

❾ [차트 글자 모양] 대화상자가 나오면 '한글 글꼴(굴림), 영어 글꼴(굴림), 기울임(가), 크기(9pt)'를 지정한 후 〈설정〉 단추를 클릭합니다.

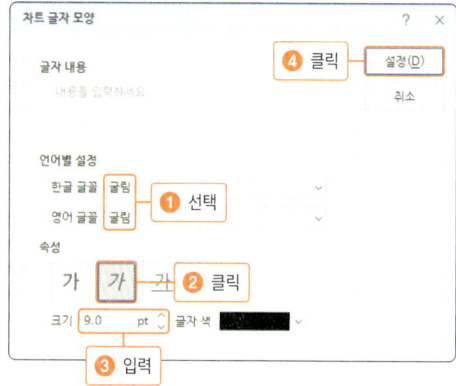

> **TIP 한글/영어 글꼴**
> 언어별 설정에 숫자는 영어 글꼴을 한글과 숫자가 같이 있을 경우에는 한글과 영어 글꼴 모두 시험지에 지시한 '궁서체'를 지정합니다.

❿ 차트 편집이 완료되면 표 뒤를 클릭한 후 Enter 키를 눌러 문제지([문제 2])와 비슷하게 표와 차트의 간격을 조절합니다.

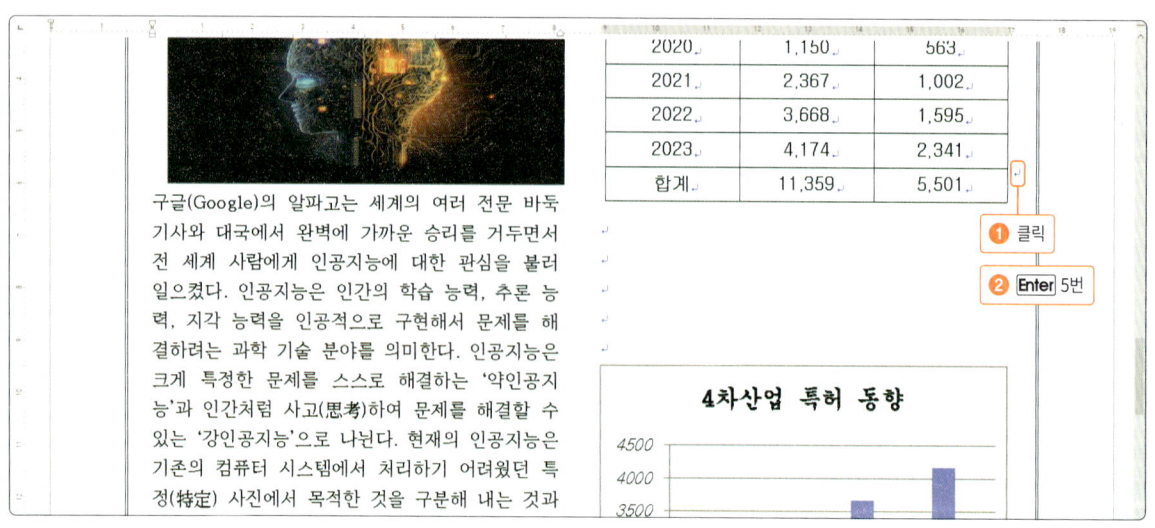

⓫ [파일] 탭에서 [저장하기](또는 Alt + S) 또는 [서식] 도구 상자에서 '저장하기(💾)'를 클릭하여 답안 파일을 저장합니다.

※ 실제 시험을 볼 때 작업 도중에 수시로(10분에 한 번 정도) 저장을 하는 것이 좋습니다.

차트 작성

완전정복 - 01

다음 지시사항을 참고하여 차트를 작성해 보세요.

- 소스 : 정복09_문제01.hwpx
- 정답 : 정복09_정답01.hwpx

작성 시간 / 권장 시간 : 분 / 4분

DIAT

1인 카페 창업

1. 우리나라의 1인 가구

2023년도 기준(standard) 통계청에 따르면 싱글족, 미혼자, 독거노인 등의 1인 세대의 비중이 약 45%를 넘어섰다고 합니다. 2000년대 이후부터 자발적으로 다양한 1인 가구가 등장했으며 1인 가구에 대한 고정관념이 줄어든 편입니다. 가구 수의 경우 실제 함께 살지 않아도 생계 등을 함께 하고 있다면 1인 가구(家口)로 집계되지만 세대는 주민등록 주소지를 기준으로 구분하고 있습니다. '나 홀로 삶'은 이제 무색할 정도로 늘어나고 있습니다. 가족(家族) 실태조사 등을 통해 1인 가구에 대한 실태를 정확히 파악하여 국가에서는 1인 가구 지원정책 및 지원 사업, 안전Ⓐ, 범죄예방, 건강 돌봄에 대한 계획이 필요한 시기입니다. 1인 가구 보고서에 따르면 가장 큰 문제로는 경제 부분이 가장 높게 나왔고 사회적인 불안감에 따른 우울증, 건강문제로 집계되었습니다.

2. 1인 카페 창업

치솟는 물가(物價)와 나 홀로 족이 점점 늘어나고 있는 상황에서 많은 분들이 소비 활동에 대해 절약을 기본으로 삼고 있습니다. 이 부분은 창업자들에게도 마찬가지라는 생각이고 인건비와 임대료 등을 절감할 수 있는 소형 매장에 대한 관심도가 높아지고 있는 상황입니다. 그 중 많은 사람들이 선호하고 관심 있게 보는 창업아이템 중 하나는 1인 카페입니다. 코로나 시국을 보내면서 배달시장과 포장이 주력을 이루었고 예산(豫算)을 절감하면서 살아남을 수 있는 경쟁력을 키울 수 있습니다.

Ⓐ 위험이 생기거나 사고가 날 염려가 없음.

지역별 1인 카페 개업 현황

지역	2023년	2024년
서울특별시	150	200
경기도	80	120
인천광역시	20	35
광주광역시	15	20
합계	265	375

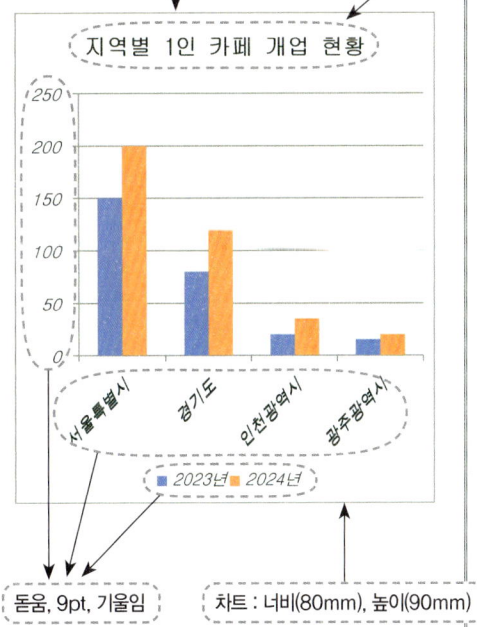

- 차트데이터는 표 내용에서 합계 부분을 제외한 나머지 부분의 값 이용
- 굴림체, 12pt, 진하게
- 돋움, 9pt, 기울임
- 차트 : 너비(80mm), 높이(90mm)

- 나 -

계절별 선호 여행지

1. 여행의 역사

여행(旅行)이란 휴식을 위해 일상에서 벗어나 다른 지역이나 타국으로 떠나는 것을 뜻합니다. 크게 국내여행과 해외여행으로 구분이 되는데 2020년대 부터는 우주여행까지 본격적으로 새로운 여행(travel)으로 등장하기 시작하여 관광업계에서도 중요성을 두고 있습니다. 여유 있는 개인적인 시간으로 여겨졌던 관광(觀光)은 오늘날 산업의 관점으로 보기 시작했던 것은 18~19세기 유럽에서부터 시작되었습니다. 21세기가 시작되면서 많은 사람들은 여가시간을 보내기 시작했고 세계적으로 여행의 중요성이 더해지는 이유는 삶의 질을 향상시킬 수 있는 좋은 수단이 되었습니다. 인터넷이 발달하면서 편리한 여행의 수요ⓐ는 더 급증하게 되었고 바다와 산, 계곡 등 다양한 여행지의 장소로 선호하는 나이대가 점차 낮아지고 있습니다.

2. 바다 여행

특히 바다는 지구 표면의 약 70.8%를 차지하고 있습니다. 육지(陸贄) 면적의 2.43배이고 지구에 존재하는 물은 바다에 저장되고 있습니다. 고운 모래나 자갈로 깔려 있는 바다는 안전하게 수영할 수 있는 곳과 낚시, 주변의 팔경(八景)을 보며 감탄을 자아내고 있습니다. 바다는 시원한 배경을 바탕으로 청량함이 뿜어져 나오고 최근에는 삐뚤어진 사각 프레임과 함께 포토존이 많이 생겨나고 있습니다. 매년 관광객들의 즐거운 추억이 될 축제를 즐기면서 바다는 우리에게 빠질 수 없는 여행지입니다.

ⓐ 구매자가 원하는 재화나 서비스의 양

여행 선호 계절 비율(%)

장소	남성	여성
봄	55	89
여름	73	45
가을	76	67
겨울	81	84
합계	285	285

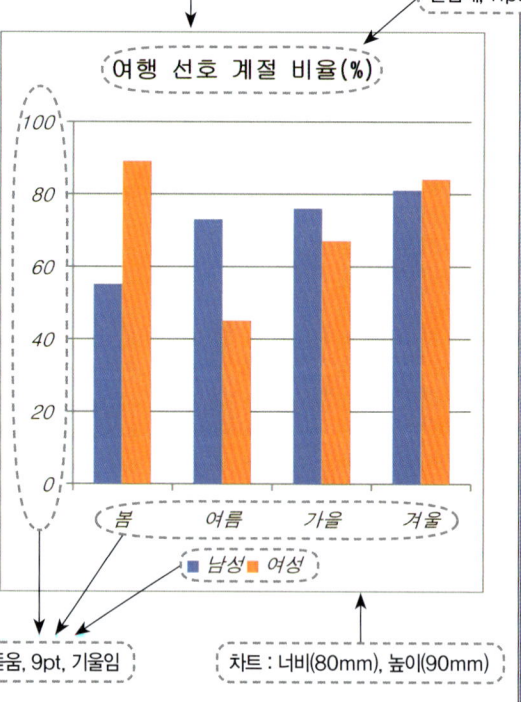

명화 이야기

1. 명화 '별이 빛나는 밤'

작년 한해 우리나라에서 가장 사랑받던 명화(名畵) 10점을 선정하였습니다. 고전 작품부터 현대에 이르기까지 국내외적으로 가장 유명한 명화 10점 외에도 많은 작품이 쏟아져 나왔었는데 국외 작품Ⓐ 중 가장 인기 있었던 작품은 바로 빈센트 반 고흐 작품의 '별이 빛나는 밤'입니다. 고흐에게 밤하늘은 무한함을 표현하는 대상이었고, 반짝이는 별로 밤의 정경을 다루었습니다. 이 작품은 고갱(Gauguin)과 다툰 뒤 자신의 귀를 자른 사건 이후 생레미의 요양원에 지내면서 그린 그림입니다. 그는 병실(病室) 밖으로 내다보이는 밤 풍경을 상상하며 그렸는데 자연에 대한 주관적이고 내적인 표현을 구현하고 있습니다. 땅과 하늘을 수직으로 높이 연결하는 사이프러스는 전통적으로 애도(哀悼)와 무덤이 관련된 나무이지만 반 고흐는 죽음을 불길하게 보지 않았다고 합니다.

2. 초등학교의 놀라운 변화

제주도의 한 초등학교에서는 미술실을 미술관으로 탈바꿈하여 세간의 화제가 되고 있습니다. 지역사회뿐만 아니라 교사, 학생, 관광객까지 몰리고 있고 전교생을 대상으로 미술관 수업을 진행하여 흥미롭고 긍정적인 효과를 거두고 있다고 합니다. 학교에서의 미술관 수업, 인성교육, 학부모 공개수업, 지역주민들을 대상으로 초청 관람회 등으로 다양하게 미술관을 활용하고 있습니다. 전시구성과 도슨트 교육(敎育)은 전문 업체에서 맡아 하고 있는데 도슨트는 라틴어에서 유래된 말로 관람객들에게 전시물에 대해 설명을 해주는 사람을 말합니다.

Ⓐ 예술 창작 활동으로 얻어지는 제작물

학생들이 선호하는 명화 작가 비율(%)

작가명	초등학생	중고등학생
고흐	45	55
고갱	35	65
르누아르	27	73
다빈치	50	50
합계	157	243

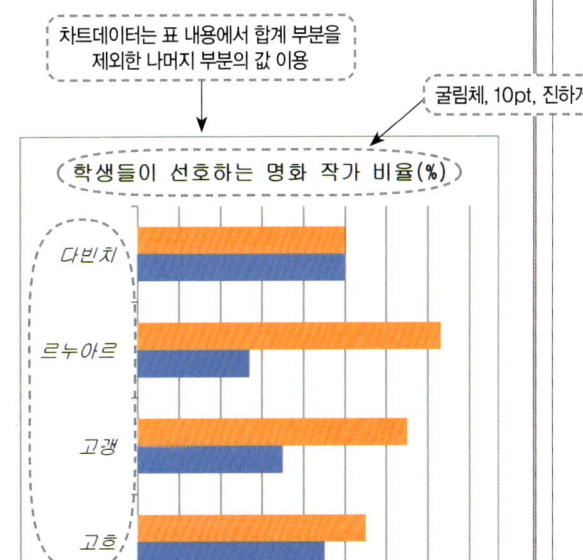

디지털 권리장전

1. 디지털 권리란?

디지털(Digital) 권리는 개인이 디지털 미디어에 액세스, 사용, 생성 및 게시하거나 컴퓨터, 기타 전자 장치 및 통신 네트워크에 액세스하고 사용할 수 있도록 허용하는 인권 및 법적 권리이다. 이 개념은 디지털 기술, 특히 인터넷의 맥락에서 개인정보 보호 및 표현의 자유와 같은 기존 권리의 보호(保護) 및 실현과 관련있다. 디지털 심화 시대에 국가적 원칙과 기준을 제시하며 해외 사례와는 다르게 AI 중심의 논의를 넘어 리터러시 향상, 격차 해소 등 디지털 전반의 이슈를 포괄(包括)하고 있다는 점이 특징이다.

2. 디지털 권리장전

디지털 환경에서 사람들이 가지는 기본적인 권리(權利)와 자유를 명시한 문서를 의미한다. 인간의 존엄과 가치에 대한 존중을 기본으로 디지털 향유권이 인간의 보편적 권리로 보장되는 새로운 디지털 질서를 정립하여 디지털 혁신을 추구하면서도 그 혜택을 모두가 정의롭고 공정하게 향유하고자 하는데 그 목적을 두고 있다. 챗GPT① 및 인공지능을 비롯한 디지털 기술 개발 활용이 확산(擴散) 되면서 개인정보 유출, 저작권 분쟁, 디지털 격차 등 새로운 사회적 문제들이 등장하고 이런 문제 해결을 위한 사회적 비용과 피해는 국민 모두에게 돌아갈 수 있다. 현재와 같은 새로운 국면에 디지털 규범 및 질서의 필요성이 대두되고 있는 시점이 디지털 환경에서의 공정성, 신뢰성 확보를 위해 함께 지켜나가야 할 규범과 질서(秩序)를 만들어나갈 필요성이 생기게 된 것이다.

---
① Open AI가 개발한 대화 전문 인공지능 챗봇

디지털 격차 실태조사(단위:%)

연도	저소득층	고령층
2020	87.8	64.3
2021	95.1	68.6
2022	95.4	69.1
2023	95.6	69.9
평균	93.48	67.97

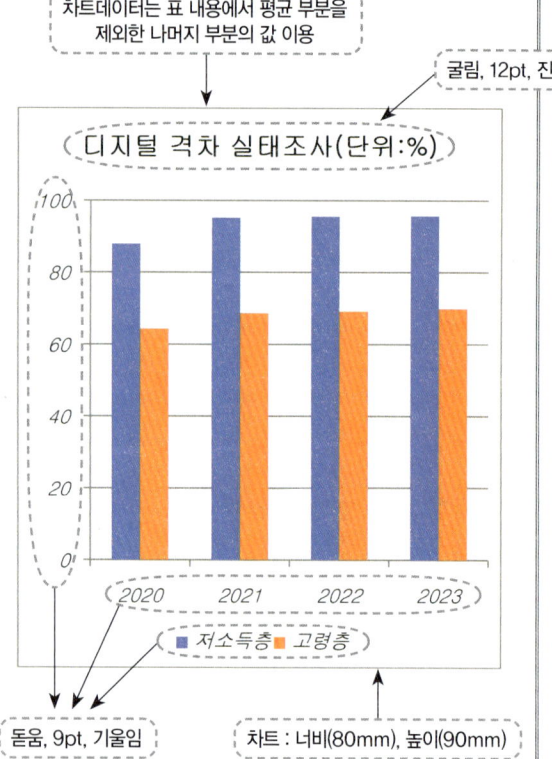

펫티켓 문화 확산

1. 펫티켓이란?

반려동물 양육가구 비율(단위:%)

년도	반려견	반려묘
2021	42	28
2022	45	25
2023	50	20
2024	52	22
합계	189	95

펫티켓(Pettiquette)은 'pet'과 'etiquette'의 합성어로, 반려인과 비반려인이 서로 지켜야 할 일종의 예의 및 예절을 뜻한다. 펫티켓의 가장 기본이 되는 것은 복종 훈련이다. 반려동물이 사람을 물거나 위협적인 상황이 발생할 때 반려동물을 컨트롤할 수 있어야하기 때문이다. 복종(服從) 훈련이라는 말에서 반려동물을 강압적으로 통제(統制)한다고 생각 할 수도 있으나, 복종 훈련은 반려동물이 보호자를 보호자로 명확하게 인식하고 스스로 따르도록 하는 예절 교육에 가깝다. 복종 훈련을 마친 후에도 안전장치는 꼭 필요하다. 자신의 반려동물이 아무리 얌전하더라도 처음 보는 사람이 그런 사실을 알 수는 없고, 반려동물을 무서워하는 사람과도 마주칠 수도 있기 때문에 안전장치는 꼭 필요한 사항이다. 예를 들어 많은 훈련사가 꼭 맹견(猛犬)이 아니더라도 일정 크기 이상의 개는 입마개를 착용하는 것을 권장하는 이유가 그런 좋은 사례라고 할 수 있다.

2. 비반려인의 펫티켓

반려인만이 아니라 비반려인①도 지켜야 할 기본적인 펫티켓이 있다. 우선 반려동물의 눈을 응시하지 않아야 한다. 반려동물이 공격의 신호로 받아들일 가능성(可能性)이 높기 때문이다. 자신이 좋아한다고 반려동물에게 갑자기 무작정 다가가서 함부로 만지는 등 반려동물과 그 보호자가 예상할 수 없는 돌발행동을 한다면 자칫 큰 사고로 이어질 수 있다. 반려동물을 자극(刺戟)할 수 있기 때문이다.

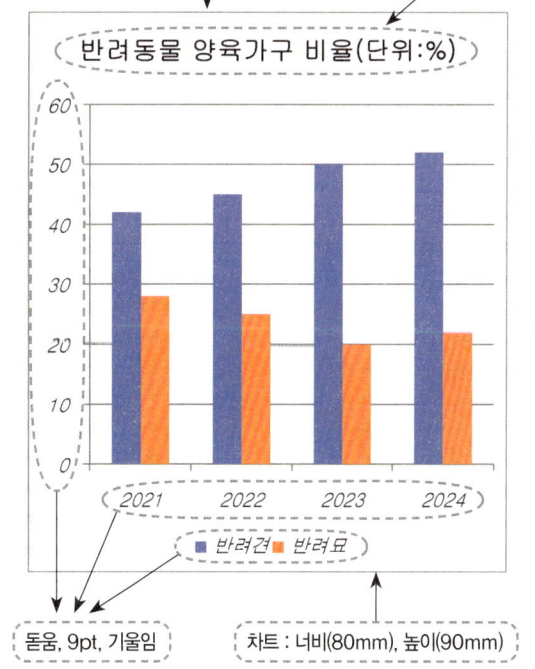

① 최근 6개월 이내에 동물을 키운 경험이 없는 사람

- B -

디지털 윤리

1. 디지털 윤리란?

디지털을 활용할 때 자신의 감정을 조절하고 타인을 존중하며 상대방을 배려하는 긍정적인 사회 관계를 형성할 수 있는 기본 소양을 의미한다. 기술의 개발과 사용에 관련된 윤리적 문제를 다루는 학문으로 디지털을 윤리적으로 사용하기 위한 원칙들을 제시한다. 원칙(原則) 중 첫 번째는 존중이다. 이는 다양성과 개인의 권리를 포용하고 인간적(人間的) 가치를 존중하는 것을 의미한다.

2. 디지털 윤리 교육의 필요성

첫째, 디지털 윤리를 지킴으로써 우리는 개인 프라이버시를 보호하고 알고리즘 및 인공지능 사용의 공정성을 촉진하며 디지털 상호 작용에 대한 신뢰를 높일 수 있다. 둘째, 알고리즘과 인공지능이 점점 더 우리의 디지털 경험을 형성함에 따라 공정성과 알고리즘 편향(偏向)에 대한 우려가 대두되고 있다. 셋째, 디지털 격차를 해서하고 디지털 포용을 촉진할 필요가 있다. 넷째, 사이버 보안 위협이 만연한 시대에 디지털 윤리 교육은 사이버 보안 조치의 중요성(重要性)으로 강조되고 있다. 다섯째, 인공지능, 블록체인(Blockchain)ⓐ 및 가상현실과 같은 신흥 기술의 급속한 발전(發展)은 또 다른 윤리적 문제를 제기하고 있다. 빠르게 진화하는 디지털 환경의 벼랑에 서 있는 지금, 디지털 윤리의 중요성은 그 어느 때보다 강조되고 있다. 디지털 윤리 교육을 통해 책임 있는 행동을 위한 안내를 제시하고 사이버 보안을 보장함으로써 개인의 권리를 보호하며 사회 정의를 촉진하고 신뢰를 구축하는 디지털 사회를 형성할 수 있게 될 것이다.

ⓐ 가상 화폐로 거래할 때 해킹을 막기 위한 기술

디지털 윤리 교육 필요성(단위 : %)

영역	초등학생	중고등학생
정보 보호	30	20
온라인 소통	25	20
사이버 괴롭힘	15	25
법적 윤리	5	5
합계	75	70

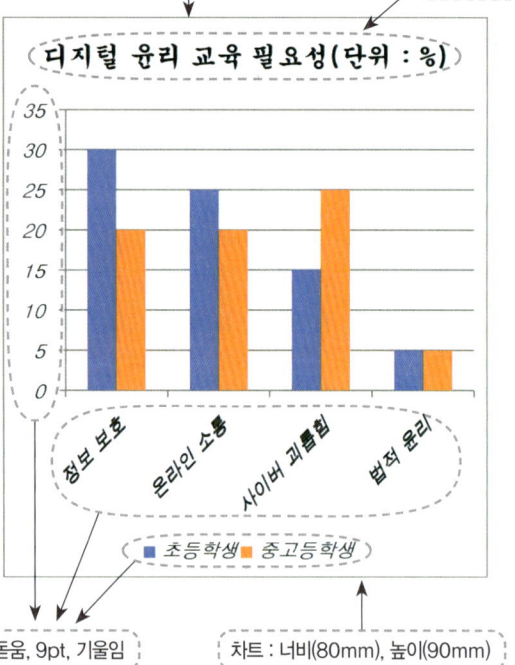

- 을 -

PART 03
출제예상 모의고사

- ☑ 제 **01** 회 출제예상 모의고사
- ☑ 제 **02** 회 출제예상 모의고사
- ☑ 제 **03** 회 출제예상 모의고사
- ☑ 제 **04** 회 출제예상 모의고사
- ☑ 제 **05** 회 출제예상 모의고사
- ☑ 제 **06** 회 출제예상 모의고사
- ☑ 제 **07** 회 출제예상 모의고사
- ☑ 제 **08** 회 출제예상 모의고사
- ☑ 제 **09** 회 출제예상 모의고사
- ☑ 제 **10** 회 출제예상 모의고사
- ☑ 제 **11** 회 출제예상 모의고사
- ☑ 제 **12** 회 출제예상 모의고사
- ☑ 제 **13** 회 출제예상 모의고사
- ☑ 제 **14** 회 출제예상 모의고사
- ☑ 제 **15** 회 출제예상 모의고사
- ☑ 제 **16** 회 출제예상 모의고사
- ☑ 제 **17** 회 출제예상 모의고사
- ☑ 제 **18** 회 출제예상 모의고사
- ☑ 제 **19** 회 출제예상 모의고사
- ☑ 제 **20** 회 출제예상 모의고사

제 01 회	디지털정보활용능력 출제예상 모의고사	작성 시간 / 시험 시간	채점 결과
		분 / 40분	점 / 200점

• **작성 시간** : 수험자가 문제를 해결하는데 걸린 시간을 기록

☑ 시험과목 : 워드프로세서(한글)
☑ 시험일자 : 20XX. XX. XX. (X)
☑ 응시자 기재사항 및 감독위원 확인

한컴오피스 한글 2022 버전용

수검번호	DIW - XXXX -	감독위원 확인
성 명		

• 응시자 유의사항 •

1. 응시자는 신분증을 지참하여야 시험에 응시할 수 있으며, 시험이 종료될 때까지 신분증을 제시하지 못 할 경우 해당 시험은 0점 처리됩니다.

2. 시스템(PC작동여부, 네트워크 상태 등)의 이상여부를 반드시 확인하여야 하며, 시스템 이상이 있을시 감독위원에게 조치를 받으셔야 합니다.

3. 시험 중 부주의 또는 고의로 시스템을 파손한 경우는 응시자 부담으로 합니다.

4. 답안 전송 프로그램을 통해 다운로드 받은 파일을 이용하여 답안 파일을 작성하시기 바랍니다.

5. 작성한 답안 파일은 답안 전송 프로그램을 통하여 전송됩니다. 감독위원의 지시에 따라 주시기 바랍니다.

6. 다음 사항의 경우 실격(0점) 혹은 부정행위 처리됩니다.
   1) 답안 파일을 저장하지 않았거나, 저장한 파일이 손상되었을 경우
   2) 답안 파일을 지정된 폴더(바탕화면 – "KAIT" 폴더)에 저장하지 않았을 경우
      ※ 답안 전송 프로그램 로그인 시 바탕화면에 자동 생성됨
   3) 답안 파일을 다른 보조 기억장치(USB) 혹은 네트워크(메신저, 게시판 등)로 전송할 경우
   4) 휴대용 전화기 등 통신기기를 사용할 경우

7. **시험지에 제시된 글꼴이 응시 프로그램에 없는 경우, 반드시 감독위원에게 해당 내용을 통보한 뒤 조치를 받아야 합니다.**

8. 시험의 완료는 작성이 완료된 답안을 저장하고, 답안 전송이 완료된 상태를 확인한 것으로 합니다. 답안 전송 확인 후 문제지는 감독위원에게 제출한 후 퇴실하여야 합니다.

9. 답안 전송이 완료된 경우에는 수정 또는 정정이 불가능합니다.

10. 시험 시행 후 결과는 홈페이지(www.ihd.or.kr)에서 확인하시기 바랍니다.
    1) 문제 및 모범답안 공개 : 20XX. XX. XX. (X)
    2) 합격자 발표 : 20XX. XX. XX. (X)

디지털정보활용능력 > 한글 [시험시간 : 40분]

【문제】 첨부된 문제를 다음의 조건을 적용하여 문서를 작성하시오.

① 문서는 A4(210mm×297mm) 크기, 세로 용지 방향으로 작성한다.

② 페이지 여백은 아래와 같이 설정한다.

왼쪽	오른쪽	위쪽	아래쪽	머리말	꼬리말	제본
20mm	20mm	20mm	20mm	10mm	10mm	0mm

③ 아래와 같이 "자동 글머리 기호 넣기"와 "자동 번호 매기기" 기능을 해제한다.

도구 → 빠른 교정 → 빠른 교정 내용 → 입력 자동 서식 ⇒ 자동 글머리 기호 넣기(해제) 자동 번호 매기기(해제)

※ 만약 입력 자동 서식 메뉴가 없는 경우에는 "자동 글머리 기호 넣기"와 "자동 번호 매기기" 기능이 설정되어 있지 않은 것이므로 별도의 기능 해제 없이 그대로 시험에 응시하시면 됩니다.

④ 글자는 별도의 지시사항이 없는 한 **바탕, 10pt, 양쪽 정렬, 줄 간격 160%**로 작성한다.

⑤ 영문, 숫자 등은 별도의 지시가 없는 한 반각(1byte) 문자를 사용한다.

⑥ 특수문자는 문자표(전각 기호)를 이용하여 작성한다.

⑦ 교정부호 및 화살표로 기재된 지시사항대로 처리하되, ⌐ ̄ ̄ ̄¬→ 은 지시사항이므로 작성하지 않는다.

⑧ 1 페이지에 [문제1]을 작성하고, 구역을 나누어 2 페이지에 [문제2]를 작성한다.

  ※ 해당 페이지에 작성하지 않거나 의도적으로 텍스트 작성을 하지 않은 경우 0점 처리

⑨ [문제2]는 문제지와 같이 2단으로 다단을 나누어 작성한다.

⑩ '그림 삽입' 시에는 반드시 "KAIT 수검 프로그램"을 통해 다운로드 한 그림 파일을 사용한다.

⑪ 총점 : 200점

  [공통사항1(기본설정, 용지설정)] : 8점, [공통사항2(오탈자)] : 40점
  [문제1] : 46점, [문제2] : 106점

⑫ 기타 특별히 지시되어 있지 않은 사항은 문제지에 준하여 작성한다.

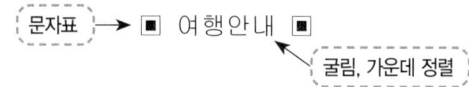

눈이 아름다운 그곳, 일본 최북단에 위치한 북해도 패키지여행을 소개해 드립니다. *이번 '2023 북해도 여행 패키지' 프로그램은 소중한 가족들, 친구들과 함께하는* 최고의 여행이 될 수 있도록 다채롭게 구성되었습니다. 매년 3,000리터의 온천수가 나오는 노보리베츠의 지옥계곡에서 밤도깨비 축제를 관람하고, 아름다운 설경 속의 고급 온천욕을 즐길 수도 있습니다. 또한 삿포로의 맥주 박물관과 다양한 먹거리로 풍부한 여행이 될 것입니다.

■ 여행안내 ■

1. 기　　간 : 2023. 12. 26.(화) ~ 12. 29.(금), 3박 4일
2. 장　　소 : 북해도 삿포로, 오타루, 노보리베츠 등
3. 예약방법 : 여행사 홈페이지 및 전화 예약 <ins>**10인 이상 단체는 전화 예약만 가능**</ins>
4. 주　　관 : 북해도사랑 여행사, 북해도관광청사

※ 기타사항
- 여행 일정 7일 전에는 항공권 구입 관계로 취소가 불가능합니다.
- 이 상품은 특가로 진행되기 때문에 숙박 시설 및 기타의 옵션 선택이 불가능합니다. 기타 자세한 여행 일정은 북해도 사랑 여행사 홈페이지(http://www.ihd.or.kr)를 참고하시기 바랍니다.

2023. 12. 16.

북해도사랑여행사

홋카이도의 매력

1. 홋카이도의 매력

최근 가족여행지로 각광받고 있는 식도락의 천국인 일본은 다양한 관광지와 먹거리, 즐길 거리가 가득한 곳이다. 특히 겨울 관광지로 유명한 홋카이도 본섬은 일본 열도에서 혼슈ⓐ 다음으로 두 번째인 큰 섬이다. 북위 41도~50도 사이에 위치하여 냉대 습윤 기후와 같이 한랭한 기후(氣候)가 나타난다. 계절별 아름다움이 두드러지는 홋카이도는 깨끗한 공기와 푸른 하늘, 계절마다 형형색색의 꽃들과 나무들이 만발한다. 또한 삿포로시에 위치한 중요 문화재(Cultural properties) 중 하나인 홋카이도 구청사는 붉은 벽돌(아카렌가)로 불리며 메이지 시대(時代)를 대표하는 건물로 이른바 홋카이도의 상징(象徵)이 되었다. 이처럼 자연과 하나가 되어 관광객들의 오감(五感)을 만족시키는 일본의 대표 관광명소로 대두되고 있다.

2. 홋카이도 대표 관광지

삿포로는 홋카이도에서 가장 큰 도시이자 중심지이기도 한 대표적인 관광지이다. 겨울과 맥주가 유명한 이곳은 매년 세계 3대 축제 중 하나인 눈꽃축제가 열려 대자연을 만끽할 수 있다. 오타루는 대표적인 항구도시로 영화 촬영지로 유명하다. 오타루 운하는 일본 관광객들의 명소(名所)로 자리매김하였다. 또한 메르헨 교차지점에 있는 일본 최대의 전문점인 오르골 오르골당에서는 고풍스러운 분위기에서 가지각색의 오르골을 보고 체험할 수 있다. 일본 3대 온천 지역으로 꼽히는 노보리베츠는 설경에서 즐기는 온천욕과 신선한 해산물 등이 유명하다.

홋카이도 대표 관광지 정보

도시	관광정보 제공	인구수(만명)
삿포로	357	197
오타루	255	11
하코다테	98	25
후라노	70	2
합계	780	235

ⓐ 일본을 구성하는 4개의 섬 중 크기가 가장 큰 섬.

제 02 회	디지털정보활용능력 출제예상 모의고사	작성 시간 / 시험 시간	채점 결과
		분 / 40분	점 / 200점

☑ 시험과목 : 워드프로세서(한글)
☑ 시험일자 : 20XX. XX. XX. (X)
☑ 응시자 기재사항 및 감독위원 확인

한컴오피스 한글 2022 버전용

수검번호	DIW - XXXX -	감독위원 확인
성 명		

· 응시자 유의사항 ·

1. 응시자는 신분증을 지참하여야 시험에 응시할 수 있으며, 시험이 종료될 때까지 신분증을 제시하지 못 할 경우 해당 시험은 0점 처리됩니다.

2. 시스템(PC작동여부, 네트워크 상태 등)의 이상여부를 반드시 확인하여야 하며, 시스템 이상이 있을시 감독위원에게 조치를 받으셔야 합니다.

3. 시험 중 부주의 또는 고의로 시스템을 파손한 경우는 응시자 부담으로 합니다.

4. 답안 전송 프로그램을 통해 다운로드 받은 파일을 이용하여 답안 파일을 작성하시기 바랍니다.

5. 작성한 답안 파일은 답안 전송 프로그램을 통하여 전송됩니다. 감독위원의 지시에 따라 주시기 바랍니다.

6. 다음 사항의 경우 실격(0점) 혹은 부정행위 처리됩니다.
    1) 답안 파일을 저장하지 않았거나, 저장한 파일이 손상되었을 경우
    2) 답안 파일을 지정된 폴더(바탕화면 - "KAIT" 폴더)에 저장하지 않았을 경우
        ※ 답안 전송 프로그램 로그인 시 바탕화면에 자동 생성됨
    3) 답안 파일을 다른 보조 기억장치(USB) 혹은 네트워크(메신저, 게시판 등)로 전송할 경우
    4) 휴대용 전화기 등 통신기기를 사용할 경우

7. **시험지에 제시된 글꼴이 응시 프로그램에 없는 경우, 반드시 감독위원에게 해당 내용을 통보한 뒤 조치를 받아야 합니다.**

8. 시험의 완료는 작성이 완료된 답안을 저장하고, 답안 전송이 완료된 상태를 확인한 것으로 합니다. 답안 전송 확인 후 문제지는 감독위원에게 제출한 후 퇴실하여야 합니다.

9. 답안 전송이 완료된 경우에는 수정 또는 정정이 불가능합니다.

10. 시험 시행 후 결과는 홈페이지(www.ihd.or.kr)에서 확인하시기 바랍니다.
    1) 문제 및 모범답안 공개 : 20XX. XX. XX. (X)
    2) 합격자 발표 : 20XX. XX. XX. (X)

디지털정보활용능력 > 한글 [시험시간 : 40분]

【문제】 첨부된 문제를 다음의 조건을 적용하여 문서를 작성하시오.

① 문서는 A4(210mm×297mm) 크기, 세로 용지 방향으로 작성한다.

② 페이지 여백은 아래와 같이 설정한다.

왼쪽	오른쪽	위쪽	아래쪽	머리말	꼬리말	제본
20mm	20mm	20mm	20mm	10mm	10mm	0mm

③ 아래와 같이 "자동 글머리 기호 넣기"와 "자동 번호 매기기" 기능을 해제한다.

도구 → 빠른 교정 → 빠른 교정 내용 → 입력 자동 서식 ⇒	자동 글머리 기호 넣기(해제) 자동 번호 매기기(해제)

※ 만약 입력 자동 서식 메뉴가 없는 경우에는 "자동 글머리 기호 넣기"와 "자동 번호 매기기" 기능이 설정되어 있지 않은 것이므로 별도의 기능 해제 없이 그대로 시험에 응시하시면 됩니다.

④ 글자는 별도의 지시사항이 없는 한 **바탕, 10pt, 양쪽 정렬, 줄 간격 160%**로 작성한다.

⑤ 영문, 숫자 등은 별도의 지시가 없은 한 반각(1byte) 문자를 사용한다.

⑥ 특수문자는 문자표(전각 기호)를 이용하여 작성한다.

⑦ 교정부호 및 화살표로 기재된 지시사항대로 처리하되, ┄┄┄→ 은 지시사항이므로 작성하지 않는다.

⑧ **1 페이지에 [문제1]을 작성하고, 구역을 나누어 2 페이지에 [문제2]를 작성한다.**

※ 해당 페이지에 작성하지 않거나 의도적으로 텍스트 작성을 하지 않은 경우 0점 처리

⑨ [문제2]는 문제지와 같이 2단으로 다단을 나누어 작성한다.

⑩ '그림 삽입' 시에는 반드시 "KAIT 수검 프로그램"을 통해 다운로드 한 그림 파일을 사용한다.

⑪ 총점 : 200점

[공통사항1(기본설정, 용지설정)] : 8점, [공통사항2(오탈자)] : 40점
[문제1] : 46점, [문제2] : 106점

⑫ 기타 특별히 지시되어 있지 않은 사항은 문제지에 준하여 작성한다.

카페창업바리스타실무과정

우리나라에서 성인 1인당 연간 커피 소비량은 약 400잔에 이르며, 주요 거리 곳곳에 커피향이 가득할 정도로 커피 열풍이 불고 있습니다. 이와 함께 커피와 카페 창업에 대한 관심과 수요도 늘어나고 있습니다. 이에 한국바리스타육성협회에서는 카페 창업에 도움을 드리고자 *바리스타 실무 과정을 진행*하고 있습니다. 커피 추출에 대한 기본 이론부터 고급 로스팅 기법, 다양한 라떼 만들기, 커피와 함께 즐길 수 있는 디저트류 만들기까지 창업을 위한 완벽 대비를 하실 수 있습니다.

◆ 교육안내 ◆

1. 교육기간 : 매주 월, 수, 금 14:00 ~ 17:00 *총 24회, 72시간 과정*
2. 교육장소 : 서울시 강남구 역삼동 바로빌딩 8층
3. 수 강 료 : 250만원 (기계사용 및 재료비 포함)
4. 교육내용 : 창업 일반, 커피 이론, 커피 및 디저트 만들기 실습

※ 기타사항
- 교육 정보 및 상세 커리큘럼은 홈페이지(http://www.ihd.or.kr)를 참조해 주시기 바랍니다.
- 무료 체험 교육 및 수강에 대한 자세한 사항은 한국바리스타육성협회 교육 담당자(02-123-4567)에게 문의하시기 바랍니다.

2023. 12. 16.

한국바리스타육성협회장

커피와 바리스타

1. 커피의 역사(History)

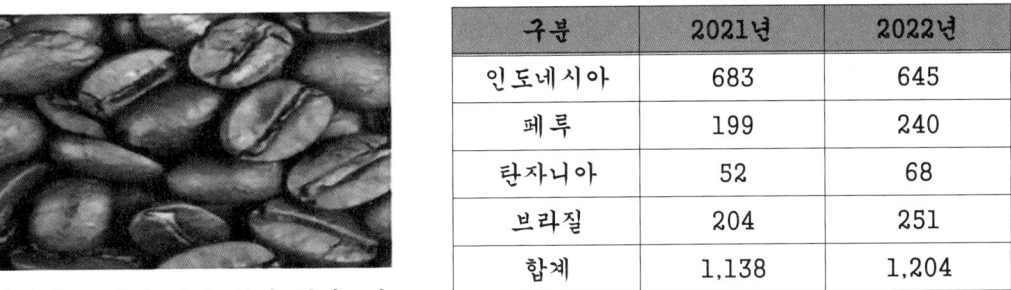

커피의 기원에 대해서는 여러 가지 설이 있다. 가장 유명한 전설은 7세기 무렵 에티오피아의 칼디라는 목동(牧童)에 의해 발견되었다는 것이다. 염소들이 빨간 열매를 먹고 흥분해서 뛰어다니는 모습을 본 칼디는 본인이 열매를 직접 먹어 보았고, 정신이 상쾌해지는 느낌을 받았다. 이를 수도승에게 전하면서 커피를 먹기 시작하였고, 졸음이 막아주고 기분을 상쾌하게 해주는 신비한 열매로 알려졌다. 13세기 이전에는 성직자만 마실 수 있었으나 여러 전파 과정을 거치며 대중화되었다. 커피의 원산지(原産地)는 에티오피아로 초반에는 세력의 이슬람 보호를 받아 아라비아 지역에서만 유통되었으나 십자군 전쟁 발발 이후 유럽에 전파되었다. 이후 인도네시아, 아시아 지역에 퍼져나가며 케냐, 탄자니아 등의 지역에서도 재배(栽培)되기 시작하였다.

2. 바리스타(Barista)

커피를 제조하고 관리하는 사람을 바리스타라고 한다. 바리스타의 어원(語源)은 이탈리아어로 바 안에 있는 사람이라는 뜻이며, 맛있고 품질 좋은 커피를 추출하는 기술을 가진 사람을 의미한다. 최고 품질의 원두를 찾아내는 후각과 미각에서부터 고객의 취향을 맞추기 위한 커뮤니케이션 능력과 고객만족 마인드도 겸비해야 한다. 즉, 기존의 단순한 커피 로스팅㉠을 하는 사람의 의미에서 독특한 커피 맛을 구현하는 전문가로서 이미지가 강해지고 있다. 우리나라에서도 커피 열풍과 함께 바리스타는 각광받는 직업으로 떠오르고 있다.

나라별 커피 생산량(천 톤)

구분	2021년	2022년
인도네시아	683	645
페루	199	240
탄자니아	52	68
브라질	204	251
합계	1,138	1,204

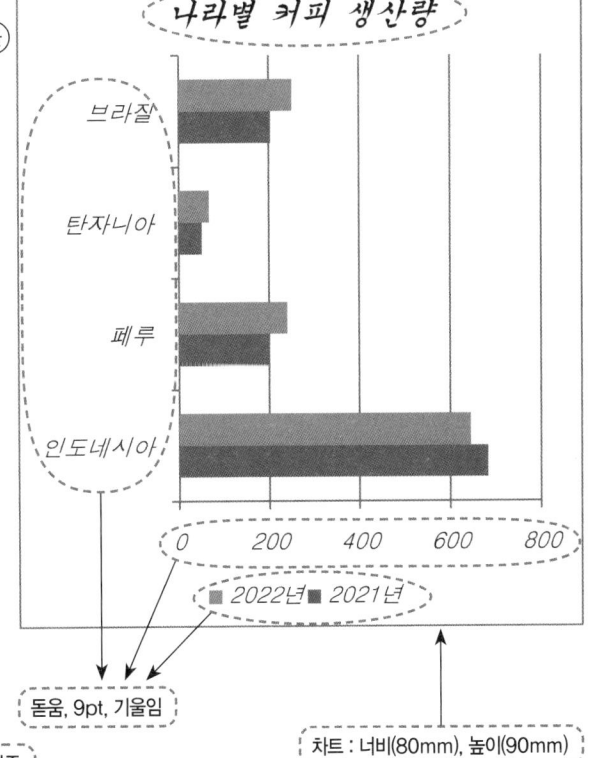

㉠ 열을 가하여 특유의 맛과 향을 생성하는 공정

제 03 회 디지털정보활용능력 출제예상 모의고사

작성 시간 / 시험 시간	채점 결과
분 / 40분	점 / 200점

☑ 시험과목 : 워드프로세서(한글)
☑ 시험일자 : 20XX. XX. XX. (X)
☑ 응시자 기재사항 및 감독위원 확인

한컴오피스 한글 2022 버전용

수검번호	DIW - XXXX -	감독위원 확인
성 명		

· 응시자 유의사항 ·

1. 응시자는 신분증을 지참하여야 시험에 응시할 수 있으며, 시험이 종료될 때까지 신분증을 제시하지 못 할 경우 해당 시험은 0점 처리됩니다.

2. 시스템(PC작동여부, 네트워크 상태 등)의 이상여부를 반드시 확인하여야 하며, 시스템 이상이 있을시 감독위원에게 조치를 받으셔야 합니다.

3. 시험 중 부주의 또는 고의로 시스템을 파손한 경우는 응시자 부담으로 합니다.

4. 답안 전송 프로그램을 통해 다운로드 받은 파일을 이용하여 답안 파일을 작성하시기 바랍니다.

5. 작성한 답안 파일은 답안 전송 프로그램을 통하여 전송됩니다. 감독위원의 지시에 따라 주시기 바랍니다.

6. 다음 사항의 경우 실격(0점) 혹은 부정행위 처리됩니다.
    1) 답안 파일을 저장하지 않았거나, 저장한 파일이 손상되었을 경우
    2) 답안 파일을 지정된 폴더(바탕화면 - "KAIT" 폴더)에 저장하지 않았을 경우
        ※ 답안 전송 프로그램 로그인 시 바탕화면에 자동 생성됨
    3) 답안 파일을 다른 보조 기억장치(USB) 혹은 네트워크(메신저, 게시판 등)로 전송할 경우
    4) 휴대용 전화기 등 통신기기를 사용할 경우

7. **시험지에 제시된 글꼴이 응시 프로그램에 없는 경우, 반드시 감독위원에게 해당 내용을 통보한 뒤 조치를 받아야 합니다.**

8. 시험의 완료는 작성이 완료된 답안을 저장하고, 답안 전송이 완료된 상태를 확인한 것으로 합니다. 답안 전송 확인 후 문제지는 감독위원에게 제출한 후 퇴실하여야 합니다.

9. 답안 전송이 완료된 경우에는 수정 또는 정정이 불가능합니다.

10. 시험 시행 후 결과는 홈페이지(www.ihd.or.kr)에서 확인하시기 바랍니다.
    1) 문제 및 모범답안 공개 : 20XX. XX. XX. (X)
    2) 합격자 발표 : 20XX. XX. XX. (X)

디지털정보활용능력   한글 [시험시간 : 40분]

【문제】 첨부된 문제를 다음의 조건을 적용하여 문서를 작성하시오.

① 문서는 A4(210mm×297mm) 크기, 세로 용지 방향으로 작성한다.

② 페이지 여백은 아래와 같이 설정한다.

왼쪽	오른쪽	위쪽	아래쪽	머리말	꼬리말	제본
20mm	20mm	20mm	20mm	10mm	10mm	0mm

③ 아래와 같이 "자동 글머리 기호 넣기"와 "자동 번호 매기기" 기능을 해제한다.

> 도구 → 빠른 교정 → 빠른 교정 내용 → 입력 자동 서식 ⇒ 자동 글머리 기호 넣기(해제)
> 자동 번호 매기기(해제)

※ 만약 입력 자동 서식 메뉴가 없는 경우에는 "자동 글머리 기호 넣기"와 "자동 번호 매기기" 기능이 설정되어 있지 않은 것이므로 별도의 기능 해제 없이 그대로 시험에 응시하시면 됩니다.

④ 글자는 별도의 지시사항이 없는 한 **바탕, 10pt, 양쪽 정렬, 줄 간격 160%**로 작성한다.

⑤ 영문, 숫자 등은 별도의 지시가 없는 한 반각(1byte) 문자를 사용한다.

⑥ 특수문자는 문자표(전각 기호)를 이용하여 작성한다.

⑦ 교정부호 및 화살표로 기재된 지시사항대로 처리하되, ⌐ ¬→ 은 지시사항이므로 작성하지 않는다.

⑧ **1 페이지에 [문제1]을 작성하고, 구역을 나누어 2 페이지에 [문제2]를 작성한다.**

   ※ 해당 페이지에 작성하지 않거나 의도적으로 텍스트 작성을 하지 않은 경우 0점 처리

⑨ [문제2]는 문제지와 같이 2단으로 다단을 나누어 작성한다.

⑩ '그림 삽입' 시에는 반드시 "KAIT 수검 프로그램"을 통해 다운로드 한 그림 파일을 사용한다.

⑪ 총점 : 200점

   [공통사항1(기본설정, 용지설정)] : 8점, [공통사항2(오탈자)] : 40점
   [문제1] : 46점, [문제2] : 106점

⑫ 기타 특별히 지시되어 있지 않은 사항은 문제지에 준하여 작성한다.

2023전국청소년리더십스키캠프

이번 *"청소년 리더십 스키캠프"*는 전국 초, 중, 고 학생들의 리더십 함양과 체험 학습의 기회를 제공하고, 건강한 신체활동과 정신건강 함양을 위해 마련된 행사입니다. 국내 최상위 강사진들의 무료 강습을 통하여 초보자들도 쉽게 스키를 즐길 수 있으며, 강습을 받지 않으시는 분들도 자유롭게 스키를 즐길 수 있습니다. 이를 통하여 자아를 변화시킬 수 있는 기회를 만들어 드리고자 합니다. 여러분의 많은 관심과 참여 바랍니다.

■ 참가안내 ■

1. 참가일정 : 2023. 12. 29. ~ 12. 30.
2. 참가장소 : 강원도 평창 알펜시아 리조트
3. 참가대상 : 초중고생, 대학생, 일반인
4. 참가접수 : *청소년리더십캠프 홈페이지(http://www.ihd.or.kr)*

※ 기타사항
- 프로그램 : 리더십 찾기 프로그램(꿈 찾기, 자아 찾기, 함께 하는 법 등), 스키 보드 강습 및 자유 스키, 스포츠 레크리에이션, 마술 교실, 풍등 만들기 등
- 제공혜택 : 왕복 교통, 숙식 제공, 장비 렌탈, 리프트권, 무료 강습

2023. 12. 16.

청소년리더십캠프위원회

스키 상식 마당

1. 스키의 이해

스키는 길고 평평한 것을 신발 밑에 부착하여 눈 위에서 미끄러지며 나갈 수 있도록 만든 도구를 말하며 이를 이용한 스포츠의 명칭(名稱)이기도 하다. 스키 경기는 정해진 코스 안에서 시간으로 순위를 겨루는 경기로, 국제스키연맹의 국제경기 공통 규칙에 따르면 국제스키 경기의 종류에는 알파인, 노르딕, 스노보드 등의 종목으로 나누어진다. 노르딕 스키에는 크로스컨트리와 스키점프, 그리고 두 개지를 합친 노르딕 복합 종목이 있다. 알파인 스키에는 경사면을 100km 속도로 이상의 활주해 내려오는 활강과 기문을 지그재그로 지나치며 내려오는 회전 종목(種目)이 있다. 그 밖에 요즘은 젊은이들을 중심으로 고난도 묘기(妙技)를 선보이는 익스트림 게임(Extreme Game)ⓐ 형태(形態)의 프리스타일 스키가 큰 인기를 끌고 있다.

2. 스키점프

활강과 비행하는 모습이 화려하고 아름다워 '스키 경기의 꽃'으로 불리는 스키점프는 북유럽의 언덕이 많은 지방에서 시작된 경기이며, 스키를 타고 인공으로 만들어진 급경사면을 활강하여 내려오다 도약대에서 직선으로 허공을 가능한 멀리 날아가 착지하는 스포츠이다. 크로스컨트리 스키와 더불어 노르딕 스키의 한 종목으로 점프하는 거리뿐만 아니라 점프 스타일에 따라서 점수를 준다. 스키 점프 경기는 노멀 힐 경기, 라지 힐 경기, 스카이 플라잉 경기로 개최된다.

스키캠프 참가자 현황

구분	남	여
초등부	34	38
중등부	35	40
고등부	23	25
대학생	26	22
합계	118	125

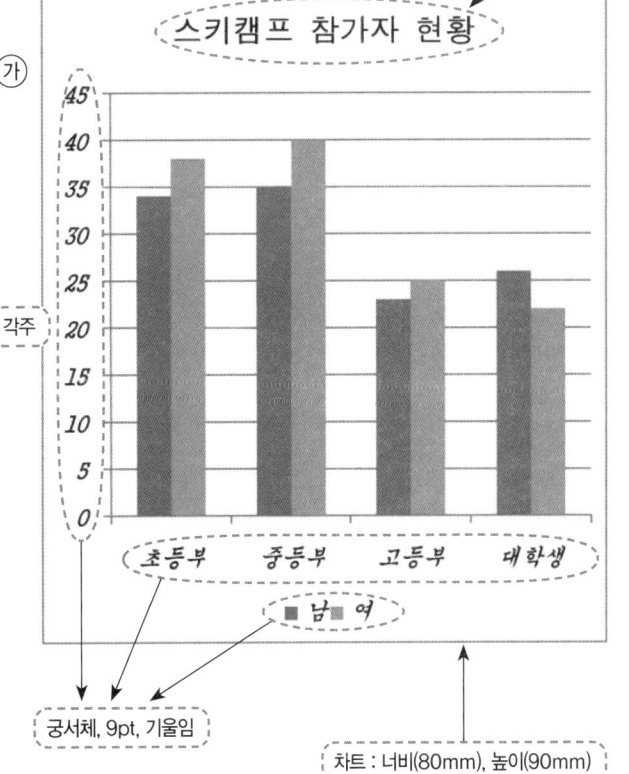

ⓐ 여러 가지 묘기를 펼치는 레저 스포츠를 통칭하며, X 게임이라고도 함

제 04 회 디지털정보활용능력 출제예상 모의고사

작성 시간 / 시험 시간 : 분 / 40분
채점 결과 : 점 / 200점

☑ 시험과목 : 워드프로세서(한글)
☑ 시험일자 : 20XX. XX. XX. (X)
☑ 응시자 기재사항 및 감독위원 확인

한컴오피스 한글 2022 버전용

수검번호	DIW - XXXX -	감독위원 확인
성 명		

· 응시자 유의사항 ·

1. 응시자는 신분증을 지참하여야 시험에 응시할 수 있으며, 시험이 종료될 때까지 신분증을 제시하지 못 할 경우 해당 시험은 0점 처리됩니다.

2. 시스템(PC작동여부, 네트워크 상태 등)의 이상여부를 반드시 확인하여야 하며, 시스템 이상이 있을시 감독위원에게 조치를 받으셔야 합니다.

3. 시험 중 부주의 또는 고의로 시스템을 파손한 경우는 응시자 부담으로 합니다.

4. 답안 전송 프로그램을 통해 다운로드 받은 파일을 이용하여 답안 파일을 작성하시기 바랍니다.

5. 작성한 답안 파일은 답안 전송 프로그램을 통하여 전송됩니다. 감독위원의 지시에 따라 주시기 바랍니다.

6. 다음 사항의 경우 실격(0점) 혹은 부정행위 처리됩니다.
   1) 답안 파일을 저장하지 않았거나, 저장한 파일이 손상되었을 경우
   2) 답안 파일을 지정된 폴더(바탕화면 – "KAIT" 폴더)에 저장하지 않았을 경우
      ※ 답안 전송 프로그램 로그인 시 바탕화면에 자동 생성됨
   3) 답안 파일을 다른 보조 기억장치(USB) 혹은 네트워크(메신저, 게시판 등)로 전송할 경우
   4) 휴대용 전화기 등 통신기기를 사용할 경우

7. **시험지에 제시된 글꼴이 응시 프로그램에 없는 경우, 반드시 감독위원에게 해당 내용을 통보한 뒤 조치를 받아야 합니다.**

8. 시험의 완료는 작성이 완료된 답안을 저장하고, 답안 전송이 완료된 상태를 확인한 것으로 합니다. 답안 전송 확인 후 문제지는 감독위원에게 제출한 후 퇴실하여야 합니다.

9. 답안 전송이 완료된 경우에는 수정 또는 정정이 불가능합니다.

10. 시험 시행 후 결과는 홈페이지(www.ihd.or.kr)에서 확인하시기 바랍니다.
    1) 문제 및 모범답안 공개 : 20XX. XX. XX. (X)
    2) 합격자 발표 : 20XX. XX. XX. (X)

디지털정보활용능력 > 한글 [시험시간 : 40분]

【문제】 첨부된 문제를 다음의 조건을 적용하여 문서를 작성하시오.

① 문서는 A4(210mm×297mm) 크기, 세로 용지 방향으로 작성한다.

② 페이지 여백은 아래와 같이 설정한다.

왼쪽	오른쪽	위쪽	아래쪽	머리말	꼬리말	제본
20mm	20mm	20mm	20mm	10mm	10mm	0mm

③ 아래와 같이 "자동 글머리 기호 넣기"와 "자동 번호 매기기" 기능을 해제한다.

도구 → 빠른 교정 → 빠른 교정 내용 → 입력 자동 서식 ⇒	자동 글머리 기호 넣기(해제) 자동 번호 매기기(해제)

※ 만약 입력 자동 서식 메뉴가 없는 경우에는 "자동 글머리 기호 넣기"와 "자동 번호 매기기" 기능이 설정되어 있지 않은 것이므로 별도의 기능 해제 없이 그대로 시험에 응시하시면 됩니다.

④ 글자는 별도의 지시사항이 없는 한 **바탕, 10pt, 양쪽 정렬, 줄 간격 160%**로 작성한다.

⑤ 영문, 숫자 등은 별도의 지시가 없는 한 반각(1byte) 문자를 사용한다.

⑥ 특수문자는 문자표(전각 기호)를 이용하여 작성한다.

⑦ 교정부호 및 화살표로 기재된 지시사항대로 처리하되, ⟶ 은 지시사항이므로 작성하지 않는다.

⑧ **1 페이지에 [문제1]을 작성하고, 구역을 나누어 2 페이지에 [문제2]를 작성한다.**

※ 해당 페이지에 작성하지 않거나 의도적으로 텍스트 작성을 하지 않은 경우 0점 처리

⑨ [문제2]는 문제지와 같이 2단으로 다단을 나누어 작성한다.

⑩ '그림 삽입' 시에는 반드시 "KAIT 수검 프로그램"을 통해 다운로드 한 그림 파일을 사용한다.

⑪ 총점 : 200점

[공통사항1(기본설정, 용지설정)] : 8점, [공통사항2(오탈자)] : 40점
[문제1] : 46점, [문제2] : 106점

⑫ 기타 특별히 지시되어 있지 않은 사항은 문제지에 준하여 작성한다.

고교학점제수기공모전

2025년 *전국 고등학교에 전면 적용되어 시행되는 고교 학점에 도입*을 위해서 이미 단계적 이행을 거친 학생과 교원을 대상으로 수기 공모전을 개최하고자 합니다. 공모 주제는 자유이지만 진로에 따른 과목 설계 경험담이거나 학점제형 교육과정 운영에 따른 사례를 중심으로 여러분의 경험을 들려주신다면 전면 시행되는 과정에서 올 수 있는 혼란을 조금이나마 줄이고 준비할 수 있는 기회를 얻을 수 있을 듯합니다. 관심 있는 여러분들의 많은 참여 바랍니다.

◎ 공모 안내 ◎

1. 공모기간 : 2023. 11. 6.(월) ~ 11. 24.(금) 24:00까지
2. 참가대상 : <u>*고교학점제 연구, 선도학교 등에서 고교학점제를 경험해 본 학생 및 교원*</u>
3. 제출방법 : 고교학점제 홈페이지(https://www.ihd.or.kr) 공모전 카테고리에 원고 파일 제출
4. 결과발표 : 2023년 12월 5일(화) 홈페이지와 SNS 공지 및 개별 연락

※ 기타사항
- 타 대회 출품 작품, 표절, 무단 도용 등 저작권 관련 문제가 있는 작품은 심사위원회의 심의를 거쳐 수상 결정을 취소할 수 있습니다.
- 작품의 완성도가 심사 기준에 미달할 경우 당선작을 선정하지 않을 수 있습니다.

2023. 10. 28.

한국교육개발원

고교학점제

1. 고교학점제란?

고교학점제는 학생이 적성과 진로에 따라 다양한 교과목을 선택 및 이수해 누적 학점(學點)이 기준에 도달(到達) 하면 졸업을 인정받는 제도(制度)이다. 교육부는 미래 사회에 필요한 핵심 역량을 학생이 자기 주도적으로 학습할 수 있도록 하고, 교육체제 전반의 변화(變化)를 이뤄가기 위해 고교학점제 도입을 추진하였다. 고교학점제가 도입되면 학생은 학습의 주체로서 적성 및 진로에 따라 필요한 과목을 선택해 학습(學習) 할 수 있다. 교원은 수업 및 평가에 대한 전문성과 자율성을 높일 수 있는 계기를 맞을 것이다.
2023년부터 단계적으로 고교학점제가 적용될 예정이다.

2. 고교 학점제 연구 및 선도학교 수

고교학점제①가 시행되면 수강신청, 평가와 학섬 취득 등 다양한 단계에 걸쳐 학교교육이 이뤄진다. 학교는 다양한 과목 개설을 통해 학생 맞춤형 교육과정 운영을 준비하고, 학생들은 학습 계획에 따라 수강 희망과목을 선택해 수업을 듣는다. 일정 정도의 성취 수준에 도달하지 못한 학생은 보충 프로그램 등을 통해 학점을 이수할 수 있도록 지도를 받는다. 학생들은 이수한 누적 학점이 기준에 도달할 경우 졸업을 인정받는다. 고등학교 교육을 통해 배워야 하는 내용 등은 공통 과목으로 지정돼 학생이 의무적으로 수강해야 하며 이를 제외한 범위 내에서 과목을 선택하여 수강하게 된다. 다만, 학교에서 학생 수요를 반영해 최대한 많은 과목을 개설하도록 할 계획이다.

고교학점제 연구 및 선도학교 수

연도	연구학교	선도학교
2019	55	299
2020	77	658
2021	82	1,375
2022	86	1,392
합계	300	3,724

---

① 2020년 마이스터고(51개교) 대상으로 우선 도입

제 05 회 디지털정보활용능력 출제예상 모의고사

작성 시간 / 시험 시간	채점 결과
분 / 40분	점 / 200점

☑ 시험과목 : 워드프로세서(한글)
☑ 시험일자 : 20XX. XX. XX. (X)
☑ 응시자 기재사항 및 감독위원 확인

한컴오피스 한글 2022 버전용

수검번호	DIW - XXXX -	감독위원 확인
성 명		

· 응시자 유의사항 ·

1. 응시자는 신분증을 지참하여야 시험에 응시할 수 있으며, 시험이 종료될 때까지 신분증을 제시하지 못 할 경우 해당 시험은 0점 처리됩니다.

2. 시스템(PC작동여부, 네트워크 상태 등)의 이상여부를 반드시 확인하여야 하며, 시스템 이상이 있을시 감독위원에게 조치를 받으셔야 합니다.

3. 시험 중 부주의 또는 고의로 시스템을 파손한 경우는 응시자 부담으로 합니다.

4. 답안 전송 프로그램을 통해 다운로드 받은 파일을 이용하여 답안 파일을 작성하시기 바랍니다.

5. 작성한 답안 파일은 답안 전송 프로그램을 통하여 전송됩니다. 감독위원의 지시에 따라 주시기 바랍니다.

6. 다음 사항의 경우 실격(0점) 혹은 부정행위 처리됩니다.

    1) 답안 파일을 저장하지 않았거나, 저장한 파일이 손상되었을 경우

    2) 답안 파일을 지정된 폴더(바탕화면 – "KAIT" 폴더)에 저장하지 않았을 경우

        ※ 답안 전송 프로그램 로그인 시 바탕화면에 자동 생성됨

    3) 답안 파일을 다른 보조 기억장치(USB) 혹은 네트워크(메신저, 게시판 등)로 전송할 경우

    4) 휴대용 전화기 등 통신기기를 사용할 경우

7. **시험지에 제시된 글꼴이 응시 프로그램에 없는 경우, 반드시 감독위원에게 해당 내용을 통보한 뒤 조치를 받아야 합니다.**

8. 시험의 완료는 작성이 완료된 답안을 저장하고, 답안 전송이 완료된 상태를 확인한 것으로 합니다. 답안 전송 확인 후 문제지는 감독위원에게 제출한 후 퇴실하여야 합니다.

9. 답안 전송이 완료된 경우에는 수정 또는 정정이 불가능합니다.

10. 시험 시행 후 결과는 홈페이지(www.ihd.or.kr)에서 확인하시기 바랍니다.

    1) 문제 및 모범답안 공개 : 20XX. XX. XX. (X)

    2) 합격자 발표 : 20XX. XX. XX. (X)

| 디지털정보활용능력 | 한글 [시험시간 : 40분] |

【문제】 첨부된 문제를 다음의 조건을 적용하여 문서를 작성하시오.

① 문서는 A4(210mm×297mm) 크기, 세로 용지 방향으로 작성한다.

② 페이지 여백은 아래와 같이 설정한다.

왼쪽	오른쪽	위쪽	아래쪽	머리말	꼬리말	제본
20mm	20mm	20mm	20mm	10mm	10mm	0mm

③ 아래와 같이 "자동 글머리 기호 넣기"와 "자동 번호 매기기" 기능을 해제한다.

> 도구 → 빠른 교정 → 빠른 교정 내용 → 입력 자동 서식 ⇒ 자동 글머리 기호 넣기(해제)
> 자동 번호 매기기(해제)

※ 만약 입력 자동 서식 메뉴가 없는 경우에는 "자동 글머리 기호 넣기"와 "자동 번호 매기기" 기능이 설정되어 있지 않은 것이므로 별도의 기능 해제 없이 그대로 시험에 응시하시면 됩니다.

④ 글자는 별도의 지시사항이 없는 한 **바탕, 10pt, 양쪽 정렬, 줄 간격 160%**로 작성한다.

⑤ 영문, 숫자 등은 별도의 지시가 없는 한 반각(1byte) 문자를 사용한다.

⑥ 특수문자는 문자표(전각 기호)를 이용하여 작성한다.

⑦ 교정부호 및 화살표로 기재된 지시사항대로 처리하되, ⬚→ 은 지시사항이므로 작성하지 않는다.

⑧ 1 페이지에 [문제1]을 작성하고, 구역을 나누어 2 페이지에 [문제2]를 작성한다.

　※ 해당 페이지에 작성하지 않거나 의도적으로 텍스트 작성을 하지 않은 경우 0점 처리

⑨ [문제2]는 문제지와 같이 2단으로 다단을 나누어 작성한다.

⑩ '그림 삽입' 시에는 반드시 "KAIT 수검 프로그램"을 통해 다운로드 한 그림 파일을 사용한다.

⑪ 총점 : 200점

　[공통사항1(기본설정, 용지설정)] : 8점, [공통사항2(오탈자)] : 40점
　[문제1] : 46점, [문제2] : 106점

⑫ 기타 특별히 지시되어 있지 않은 사항은 문제지에 준하여 작성한다.

사회복지사진로설명회

대한사회복지사협회는 _매년 4회 사회복지사 자격증 시험을 개설_ 하여 사회복지사를 꿈꾸는 여러분들의 사회 진출을 지원하고 있습니다. 사회복지사 시험에 응시하는 사람들의 수가 점점 늘어남에 따라, 어떻게 사회복지사 시험을 준비해야 하는지, 사회복지사 자격증 취득 이후 어떤 진로에 진출할 수 있는지에 대한 궁금증 또한 높아지고 있는 추세입니다. 각계 실무에서 근무하고 있는 사회복지사 분들을 초청하여 진로설명회를 개최하고 있습니다. 여러분의 많은 관심과 성원 바랍니다.

☆설명회 개요☆

1. 일   시 : **_2023년 11월 11일 (토) 오전 09:00 ~ 오후 05:00_**
2. 장   소 : 대한사회복지사협회 대강당
3. 대   상 : 사회복지사에 관심이 있는 분들 누구나
4. 신청방법 : 대한사회복지사협회 홈페이지(http://www.ihd.or.kr)에서 신청

※ 기타사항
- 신청은 11월 6일 (월) 오전 09:00부터 홈페이지에서 신청하실 수 있습니다.
- 참여 신청자가 많을 경우 신청이 조기에 마감될 수 있습니다. 신청 후 참가하지 않는 경우를 방지하기 위해 보증금(1만 원)을 입금해 주시면 참여 신청이 완료됩니다.

2023. 10. 28.

대한사회복지사협회

사회복지사에 대하여

1. 사회복지사란?

사회복지사란 사회복지에 관한 전문지식과 기술(技術)을 가진 자로서 보건복지부 장관으로부터 자격증(license)을 교부(交付) 받은 사람을 일컫는다. 사회복지사는 청소년, 노인, 여성, 가족, 장애인 등 다양한 사회적, 개인적 가진 욕구를 사람들의 문제에 대한 사정과 평가를 통해 문제 해결을 돕고 지원한다. 사회복지사는 다른 사람의 욕구와 행동에 적절히 대응할 수 있는 문제해결능력과 협상, 설득할 수 있는 능력이 필요(必要)하다. 인간존중 및 사회정의에 대한 사명의식, 봉사정신이 필요하며 상대방에 대한 배려와 협동심, 원만한 대인관계는 유지시킬 수 있는 의사소통 능력가 요구된다.

2. 사회복지사의 전망

향후 5년간 사회복지사의 고용은 증가하는 수준이 될 것으로 전망된다. 정부 보고서에 따르면, 사회복지사를 요구(要求)하는 일자리는 향후 10년간 약 3만 명이 증가할 것으로 파악된다. 그러나 우리나라의 사회복지 수준은 아직까지 OECD 국가와 비교하여 현저히 낮은 수준이다. 사회가 발전함에 따라 복지 및 삶의 질 향상에 대한 수요가 증가하게 되므로, 향후 정부는 사회복지 정책(政策)을 지금보다 더 확대해야 할 것으로 보인다. 또한, 사회복지가 국가의 주요 정책으로 부각되면서 사회복지 담당 인력에 대한 확충이 논의되고 있다ⓐ 사회복지 전담 공무원 및 민간 사회복지사의 수를 지속적으로 늘려나가야 할 때이다.

연도별 사회복지사 취업률 (%)

연도	남성	여성
2019년	52	69
2020년	59	71
2021년	68	75
2022년	75	80
합계	254	295

ⓐ 이는 사회복지 담당 공무원뿐만 아니라 민간 사회복지사도 포함된다.

제 06 회 디지털정보활용능력 출제예상 모의고사

작성 시간 / 시험 시간	채점 결과
분 / 40분	점 / 200점

- ☑ 시험과목 : 워드프로세서(한글)
- ☑ 시험일자 : 20XX. XX. XX. (X)
- ☑ 응시자 기재사항 및 감독위원 확인

한컴오피스 한글 2022 버전용

수검번호	DIW - XXXX -	감독위원 확인
성 명		

· 응시자 유의사항 ·

1. 응시자는 신분증을 지참하여야 시험에 응시할 수 있으며, 시험이 종료될 때까지 신분증을 제시하지 못 할 경우 해당 시험은 0점 처리됩니다.
2. 시스템(PC작동여부, 네트워크 상태 등)의 이상여부를 반드시 확인하여야 하며, 시스템 이상이 있을시 감독위원에게 조치를 받으셔야 합니다.
3. 시험 중 부주의 또는 고의로 시스템을 파손한 경우는 응시자 부담으로 합니다.
4. 답안 전송 프로그램을 통해 다운로드 받은 파일을 이용하여 답안 파일을 작성하시기 바랍니다.
5. 작성한 답안 파일은 답안 전송 프로그램을 통하여 전송됩니다. 감독위원의 지시에 따라 주시기 바랍니다.
6. 다음 사항의 경우 실격(0점) 혹은 부정행위 처리됩니다.
   1) 답안 파일을 저장하지 않았거나, 저장한 파일이 손상되었을 경우
   2) 답안 파일을 지정된 폴더(바탕화면 – "KAIT" 폴더)에 저장하지 않았을 경우
      ※ 답안 전송 프로그램 로그인 시 바탕화면에 자동 생성됨
   3) 답안 파일을 다른 보조 기억장치(USB) 혹은 네트워크(메신저, 게시판 등)로 전송할 경우
   4) 휴대용 전화기 등 통신기기를 사용할 경우
7. **시험지에 제시된 글꼴이 응시 프로그램에 없는 경우, 반드시 감독위원에게 해당 내용을 통보한 뒤 조치를 받아야 합니다.**
8. 시험의 완료는 작성이 완료된 답안을 저장하고, 답안 전송이 완료된 상태를 확인한 것으로 합니다. 답안 전송 확인 후 문제지는 감독위원에게 제출한 후 퇴실하여야 합니다.
9. 답안 전송이 완료된 경우에는 수정 또는 정정이 불가능합니다.
10. 시험 시행 후 결과는 홈페이지(www.ihd.or.kr)에서 확인하시기 바랍니다.
    1) 문제 및 모범답안 공개 : 20XX. XX. XX. (X)
    2) 합격자 발표 : 20XX. XX. XX. (X)

디지털정보활용능력 　 **한글 [시험시간 : 40분]**

【문제】 첨부된 문제를 다음의 조건을 적용하여 문서를 작성하시오.

① 문서는 A4(210mm×297mm) 크기, 세로 용지 방향으로 작성한다.

② 페이지 여백은 아래와 같이 설정한다.

왼쪽	오른쪽	위쪽	아래쪽	머리말	꼬리말	제본
20mm	20mm	20mm	20mm	10mm	10mm	0mm

③ 아래와 같이 "자동 글머리 기호 넣기"와 "자동 번호 매기기" 기능을 해제한다.

도구 → 빠른 교정 → 빠른 교정 내용 → 입력 자동 서식 ⇒ 자동 글머리 기호 넣기(해제) / 자동 번호 매기기(해제)

※ 만약 입력 자동 서식 메뉴가 없는 경우에는 "자동 글머리 기호 넣기"와 "자동 번호 매기기" 기능이 설정되어 있지 않은 것이므로 별도의 기능 해제 없이 그대로 시험에 응시하시면 됩니다.

④ 글자는 별도의 지시사항이 없는 한 **바탕, 10pt, 양쪽 정렬, 줄 간격 160%**로 작성한다.

⑤ 영문, 숫자 등은 별도의 지시가 없는 한 반각(1byte) 문자를 사용한다.

⑥ 특수문자는 문자표(전각 기호)를 이용하여 작성한다.

⑦ 교정부호 및 화살표로 기재된 지시사항대로 처리하되, ┄┄┄→ 은 지시사항이므로 작성하지 않는다.

⑧ 1 페이지에 [문제1]을 작성하고, 구역을 나누어 2 페이지에 [문제2]를 작성한다.

　※ 해당 페이지에 작성하지 않거나 의도적으로 텍스트 작성을 하지 않은 경우 0점 처리

⑨ [문제2]는 문제지와 같이 2단으로 다단을 나누어 작성한다.

⑩ '그림 삽입' 시에는 반드시 "KAIT 수검 프로그램"을 통해 다운로드 한 그림 파일을 사용한다.

⑪ 총점 : 200점

　[공통사항1(기본설정, 용지설정)] : 8점, [공통사항2(오탈자)] : 40점
　[문제1] : 46점, [문제2] : 106점

⑫ 기타 특별히 지시되어 있지 않은 사항은 문제지에 준하여 작성한다.

시간선택제일자리박람회

고용노동부가 주최하고 한국고용안정협회가 주관하는 '시간선택제 일자리 박람회'가 오는 11월 16일 개최됩니다. **'일과 가정, 개인 발전의 균형'이라는 주제**로 진행되는 이번 행사에는 우리 지역의 150여 개 기업이 참여하여 부스를 운영하며, 현장 채용도 함께 진행됩니다. 이 외에도 취업 지원을 위한 컨설팅, 구직을 위한 이력서 작성 및 면접 기법 특강, 무료 적성 검사 등 다양한 프로그래밍 함께 운영됩니다. 여러분의 많은 관심과 참여 부탁드립니다.

◆ 박람회 안내 ◆

1. 행사명 : 시간선택제일자리 박람회 '일과 가정, 개인 발전의 균형'
2. 일   시 : 2023년 11월 16일(목) ~ 17일(금) 08:00 ~ 18:00
3. 장   소 : 강남구 역삼동 *한국고용빌딩 1층 전시장*
4. 주   최 : 고용노동부

※ 기타 사항
- 박람회 참가 방법 참여 업체에 대한 사전 정보(채용 규모, 채용 조건 등)는 한국고용안정협회 홈페이지(http://www.ihd.or.kr)에서 참고하실 수 있습니다.
- 기타 문의는 시간선택제 일자리 박람회 담당자(02-123-4567)에게 해주시기 바랍니다.

2023. 10. 28.

한국고용안정협회장

시간선택제일자리

1. 시간선택제일자리

시간선택제 일자리는 일과 가정, 그리고 개인의 삶이 균형을 이룰 수 있도록 시간의 선택이 가능하고 유연한(Flexible) 일자리를 의미한다. 구체적으로 육아 및 교육, 일과 학습 병행 등의 개인적 사유, 점진적(漸進的) 퇴직 등의 이유로 근로자가 자발적으로 선택하며, 4대 보험 등의 기본적인 근로 조건이 보장되고, 불합리한 차별을 받지 않는 균등(均等) 처우가 제공되는 일자리를 뜻한다. 이 제도는 특히 육아를 병행하여야 하는 여성들에게 정규 근로 시간에 구애받지 않는 탄력적인 일자리를 제공하여, 경력 단절을 예방하고 경제 활동을 지속하게 하는 데 기여할 수 있다.

2. 기대효과와 과제

시간선택제 일자리의 정착에 따른 가장 큰 기대효과는 고용률의 증대이며, 이로 인한 경제적 파급효과ⓐ도 기대해 볼 수 있다. 이 제도는 근로자와 회사 양측 모두에 유리하게 적용될 수 있다. 먼저 근로자 측면에서는 개인적 사유에 따라 선택이 가능한 탄력적인 일자리를 제공받게 된다. 특히 육아나 교육 문제로 정규 근무가 어려운 여성들에게 사회 경제 활동을 지속할 수 있도록 지원한다. 또한 학습이나 개인적인 발전을 병행(竝行) 할 수 있도록 하여 삶의 질을 높여준다. 기업체 입장에서는 탄력적인 인력 활용으로 인건비를 절감하는 등 효율적 운영이 가능하다. 개인적인 사유로 퇴사하게 되는 우수 인력을 지속적으로 유지할 수 있으며, 근로자의 만족 향상과 업무 집중으로 인한 생산성의 증가도 기대해 볼 수 있다.

시간선택제 인원 현황

기업명	2021	2022
우리전자	22	31
대성은행	15	17
한솔유통	29	45
나라텔레콤	48	76
합계	114	169

시간선택제 인원 현황

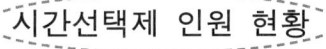

ⓐ 일정한 투자나 양의 증가분에 의한 승수 효과

제 07 회 디지털정보활용능력 출제예상 모의고사

작성 시간 / 시험 시간	채점 결과
분 / 40분	점 / 200점

☑ 시험과목 : 워드프로세서(한글)
☑ 시험일자 : 20XX. XX. XX. (X)
☑ 응시자 기재사항 및 감독위원 확인

한컴오피스 한글 2022 버전용

수검번호	DIW - XXXX -	감독위원 확인
성 명		

· 응시자 유의사항 ·

1. 응시자는 신분증을 지참하여야 시험에 응시할 수 있으며, 시험이 종료될 때까지 신분증을 제시하지 못 할 경우 해당 시험은 0점 처리됩니다.

2. 시스템(PC작동여부, 네트워크 상태 등)의 이상여부를 반드시 확인하여야 하며, 시스템 이상이 있을시 감독위원에게 조치를 받으셔야 합니다.

3. 시험 중 부주의 또는 고의로 시스템을 파손한 경우는 응시자 부담으로 합니다.

4. 답안 전송 프로그램을 통해 다운로드 받은 파일을 이용하여 답안 파일을 작성하시기 바랍니다.

5. 작성한 답안 파일은 답안 전송 프로그램을 통하여 전송됩니다. 감독위원의 지시에 따라 주시기 바랍니다.

6. 다음 사항의 경우 실격(0점) 혹은 부정행위 처리됩니다.
   1) 답안 파일을 저장하지 않았거나, 저장한 파일이 손상되었을 경우
   2) 답안 파일을 지정된 폴더(바탕화면 - "KAIT" 폴더)에 저장하지 않았을 경우
      ※ 답안 전송 프로그램 로그인 시 바탕화면에 자동 생성됨
   3) 답안 파일을 다른 보조 기억장치(USB) 혹은 네트워크(메신저, 게시판 등)로 전송할 경우
   4) 휴대용 전화기 등 통신기기를 사용할 경우

7. **시험지에 제시된 글꼴이 응시 프로그램에 없는 경우, 반드시 감독위원에게 해당 내용을 통보한 뒤 조치를 받아야 합니다.**

8. 시험의 완료는 작성이 완료된 답안을 저장하고, 답안 전송이 완료된 상태를 확인한 것으로 합니다. 답안 전송 확인 후 문제지는 감독위원에게 제출한 후 퇴실하여야 합니다.

9. 답안 전송이 완료된 경우에는 수정 또는 정정이 불가능합니다.

10. 시험 시행 후 결과는 홈페이지(www.ihd.or.kr)에서 확인하시기 바랍니다.
    1) 문제 및 모범답안 공개 : 20XX. XX. XX. (X)
    2) 합격자 발표 : 20XX. XX. XX. (X)

| 디지털정보활용능력 | 한글 [시험시간 : 40분] |

【문제】 첨부된 문제를 다음의 조건을 적용하여 문서를 작성하시오.

① 문서는 A4(210mm×297mm) 크기, 세로 용지 방향으로 작성한다.

② 페이지 여백은 아래와 같이 설정한다.

왼쪽	오른쪽	위쪽	아래쪽	머리말	꼬리말	제본
20mm	20mm	20mm	20mm	10mm	10mm	0mm

③ 아래와 같이 "자동 글머리 기호 넣기"와 "자동 번호 매기기" 기능을 해제한다.

도구 → 빠른 교정 → 빠른 교정 내용 → 입력 자동 서식 ⇒	자동 글머리 기호 넣기(해제) 자동 번호 매기기(해제)

※ 만약 입력 자동 서식 메뉴가 없는 경우에는 "자동 글머리 기호 넣기"와 "자동 번호 매기기" 기능이 설정되어 있지 않은 것이므로 별도의 기능 해제 없이 그대로 시험에 응시하시면 됩니다.

④ 글자는 별도의 지시사항이 없는 한 **바탕, 10pt, 양쪽 정렬, 줄 간격 160%**로 작성한다.

⑤ 영문, 숫자 등은 별도의 지시가 없는 한 반각(1byte) 문자를 사용한다.

⑥ 특수문자는 문자표(전각 기호)를 이용하여 작성한다.

⑦ 교정부호 및 화살표로 기재된 지시사항대로 처리하되, ┆┄┄┄┄┆→ 은 지시사항이므로 작성하지 않는다.

⑧ 1 페이지에 [문제1]을 작성하고, 구역을 나누어 2 페이지에 [문제2]를 작성한다.

　※ 해당 페이지에 작성하지 않거나 의도적으로 텍스트 작성을 하지 않은 경우 0점 처리

⑨ [문제2]는 문제지와 같이 2단으로 다단을 나누어 작성한다.

⑩ '그림 삽입' 시에는 반드시 "KAIT 수검 프로그램"을 통해 다운로드 한 그림 파일을 사용한다.

⑪ 총점 : 200점

　[공통사항1(기본설정, 용지설정)] : 8점, [공통사항2(오탈자)] : 40점
　[문제1] : 46점, [문제2] : 106점

⑫ 기타 특별히 지시되어 있지 않은 사항은 문제지에 준하여 작성한다.

부산와인박람회

부산와인박람회는 국내 유일의 와인산업을 대표하는 전시회로서 지난 20년 동안 한국 와인산업이 성장과 함께 해왔습니다. 또한, 국내 소비자가 좋아할 만한 와인과 세계 각국의 프리미엄 와인을 한자리에서 즐길 수 있는 행사입니다. 참가업체에게는 제품 홍보와 비즈니스 파트너 발굴의 기회를 제공하고, 구매자 들에게는 와인 품평회 및 와인도 전 등과 같은 다양한 체험 이벤트를 선보입니다. 와인을 즐기고 좋아하시는 분들의 많은 참여 바랍니다.

★ 행사안내 ★

1. 행 사 명 : 부산와인박람회
2. 행사일시 : 2023. 11. 27.(금)~2023. 11. 29.(일), 11:00~21:00
3. 행사장소 : 부산 벡스코
4. 사전등록 : *2023. 11. 12.(일) 18:00까지 온라인으로 등록*

※ 기타사항
- 다양한 국가의 와인업체와 상담을 원하는 바이어(수입업체)는 협회 홈페이지(http://www.ihd.or.kr) 방문 후 등록하시기 바랍니다.
- 박람회 참가비 : 1인당 20,000원(미성년자는 참여할 수 없음)

2023. 10. 28.

한국와인협회

와인의 종류

1. 레드 와인

레드 와인의 경우 포도즙과 껍질이 함께 발효(醱酵)되기 때문에 타닌(tannin)과 안토시아닌 양이 많아지며 이것이 와인에 떫은맛과 붉은 자줏빛을 부여한다. 특히 타닌은 와인의 구조와 골격을 형성하며 천연방부제 역할을 하기 때문에, 타닌이 들어 있는 레드 와인은 화이트 와인보다 보존 기간이 훨씬 길다. 그렇지만 모든 적포도 품종(品種)이 동일한 양의 타닌을 함유하는 것은 아니다. 레드 와인은 보통 두 가지 스타일로 나뉜다. 하나는 부담 없이 마시기 좋은 과일 맛이 많은 레드 와인으로, 이것은 통이나 발효조에 몇 개월 동안 저장했다가 병입하는 와인은 아니다. 몇 개월에서 몇 년 동안 오크통에서 숙성시키는 레드 와인으로, 오크통 내에서 화학적 복잡한 상호작용(相互作用)이 일어나며 이 과정에서 와인의 향, 품미, 질감이 조금씩 미묘하게 변한다.

2. 화이트 와인

화이트 와인은 과일의 신선함과 섬세함을 보존하는 데 중점을 두는데, 이는 오랜 시간 저온에서 가장 잘 유지된다. 이러한 점 때문에 온도(溫度) 조절형 스테인리스 발효조로 서서히 낮은 온도에서 발효가 일어나도록 하여 과일 향과 섬세함이 느껴지는 화이트 와인을 만든다. 최고의 화이트 와인은 서늘한 기후를 갖고 있는 유럽 북부 지역에서 생산되었다. 레드 와인과 달리 화이트 와인은 통상적(通常的)으로 유산발효㉠를 거치지 않는데 그 이유는 화이트 와인에서는 신선한 산도가 중요하기 때문이다.

㉠ 사과산이 젖산으로 변하는 과정

국내 와인 수입금액(단위:만달러)

연도	레드	화이트
2019년	14,527	3,550
2020년	18,562	4,908
2021년	32,100	9,211
2022년	45,123	10,510
합계	110,312	28,179

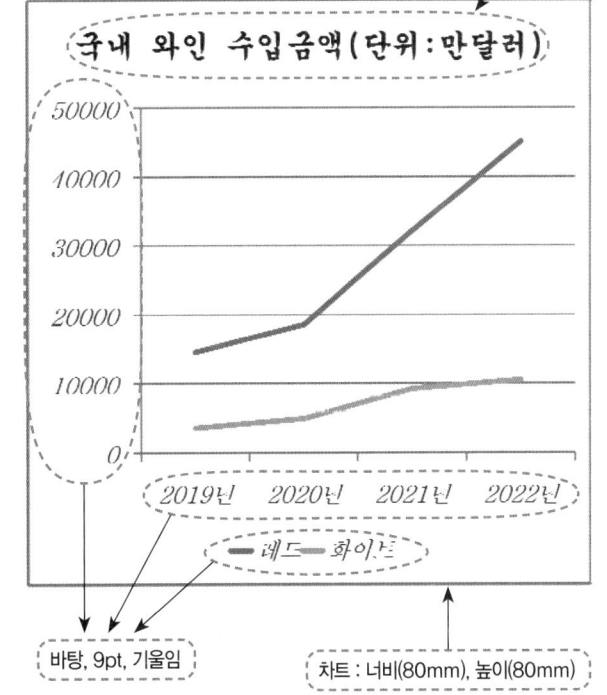

제 08 회 디지털정보활용능력 출제예상 모의고사

작성 시간 / 시험 시간	채점 결과
분 / 40분	점 / 200점

- ☑ 시험과목 : 워드프로세서(한글)
- ☑ 시험일자 : 20XX. XX. XX. (X)
- ☑ 응시자 기재사항 및 감독위원 확인

한컴오피스 한글 2022 버전용

수검번호	DIW - XXXX -	감독위원 확인
성 명		

· 응시자 유의사항 ·

1. 응시자는 신분증을 지참하여야 시험에 응시할 수 있으며, 시험이 종료될 때까지 신분증을 제시하지 못 할 경우 해당 시험은 0점 처리됩니다.

2. 시스템(PC작동여부, 네트워크 상태 등)의 이상여부를 반드시 확인하여야 하며, 시스템 이상이 있을시 감독위원에게 조치를 받으셔야 합니다.

3. 시험 중 부주의 또는 고의로 시스템을 파손한 경우는 응시자 부담으로 합니다.

4. 답안 전송 프로그램을 통해 다운로드 받은 파일을 이용하여 답안 파일을 작성하시기 바랍니다.

5. 작성한 답안 파일은 답안 전송 프로그램을 통하여 전송됩니다. 감독위원의 지시에 따라 주시기 바랍니다.

6. 다음 사항의 경우 실격(0점) 혹은 부정행위 처리됩니다.

   1) 답안 파일을 저장하지 않았거나, 저장한 파일이 손상되었을 경우
   2) 답안 파일을 지정된 폴더(바탕화면 - "KAIT" 폴더)에 저장하지 않았을 경우
      ※ 답안 전송 프로그램 로그인 시 바탕화면에 자동 생성됨
   3) 답안 파일을 다른 보조 기억장치(USB) 혹은 네트워크(메신저, 게시판 등)로 전송할 경우
   4) 휴대용 전화기 등 통신기기를 사용할 경우

7. **시험지에 제시된 글꼴이 응시 프로그램에 없는 경우, 반드시 감독위원에게 해당 내용을 통보한 뒤 조치를 받아야 합니다.**

8. 시험의 완료는 작성이 완료된 답안을 저장하고, 답안 전송이 완료된 상태를 확인한 것으로 합니다. 답안 전송 확인 후 문제지는 감독위원에게 제출한 후 퇴실하여야 합니다.

9. 답안 전송이 완료된 경우에는 수정 또는 정정이 불가능합니다.

10. 시험 시행 후 결과는 홈페이지(www.ihd.or.kr)에서 확인하시기 바랍니다.

    1) 문제 및 모범답안 공개 : 20XX. XX. XX. (X)
    2) 합격자 발표 : 20XX. XX. XX. (X)

디지털정보활용능력 > 한글 [시험시간 : 40분]

【문제】 첨부된 문제를 다음의 조건을 적용하여 문서를 작성하시오.

① 문서는 A4(210mm×297mm) 크기, 세로 용지 방향으로 작성한다.

② 페이지 여백은 아래와 같이 설정한다.

왼쪽	오른쪽	위쪽	아래쪽	머리말	꼬리말	제본
20mm	20mm	20mm	20mm	10mm	10mm	0mm

③ 아래와 같이 "자동 글머리 기호 넣기"와 "자동 번호 매기기" 기능을 해제한다.

도구 → 빠른 교정 → 빠른 교정 내용 → 입력 자동 서식 ⇒ 자동 글머리 기호 넣기(해제) 자동 번호 매기기(해제)

※ 만약 입력 자동 서식 메뉴가 없는 경우에는 "자동 글머리 기호 넣기"와 "자동 번호 매기기" 기능이 설정되어 있지 않은 것이므로 별도의 기능 해제 없이 그대로 시험에 응시하시면 됩니다.

④ 글자는 별도의 지시사항이 없는 한 **바탕, 10pt, 양쪽 정렬, 줄 간격 160%**로 작성한다.

⑤ 영문, 숫자 등은 별도의 지시가 없는 한 반각(1byte) 문자를 사용한다.

⑥ 특수문자는 문자표(전각 기호)를 이용하여 작성한다.

⑦ 교정부호 및 화살표로 기재된 지시사항대로 처리하되, ⌒⌒⌒⌒→ 은 지시사항이므로 작성하지 않는다.

⑧ **1 페이지에 [문제1]을 작성하고, 구역을 나누어 2 페이지에 [문제2]를 작성한다.**

※ 해당 페이지에 작성하지 않거나 의도적으로 텍스트 작성을 하지 않은 경우 0점 처리

⑨ [문제2]는 문제지와 같이 2단으로 다단을 나누어 작성한다.

⑩ '그림 삽입' 시에는 반드시 "KAIT 수검 프로그램"을 통해 다운로드 한 그림 파일을 사용한다.

⑪ 총점 : 200점

[공통사항1(기본설정, 용지설정)] : 8점, [공통사항2(오탈자)] : 40점
[문제1] : 46점, [문제2] : 106점

⑫ 기타 특별히 지시되어 있지 않은 사항은 문제지에 준하여 작성한다.

좋은일터만들기컨퍼런스

기업 운영의 기반이 되는 직원은 내부고객이라고 불릴 만큼 중요하며 직원이 만족하면 기업의 성과도 높아집니다. 특히 고객을 직접 대면하는 서비스직의 경우 직원이 만족하는 좋은 일터 만들기에 대한 노력이 더욱 절실합니다. 이에 따라 직무만족증진위원회에서는 *"좋은 일터 만들기 컨퍼런스"* 를 개최하고자 합니다. 이번 행사에서는 '2023 좋은 일터 Top 10'에 선정된 기업들의 우수 사례 발표와 직원 만족 증진을 위한 시설 및 장비 전시회 등도 함께 진행할 예정입니다.

◎ 행사안내 ◎

1. 행사일시 : 2023년 9월 29일(금), 08:00 ~ 17:30
2. 행사장소 : <u>*한국직업개발정보센터 2층 그랜드볼룸*</u>
3. 참가대상 : 일반기업 HR 관련 부서 종사자, 관련분야 연구자, 관공서 등
4. 참 가 비 : 무료 (1개 회사당 최대 3인까지만 참석 가능)

※ 기타사항
- 참가 신청은 행사 홈페이지(http://www.ihd.or.kr)의 참가 안내 - 등록신청 메뉴에서 하실 수 있으며, 선착순 등록으로 조기 마감될 수 있습니다.
- 기타 내용은 직무만족증진위원회 교류사업팀 담당자(02-123-4567)에게 문의하시기 바랍니다.

2023. 08. 26.

직무만족증진위원회

직무 만족

1. 직무 만족이란?

직무 만족은 개인이 자신의 업무에 대해서 가지는 일반적인 태도나 만족하는 정도를 의미한다. 직무 만족도가 높으면 일 자체에 대해 긍정적으로 느끼게 되고 업무 능률 향상을 가져온다. 더욱 개념을 확대해 보면 개별 직원의 회사에 대한 충성도 증대로 불필요한 이직을 줄일 수 있고 회사의 성과 향상을 기여할 수 있다. 직무 만족은 기업 측면에서 보았을 때 조직이 효과적으로 잘 운영되고 있는지를 판단하는 중요한 하나의 척도(尺度)이며, 개인적인 측면에서는 직업에 대한 가치 부여와 자아실현, 삶의 질에 대한 만족도 향상에도 기여한다.

2. 직무 만족의 영향요인

직무 만족은 직원을 '내부고객'이라는 개념으로 접근하는 것이다. 마케팅ⓐ의 관점에서 일반적 의미의 고객은 기업의 매출을 발생시키거나 잠재적(潛在的)으로 매출 발생에 기여하는 외부고객이다. Porter(1973)는 조직 요인, 작업환경 요인, 근무내용 요인, 개인적 요인의 네 가지로 제시하였으며, Locke(1976)는 직무 자체, 급여와 보상, 승진, 인정, 복리후생, 상사, 동료, 작업 조건, 회사 방침의 아홉 가지로 제시하였다. 일반적으로 직무 만족에 있어서 동료 및 상사와의 커뮤니케이션 및 관계, 임금 및 보상, 직무에 대한 호감 및 적성(適性), 근무 시설 및 설비 등의 근무 환경 요소가 영향을 미치는 것으로 연구되고 있다. 또한 성별, 연령, 근속 년수 등 개인적인 특성에 따라서도 차이가 있을 수 있다.

업체별 직무 만족 점수

업체	2021	2022
빛나리전자	83	87
금나리유통	84	81
해나리패션	82	84
엄마표식품	86	83
합계	335	335

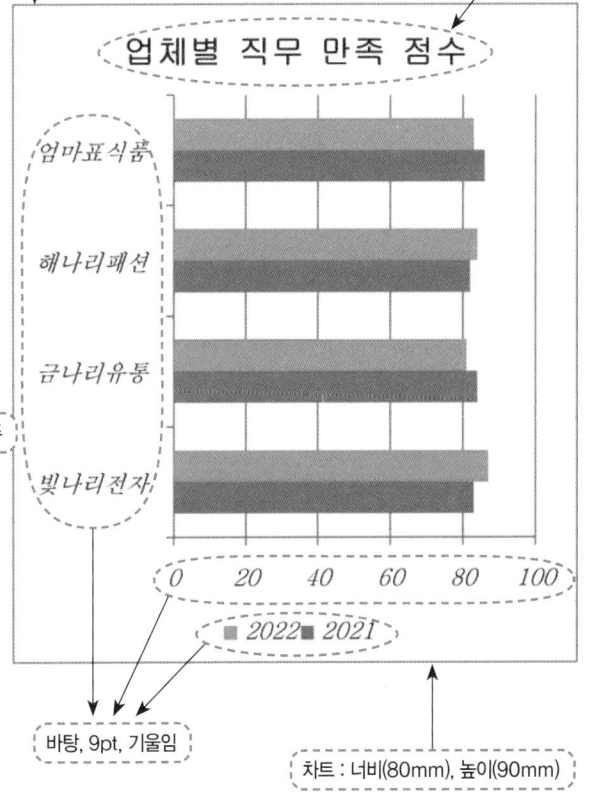

ⓐ 상품, 서비스를 소비자에게 판매하는 일련의 활동

제 09 회 디지털정보활용능력 출제예상 모의고사

작성 시간 / 시험 시간	채점 결과
분 / 40분	점 / 200점

☑ 시험과목 : 워드프로세서(한글)
☑ 시험일자 : 20XX. XX. XX. (X)
☑ 응시자 기재사항 및 감독위원 확인

한컴오피스 한글 2022 버전용

수검번호	DIW - XXXX -	감독위원 확인
성　명		

· 응시자 유의사항 ·

1. 응시자는 신분증을 지참하여야 시험에 응시할 수 있으며, 시험이 종료될 때까지 신분증을 제시하지 못 할 경우 해당 시험은 0점 처리됩니다.

2. 시스템(PC작동여부, 네트워크 상태 등)의 이상여부를 반드시 확인하여야 하며, 시스템 이상이 있을시 감독위원에게 조치를 받으셔야 합니다.

3. 시험 중 부주의 또는 고의로 시스템을 파손한 경우는 응시자 부담으로 합니다.

4. 답안 전송 프로그램을 통해 다운로드 받은 파일을 이용하여 답안 파일을 작성하시기 바랍니다.

5. 작성한 답안 파일은 답안 전송 프로그램을 통하여 전송됩니다. 감독위원의 지시에 따라 주시기 바랍니다.

6. 다음 사항의 경우 실격(0점) 혹은 부정행위 처리됩니다.
   1) 답안 파일을 저장하지 않았거나, 저장한 파일이 손상되었을 경우
   2) 답안 파일을 지정된 폴더(바탕화면 – "KAIT" 폴더)에 저장하지 않았을 경우
      ※ 답안 전송 프로그램 로그인 시 바탕화면에 자동 생성됨
   3) 답안 파일을 다른 보조 기억장치(USB) 혹은 네트워크(메신저, 게시판 등)로 전송할 경우
   4) 휴대용 전화기 등 통신기기를 사용할 경우

7. **시험지에 제시된 글꼴이 응시 프로그램에 없는 경우, 반드시 감독위원에게 해당 내용을 통보한 뒤 조치를 받아야 합니다.**

8. 시험의 완료는 작성이 완료된 답안을 저장하고, 답안 전송이 완료된 상태를 확인한 것으로 합니다. 답안 전송 확인 후 문제지는 감독위원에게 제출한 후 퇴실하여야 합니다.

9. 답안 전송이 완료된 경우에는 수정 또는 정정이 불가능합니다.

10. 시험 시행 후 결과는 홈페이지(www.ihd.or.kr)에서 확인하시기 바랍니다.
    1) 문제 및 모범답안 공개 : 20XX. XX. XX. (X)
    2) 합격자 발표 : 20XX. XX. XX. (X)

디지털정보활용능력 한글 [시험시간 : 40분]

【문제】 첨부된 문제를 다음의 조건을 적용하여 문서를 작성하시오.

① 문서는 A4(210mm×297mm) 크기, 세로 용지 방향으로 작성한다.

② 페이지 여백은 아래와 같이 설정한다.

왼쪽	오른쪽	위쪽	아래쪽	머리말	꼬리말	제본
20mm	20mm	20mm	20mm	10mm	10mm	0mm

③ 아래와 같이 "자동 글머리 기호 넣기"와 "자동 번호 매기기" 기능을 해제한다.

도구 → 빠른 교정 → 빠른 교정 내용 → 입력 자동 서식 ⇒ 자동 글머리 기호 넣기(해제) 자동 번호 매기기(해제)

※ 만약 입력 자동 서식 메뉴가 없는 경우에는 "자동 글머리 기호 넣기"와 "자동 번호 매기기" 기능이 설정되어 있지 않은 것이므로 별도의 기능 해제 없이 그대로 시험에 응시하시면 됩니다.

④ 글자는 별도의 지시사항이 없는 한 **바탕, 10pt, 양쪽 정렬, 줄 간격 160%**로 작성한다.

⑤ 영문, 숫자 등은 별도의 지시가 없는 한 반각(1byte) 문자를 사용한다.

⑥ 특수문자는 문자표(전각 기호)를 이용하여 작성한다.

⑦ 교정부호 및 화살표로 기재된 지시사항대로 처리하되, ⸨⸩→ 은 지시사항이므로 작성하지 않는다.

⑧ **1 페이지에 [문제1]을 작성하고, 구역을 나누어 2 페이지에 [문제2]를 작성한다.**

　※ 해당 페이지에 작성하지 않거나 의도적으로 텍스트 작성을 하지 않은 경우 0점 처리

⑨ [문제2]는 문제지와 같이 2단으로 다단을 나누어 작성한다.

⑩ '그림 삽입' 시에는 반드시 "KAIT 수검 프로그램"을 통해 다운로드 한 그림 파일을 사용한다.

⑪ 총점 : 200점

[공통사항1(기본설정, 용지설정)] : 8점, [공통사항2(오탈자)] : 40점
[문제1] : 46점, [문제2] : 106점

⑫ 기타 특별히 지시되어 있지 않은 사항은 문제지에 준하여 작성한다.

부산국제모터쇼

부산 국제 모터쇼는 *"자연을 품다. 인간을 담다."*를 주제로 전 세계 유명 브랜드들과 국내 유수의 브랜드가 함께 참가하는 세계적인 자동차 전시회입니다. 전시 외에도 자동차와 관련된 다양한 세미나 및 이벤트가 이루어져 국내는 물론 해외 관람객까지 방문하는 대규모 모터쇼입니다. 본 행사는 미래 자동차의 흐름과 방향을 제시하고, 비교 전시를 통해 기술 개발을 촉진함으로써 바이어 유치를 통한 자동차 수출을 확대하고, 올바른 자동차 문화 정착 유도를 목표로 하고 있습니다.

□ 행사안내 □

1. 행사일정 : 2023. 09. 27(수) ~ 09. 30(토), 09:00 ~ 17:00
2. 행사장소 : 부산 킨텍스
3. 입 장 료 : 일반인(10,000원), 대학생(8,000원), 초, 중, 고등학생(7,000원)
4. 전시품목 : <u>*승용차, 모터사이클, 튜닝카, 타이어, 자전거, 부품 및 용품 등*</u>

※ 기타사항
- 부대행사 : 친환경 자동차 시승행사, 국제 기술 세미나, 대학생 자작 자동차 대회 입상 차량 전시, 포토 콘테스트, 카 디자인 공모전 시상식 및 전시, 각국 자동차 사진전, 경품 추첨 행사 등
- 자세한 사항은 홈페이지(http://www.ihd.or.kr)의 공지사항을 참조하시기 바랍니다.

2023. 08. 26.

부산모터쇼조직위원회

자동차 역사와 레이싱

1. 자동차의 역사(歷史)

기원전 3,200년경 바퀴가 발명되면서부터 자동차 역사는 시작되었다고 볼 수 있다. 그 후 르네상스 시대의 레오나르도 다빈치가 스프링의 힘으로 달리는 3륜 자동차의 도면을 그렸으나 실연되지는 못하였고, 시몬 스테빈이 풍력(風力)으로 움직이는 자동차를 고안하였다. 본래 의미의 자동차가 나타나기 시작한 것은 17세기 중반에 증기기관(Steam Engine)이 실용화된 후이며, 특히 1770년 프랑스의 퀴뇨가 제작한 증기자동차는 역사상 처음으로 기계의 힘에 의해 주행한 차로서 유명하다. 1800년대로 들어서면서 자동차의 기술 진보가 이뤄지기 시작하여 1886년에는 칼 벤츠가 자전거 타입 3륜 휘발유 자동차를 1894년에는 독일 루돌프 디젤이 디젤엔진①을 발명(發明)하게 된다.

2. 자동차 레이싱(Racing)

세계 최초의 자동차 경주(競走)는 1887년 파리-베르사유 사이의 30km 구간에서 행해진 것이 시작이다. 미국에서 열린 최초의 자동차 경주는 1895년 자동차 6대가 참가한 시카고 레이스라고 할 수 있다. 자동차 경주는 국제경기로 초기부터 발달되었기 때문에 언어, 풍습(風習)이 각기 다른 나라에서 레이스를 치르기 위해서는 형평에 어긋나지 않는 공통적인 규정의 적용이 필요하게 되었다. 국제적인 포뮬러원 자동차 경주 중 하나인 그랑프리 챔피언은 국제자동차연맹에서 규정을 정하여 매년 경주를 개최하고 있다.

---

① 경유 또는 중유를 연료로 압축, 점화에 따라 작동하는 왕복운동형 내연기관

자동차 선호도 조사

지역	여자	남자
소형	25.3	22.7
준중형	21.4	19.9
중형	20.4	25.1
SUV	17.9	28.3
평균	21.25	24.00

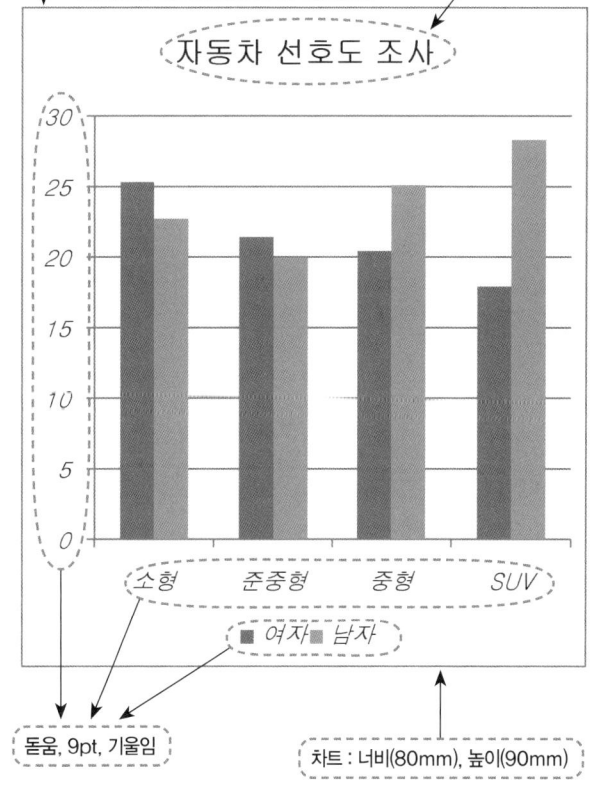

제 10 회 디지털정보활용능력 출제예상 모의고사

작성 시간 / 시험 시간	채점 결과
분 / 40분	점 / 200점

☑ 시험과목 : 워드프로세서(한글)
☑ 시험일자 : 20XX. XX. XX. (X)
☑ 응시자 기재사항 및 감독위원 확인

한컴오피스 한글 2022 버전용

수검번호	DIW - XXXX -	감독위원 확인
성 명		

· 응시자 유의사항 ·

1. 응시자는 신분증을 지참하여야 시험에 응시할 수 있으며, 시험이 종료될 때까지 신분증을 제시하지 못 할 경우 해당 시험은 0점 처리됩니다.

2. 시스템(PC작동여부, 네트워크 상태 등)의 이상여부를 반드시 확인하여야 하며, 시스템 이상이 있을시 감독위원에게 조치를 받으셔야 합니다.

3. 시험 중 부주의 또는 고의로 시스템을 파손한 경우는 응시자 부담으로 합니다.

4. 답안 전송 프로그램을 통해 다운로드 받은 파일을 이용하여 답안 파일을 작성하시기 바랍니다.

5. 작성한 답안 파일은 답안 전송 프로그램을 통하여 전송됩니다. 감독위원의 지시에 따라 주시기 바랍니다.

6. 다음 사항의 경우 실격(0점) 혹은 부정행위 처리됩니다.
    1) 답안 파일을 저장하지 않았거나, 저장한 파일이 손상되었을 경우
    2) 답안 파일을 지정된 폴더(바탕화면 – "KAIT" 폴더)에 저장하지 않았을 경우
        ※ 답안 전송 프로그램 로그인 시 바탕화면에 자동 생성됨
    3) 답안 파일을 다른 보조 기억장치(USB) 혹은 네트워크(메신저, 게시판 등)로 전송할 경우
    4) 휴대용 전화기 등 통신기기를 사용할 경우

7. **시험지에 제시된 글꼴이 응시 프로그램에 없는 경우, 반드시 감독위원에게 해당 내용을 통보한 뒤 조치를 받아야 합니다.**

8. 시험의 완료는 작성이 완료된 답안을 저장하고, 답안 전송이 완료된 상태를 확인한 것으로 합니다. 답안 전송 확인 후 문제지는 감독위원에게 제출한 후 퇴실하여야 합니다.

9. 답안 전송이 완료된 경우에는 수정 또는 정정이 불가능합니다.

10. 시험 시행 후 결과는 홈페이지(www.ihd.or.kr)에서 확인하시기 바랍니다.
    1) 문제 및 모범답안 공개 : 20XX. XX. XX. (X)
    2) 합격자 발표 : 20XX. XX. XX. (X)

디지털정보활용능력 > 한글 [시험시간 : 40분]

【문제】 첨부된 문제를 다음의 조건을 적용하여 문서를 작성하시오.

① 문서는 A4(210mm×297mm) 크기, 세로 용지 방향으로 작성한다.

② 페이지 여백은 아래와 같이 설정한다.

왼쪽	오른쪽	위쪽	아래쪽	머리말	꼬리말	제본
20mm	20mm	20mm	20mm	10mm	10mm	0mm

③ 아래와 같이 "자동 글머리 기호 넣기"와 "자동 번호 매기기" 기능을 해제한다.

도구 → 빠른 교정 → 빠른 교정 내용 → 입력 자동 서식 ⇒	자동 글머리 기호 넣기(해제) 자동 번호 매기기(해제)

※ 만약 입력 자동 서식 메뉴가 없는 경우에는 "자동 글머리 기호 넣기"와 "자동 번호 매기기" 기능이 설정되어 있지 않은 것이므로 별도의 기능 해제 없이 그대로 시험에 응시하시면 됩니다.

④ 글자는 별도의 지시사항이 없는 한 **바탕, 10pt, 양쪽 정렬, 줄 간격 160%**로 작성한다.

⑤ 영문, 숫자 등은 별도의 지시가 없은 한 반각(1byte) 문자를 사용한다.

⑥ 특수문자는 문자표(전각 기호)를 이용하여 작성한다.

⑦ 교정부호 및 화살표로 기재된 지시사항대로 처리하되, ⌐ ̄ ̄ ̄¬→ 은 지시사항이므로 작성하지 않는다.

⑧ **1 페이지에 [문제1]을 작성하고, 구역을 나누어 2 페이지에 [문제2]를 작성한다.**

　※ 해당 페이지에 작성하지 않거나 의도적으로 텍스트 작성을 하지 않은 경우 0점 처리

⑨ [문제2]는 문제지와 같이 2단으로 다단을 나누어 작성한다.

⑩ '그림 삽입' 시에는 반드시 "KAIT 수검 프로그램"을 통해 다운로드 한 그림 파일을 사용한다.

⑪ 총점 : 200점

　[공통사항1(기본설정, 용지설정)] : 8점, [공통사항2(오탈자)] : 40점
　[문제1] : 46점, [문제2] : 106점

⑫ 기타 특별히 지시되어 있지 않은 사항은 문제지에 준하여 작성한다.

올바른손씻기캠페인

모란 보건소는 문화예술회관 대강당에서 어린이집 및 유치원 아동 700여명을 대상으로 **올바른 손 씻기에 대한 뮤지컬 아동극**을 공연합니다. 이번 공연은 어린이 눈높이에 맞춘 아동극을 통해 올바른 손 씻기 실천으로 감염병과 식중독을 사전에 예방하고 유아 시기부터 조기에 올바른 생활 습관을 유도하기 위해 마련된 공연입니다. 극단 놀이터의 아동극 '뭉치와 병균 끈적이' 공연과 손 씻기 퀴즈는 1회 50분으로 구성되어 있으며 아동들이 손 씻기에 대한 관심과 흥미를 유도하는 방식으로 진행됩니다.

▶ 행사안내 ◀

1. 행사일시 : 2023. 09. 15(금) ~ 16(토), 2회 공연(10:00, 14:00)
2. 행사장소 : 문화예술회관 대강당
3. 행사접수 : _모란보건소 홈페이지(http://www.ihd.or.kr)_
4. 참가대상 : 어린이집, 유치원 아동

※ 기타사항
- 신청 마감은 2023. 09. 08(금)까지 선착순 마감이며, 행사 관련 참가비는 없습니다.
- 이번 캠페인에서는 감염병 예방의 기본인 올바른 손 씻기 방법 6단계를 안내하고 교육 리플릿과 물티슈 등 홍보물을 배포할 예정입니다.

2023. 08. 26.

질병관리본부

신종플루

1. 신종플루 정의

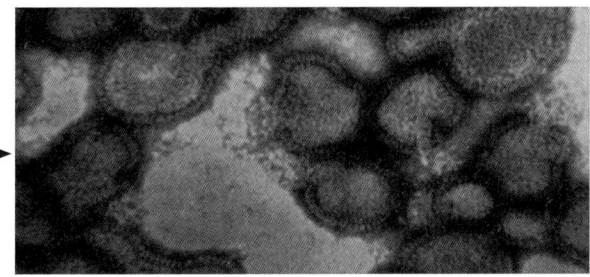

신종플루는 A형 인플루엔자 바이러스에 감염된 돼지에서 발생하여 생긴 신종 인플루엔자 바이러스에 의해 감염(感染)되는 호흡기 질환이다. 초기에 '돼지 독감'으로 불린 이 바이러스성 질환(疾患)은 멕시코에서 등장하여 미국으로 퍼진 후 전 세계로 확산이 되었다. 신종플루는 계절 인플루엔자와 증상은 유사하여 발열, 기침, 인후통, 콧물, 두통, 오한, 피로, 오심, 구토가 나타날 수 있다. 일반적 계절 인플루엔자처럼 감염된 사람의 재채기나 기침에서 발생(發生)하는 비말이 호흡기로 들어오면서 감염(Infection)이 가능하고, 바이러스가 묻어있는 표면과 물체의 접촉한 손으로 코와 입을 만졌을 때에도 감염이 될 수 있다.

2. 신종플루 증상

신종플루는 계절 인플루엔자와 유사한 증상을 보이며 전형적인 증상은 갑작스런 고열(38도), 근육통, 두통, 오한 등의 전신증상과 마른 기침, 인후통, 콧물 등의 호흡기 증상이 나타난다. 일부 신종플루 감염자에게는 구토나 설사 등의 증상도 나타날 수 있다. 대개 이러한 증상(症狀)은 갑자기 나타나는 것이 인플루엔자ⓐ 증상의 특징이며, 신종플루는 이러한 전신증상이 호흡기(呼吸器) 증상보다 더 우월하다는 것이 일반 감기와 차이점이 있다. 어린이의 경우 10일 이후까지 전염 가능성이 있어 사람들은 자신이 바이러스(Virus)에 감염되었다는 사실을 알기도 전에 이미 다른 사람을 감염시킨다. 신종플루 환자는 마스크를 착용하는 것이 바람직하다.

신종플루 환자들의 증상

증상	남성 비율(%)	여성 비율(%)
고열/기침	78	89
오한	45	37
근육통	41	33
구토/설사	15	27
합계	179	186

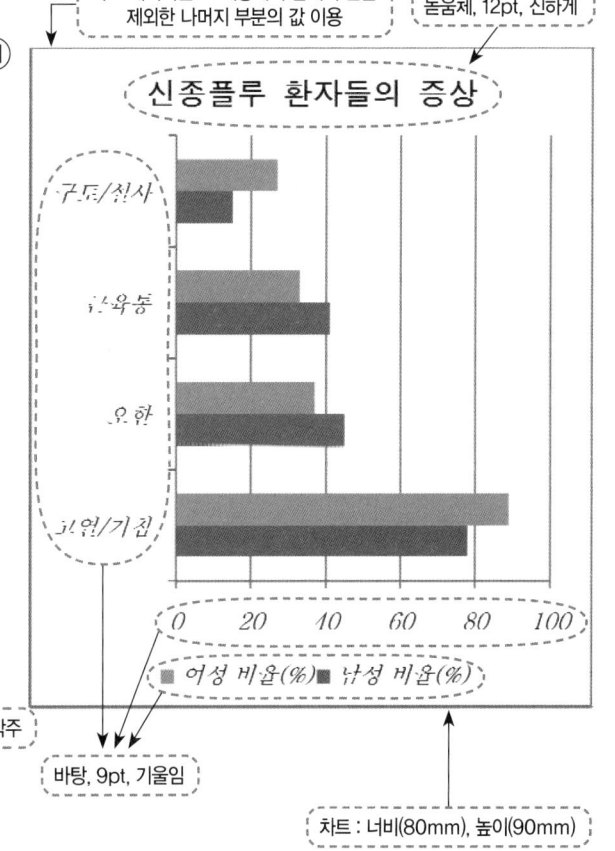

ⓐ 인플루엔자 바이러스에 의하여 일어나는 감기

제11회 디지털정보활용능력 출제예상 모의고사

작성 시간 / 시험 시간	채점 결과
분 / 40분	점 / 200점

☑ 시험과목 : 워드프로세서(한글)
☑ 시험일자 : 20XX. XX. XX. (X)
☑ 응시자 기재사항 및 감독위원 확인

한컴오피스 한글 2022 버전용

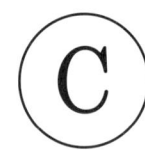

수검번호	DIW - XXXX -	감독위원 확인
성 명		

· 응시자 유의사항 ·

1. 응시자는 신분증을 지참하여야 시험에 응시할 수 있으며, 시험이 종료될 때까지 신분증을 제시하지 못 할 경우 해당 시험은 0점 처리됩니다.

2. 시스템(PC작동여부, 네트워크 상태 등)의 이상여부를 반드시 확인하여야 하며, 시스템 이상이 있을시 감독위원에게 조치를 받으셔야 합니다.

3. 시험 중 부주의 또는 고의로 시스템을 파손한 경우는 응시자 부담으로 합니다.

4. 답안 전송 프로그램을 통해 다운로드 받은 파일을 이용하여 답안 파일을 작성하시기 바랍니다.

5. 작성한 답안 파일은 답안 전송 프로그램을 통하여 전송됩니다. 감독위원의 지시에 따라 주시기 바랍니다.

6. 다음 사항의 경우 실격(0점) 혹은 부정행위 처리됩니다.
   1) 답안 파일을 저장하지 않았거나, 저장한 파일이 손상되었을 경우
   2) 답안 파일을 지정된 폴더(바탕화면 – "KAIT" 폴더)에 저장하지 않았을 경우
      ※ 답안 전송 프로그램 로그인 시 바탕화면에 자동 생성됨
   3) 답안 파일을 다른 보조 기억장치(USB) 혹은 네트워크(메신저, 게시판 등)로 전송할 경우
   4) 휴대용 전화기 등 통신기기를 사용할 경우

7. **시험지에 제시된 글꼴이 응시 프로그램에 없는 경우, 반드시 감독위원에게 해당 내용을 통보한 뒤 조치를 받아야 합니다.**

8. 시험의 완료는 작성이 완료된 답안을 저장하고, 답안 전송이 완료된 상태를 확인한 것으로 합니다. 답안 전송 확인 후 문제지는 감독위원에게 제출한 후 퇴실하여야 합니다.

9. 답안 전송이 완료된 경우에는 수정 또는 정정이 불가능합니다.

10. 시험 시행 후 결과는 홈페이지(www.ihd.or.kr)에서 확인하시기 바랍니다.
    1) 문제 및 모범답안 공개 : 20XX. XX. XX. (X)
    2) 합격자 발표 : 20XX. XX. XX. (X)

디지털정보활용능력 〉 한글 [시험시간 : 40분]

【문제】 첨부된 문제를 다음의 조건을 적용하여 문서를 작성하시오.

① 문서는 A4(210mm×297mm) 크기, 세로 용지 방향으로 작성한다.

② 페이지 여백은 아래와 같이 설정한다.

왼쪽	오른쪽	위쪽	아래쪽	머리말	꼬리말	제본
20mm	20mm	20mm	20mm	10mm	10mm	0mm

③ 아래와 같이 "자동 글머리 기호 넣기"와 "자동 번호 매기기" 기능을 해제한다.

도구 → 빠른 교정 → 빠른 교정 내용 → 입력 자동 서식 ⇒ 자동 글머리 기호 넣기(해제) / 자동 번호 매기기(해제)

※ 만약 입력 자동 서식 메뉴가 없는 경우에는 "자동 글머리 기호 넣기"와 "자동 번호 매기기" 기능이 설정되어 있지 않은 것이므로 별도의 기능 해제 없이 그대로 시험에 응시하시면 됩니다.

④ 글자는 별도의 지시사항이 없는 한 **바탕, 10pt, 양쪽 정렬, 줄 간격 160%**로 작성한다.

⑤ 영문, 숫자 등은 별도의 지시가 없는 한 반각(1byte) 문자를 사용한다.

⑥ 특수문자는 문자표(전각 기호)를 이용하여 작성한다.

⑦ 교정부호 및 화살표로 기재된 지시사항대로 처리하되, ┌┈┈┈┐→ 은 지시사항이므로 작성하지 않는다.

⑧ 1 페이지에 [문제1]을 작성하고, 구역을 나누어 2 페이지에 [문제2]를 작성한다.

　※ 해당 페이지에 작성하지 않거나 의도적으로 텍스트 작성을 하지 않은 경우 0점 처리

⑨ [문제2]는 문제지와 같이 2단으로 다단을 나누어 작성한다.

⑩ '그림 삽입' 시에는 반드시 "KAIT 수검 프로그램"을 통해 다운로드 한 그림 파일을 사용한다.

⑪ 총점 : 200점

　[공통사항1(기본설정, 용지설정)] : 8점, [공통사항2(오탈자)] : 40점
　[문제1] : 46점, [문제2] : 106점

⑫ 기타 특별히 지시되어 있지 않은 사항은 문제지에 준하여 작성한다.

천연화장품만들기

피부가 민감한 사람에게 겨울은 괴로운 계절입니다. *춥고 건조한 날씨는 피부에 악영향*을 미치며, 공기를 더욱 건조하게 만드는 난방기는 피부 수분을 더욱 메마르게 하기 때문입니다. 이에 우리는 흔히 피부의 보습력을 강화해 주기 위해 보습 크림을 바르지만, 상대적으로 식물성 오일이 오히려 피부에 더욱 좋은 것으로 알려져 있습니다. 한국천연비누협회에서는 건조한 겨울을 건강하게 보낼 수 있도록 식물성 오일을 이용한 나만의 천연화장품 만들기 행사를 실시하고자 합니다.

◆ 행사안내 ◆

1. 프로그램 : 식물성 오일로 천연화장품 만들기
2. 운영일정 : 2023년 9월 9일(토) ~ 10일(일)
3. 참 가 비 : 일반 5,000원 / 학생 3,000원
4. 참가신청 : *한국천연비누협회 홈페이지(http://www.ihd.or.kr)*를 통한 사전 접수

※ 기타사항
 - 원활한 행사를 위해 날짜별로 선착순 60명만 신청이 가능하며, 접수는 참가비 입금 순으로 처리됩니다.(참가비가 입금되지 않으면 자동으로 접수가 취소됩니다.)
 - 체험 첫날에는 행사 기념으로 천연비누 1개를 증정합니다.

2023. 08. 26.

한국천연비누협회

천연비누

1. 웰빙비누

대기오염과 스트레스 지수가 높아지면서 유해 환경으로부터 피부를 보호하려는 다양한 방법들이 시도되고 있다. 특히 피부 트러블(Trouble)로 고민이 많다면 돈을 들여가며 관리를 받는다. 피부는 전문 클리닉의 관리도 중요하지만 생활 속에서 꾸준하게 관리하는 것이 더 중요하다. 천연비누 만들기가 웰빙의 중요한 테마로 떠오르는 이유도 바로 여기에 있다. 자신의 피부 특성을 파악(把握)하고 피부 기능을 최적화할 수 있는 천연비누를 만들어 쓰면 맑고 깨끗한 피부(皮膚)는 물론, 건강(健康)하고 활력 넘치는 생활을 할 수 있다. 비누는 완성된 한 달쯤 실온에서 숙성(熟成)시켜 사용하게 되며 보다 나은 비누를 만들려면 3~4개월까지도 숙성시킨다.

2. 식물성비누

나무 추출성분은 식물성㉮이고 피부에 해가 적어 화장품에 많이 쓰이고 있다. 소나무 추출물 혹은 솔잎 추출물은 구하기도 쉽고 사람들에게 거부감도 없어 두루두루 쓰이는데, 특히 자외선에 의한 색소침착과 피부세포 손상을 예방하는 효과가 큰 것으로 알려져 있다. 또한, 풍부한 수렴효과로 피부에 청량감을 주고, 항균효과, 기미 및 잡티생성 억제, 맑고 투명(透明)한 피부를 유지해주는 효과가 있다. 바오밥나무 추출물은 보습효과가 뛰어나 보습제에 주로 쓰이며, 이 열매는 유지 성분도 풍부하다. 바오밥나무는 40%가 넘는 수분함량 때문에 목재로서의 가치는 낮지만, 약용으로는 효과가 뛰어난 것으로 알려져 있다.

아로마오일 사용현황(단위 : 톤)

아로마오일	사용량	만족 점수
싸이프러스	45	75
카모마일	50	81
유칼립투스	40	77
자스민	60	87
합계	195	320

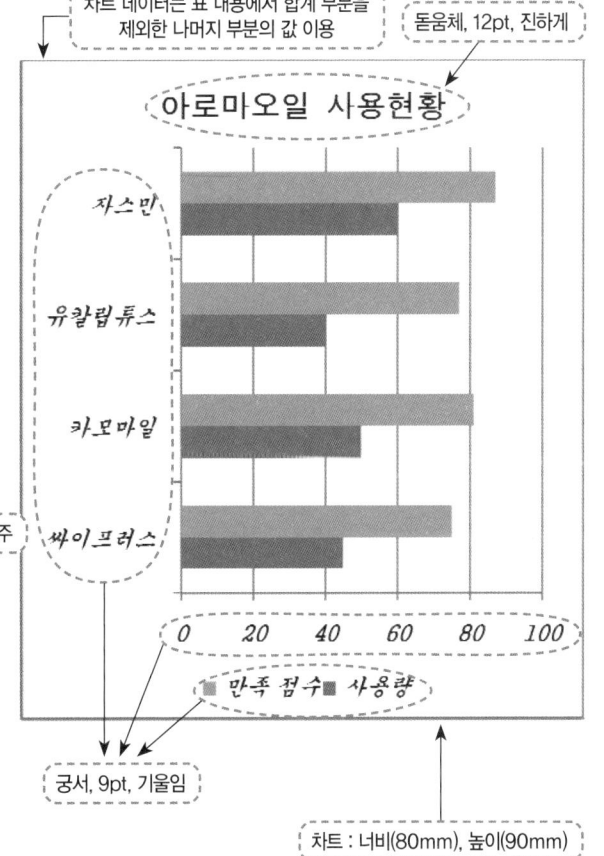

㉮ 식물에서만 볼 수 있는 고유한 성질

제 12 회 디지털정보활용능력 출제예상 모의고사

작성 시간 / 시험 시간	채점 결과
분 / 40분	점 / 200점

- ☑ 시험과목 : 워드프로세서(한글)
- ☑ 시험일자 : 20XX. XX. XX. (X)
- ☑ 응시자 기재사항 및 감독위원 확인

한컴오피스 한글 2022 버전용

수검번호	DIW - XXXX -	감독위원 확인
성　　명		

· 응시자 유의사항 ·

1. 응시자는 신분증을 지참하여야 시험에 응시할 수 있으며, 시험이 종료될 때까지 신분증을 제시하지 못 할 경우 해당 시험은 0점 처리됩니다.

2. 시스템(PC작동여부, 네트워크 상태 등)의 이상여부를 반드시 확인하여야 하며, 시스템 이상이 있을시 감독위원에게 조치를 받으셔야 합니다.

3. 시험 중 부주의 또는 고의로 시스템을 파손한 경우는 응시자 부담으로 합니다.

4. 답안 전송 프로그램을 통해 다운로드 받은 파일을 이용하여 답안 파일을 작성하시기 바랍니다.

5. 작성한 답안 파일은 답안 전송 프로그램을 통하여 전송됩니다. 감독위원의 지시에 따라 주시기 바랍니다.

6. 다음 사항의 경우 실격(0점) 혹은 부정행위 처리됩니다.

    1) 답안 파일을 저장하지 않았거나, 저장한 파일이 손상되었을 경우
    2) 답안 파일을 지정된 폴더(바탕화면 – "KAIT" 폴더)에 저장하지 않았을 경우
       ※ 답안 전송 프로그램 로그인 시 바탕화면에 자동 생성됨
    3) 답안 파일을 다른 보조 기억장치(USB) 혹은 네트워크(메신저, 게시판 등)로 전송할 경우
    4) 휴대용 전화기 등 통신기기를 사용할 경우

7. **시험지에 제시된 글꼴이 응시 프로그램에 없는 경우, 반드시 감독위원에게 해당 내용을 통보한 뒤 조치를 받아야 합니다.**

8. 시험의 완료는 작성이 완료된 답안을 저장하고, 답안 전송이 완료된 상태를 확인한 것으로 합니다. 답안 전송 확인 후 문제지는 감독위원에게 제출한 후 퇴실하여야 합니다.

9. 답안 전송이 완료된 경우에는 수정 또는 정정이 불가능합니다.

10. 시험 시행 후 결과는 홈페이지(www.ihd.or.kr)에서 확인하시기 바랍니다.

    1) 문제 및 모범답안 공개 : 20XX. XX. XX. (X)
    2) 합격자 발표 : 20XX. XX. XX. (X)

디지털정보활용능력 > 한글 [시험시간 : 40분]

【문제】 첨부된 문제를 다음의 조건을 적용하여 문서를 작성하시오.

① 문서는 A4(210mm×297mm) 크기, 세로 용지 방향으로 작성한다.

② 페이지 여백은 아래와 같이 설정한다.

왼쪽	오른쪽	위쪽	아래쪽	머리말	꼬리말	제본
20mm	20mm	20mm	20mm	10mm	10mm	0mm

③ 아래와 같이 "자동 글머리 기호 넣기"와 "자동 번호 매기기" 기능을 해제한다.

도구 → 빠른 교정 → 빠른 교정 내용 → 입력 자동 서식 ⇒ 자동 글머리 기호 넣기(해제) 자동 번호 매기기(해제)

※ 만약 입력 자동 서식 메뉴가 없는 경우에는 "자동 글머리 기호 넣기"와 "자동 번호 매기기" 기능이 설정되어 있지 않은 것이므로 별도의 기능 해제 없이 그대로 시험에 응시하시면 됩니다.

④ 글자는 별도의 지시사항이 없는 한 **바탕, 10pt, 양쪽 정렬, 줄 간격 160%**로 작성한다.

⑤ 영문, 숫자 등은 별도의 지시가 없는 한 반각(1byte) 문자를 사용한다.

⑥ 특수문자는 문자표(전각 기호)를 이용하여 작성한다.

⑦ 교정부호 및 화살표로 기재된 지시사항대로 처리하되, ⌞┈┈┈┈┈┘→ 은 지시사항이므로 작성하지 않는다.

⑧ **1 페이지에 [문제1]을 작성하고, 구역을 나누어 2 페이지에 [문제2]를 작성한다.**

　※ 해당 페이지에 작성하지 않거나 의도적으로 텍스트 작성을 하지 않은 경우 0점 처리

⑨ [문제2]는 문제지와 같이 2단으로 다단을 나누어 작성한다.

⑩ '그림 삽입' 시에는 반드시 "KAIT 수검 프로그램"을 통해 다운로드 한 그림 파일을 사용한다.

⑪ 총점 : 200점

　[공통사항1(기본설정, 용지설정)] : 8점, [공통사항2(오탈자)] : 40점
　[문제1] : 46점, [문제2] : 106점

⑫ 기타 특별히 지시되어 있지 않은 사항은 문제지에 준하여 작성한다.

DIAT

충북환경교육한마당

사회가 발전하면서 우리는 해마다 반복되는 *기상이변과 기후변화*를 실감하게 됩니다. 지난해 충북환경교육진흥조례, 충북학교환경교육조례가 통과되어 충북지역 환경교육 활성화 기반이 마련되었습니다. 이에 충청북도교육청에서는 충북의 사회 환경교육 및 학교 환경교육 담당자, 환경교육 전문가, 환경 관련 공무원 등이 다 함께 만나 충북의 환경교육 미래상을 제시하고 사회 환경교육과 학교 환경교육 활성화를 통해 지속 가능한 사회를 구현하고자 충북환경교육 한마당을 개최하게 되었습니다.

◐ 참가안내 ◑

1. 참가일시 : 2023. 06. 30.(금) 10:00 ~ 16:00
2. 참가장소 : 충북대학교 개신문화관 로비
3. 참가대상 : 유치원, 초중고생, 일반인
4. 참가접수 : *충북환경네트워크 홈페이지(http://www.ihd.or.kr)*

※ 기타사항
- 프로그램 : 청소년 환경활동 발표대회, 환경교육 사례 발표(충북, 전국 사례), 충북환경교육 오픈 컨퍼런스(환경교육 희망을 그리다), 기후변화 대응을 위한 전문가와의 특별한 만남
- 체험행사 : 나무야 나무야, 수력발전소, 자전거 발전기, 태양광 자동차, 꽃 브로치 만들기

2023. 06. 24.

충북환경교육한마당준비위원회

- A -

환경교육한마당

1. 기후변화협약이란?

지구온난화 방지를 위해 모든 온실가스의 인위적 방출을 규제하기 위한 국제 협약(協約)으로, 정식 명칭은 기후변화에 관한 유엔 기본 협약이다. 한국은 1993년 12월 47번째로 가입하였다. 기후변화협약은 가입국의 의무사항, 재정 지원, 기술이전, 조직 등의 전문과 26개 조항으로 구성되어 있다. 협약(Agreement) 가입국의 의무사항은 개발도상국Ⓐ과 선진국 모두에게 공통으로 적용되는 일반의무사항과 선진국에만 적용되는 특별의무사항으로 구분(區分)된다. 지구온난화를 일으키는 온실가스 중 배출량이 가장 탄산가스 배출량의 규제에 초점이 맞춰져 있다. 기후(氣候)변화협약 체결국은 염화플루오린화탄소를 제외한 모든 온실가스의 배출량과 제거량을 조사하여 이를 협상 위원회에 보고해야 하며, 기후변화 방지를 위한 국가계획도 작성해야 한다.

2. 태양에너지 활용

태양광 발전은 태양광을 직접 전기(電氣)에너지로 변환시키는 기술로 햇빛을 받으면 광전효과에 의해 태양 빛을 직접 전기에너지로 변환시키는 발전방식이다. 태양열 이용기술은 가장 먼저 상용화가 시작된 분야이다. 태양광선의 파동 성질을 이용하는 광열학적 이용 분야로 태양열의 흡수, 열 변환 등을 통해 발전하는 방식을 의미한다. 4계절 건물의 냉난방과 산업 공정, 농수산 분야, 태양열 발전, 초고온 태양열 연료생산기술 등에 활용(活用)하며, 집열, 축열 기술에 널리 이용된다.

환경교육한마당 체험 만족도

구분	남	여
나무야나무야	34	66
수력발전소	59	41
자전거발전	56	44
태양광자동차	52	48
합계	201	199

환경교육한마당 체험 만족도

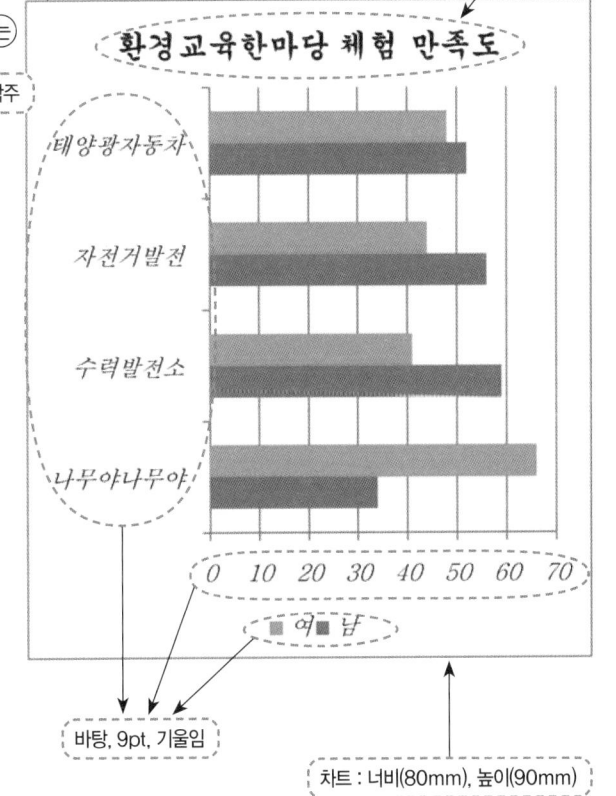

Ⓐ 산업의 근대화와 경제 개발이 선진국에 비하여 뒤떨어진 나라를 말한다.

제 13 회 디지털정보활용능력 출제예상 모의고사

작성 시간 / 시험 시간	채점 결과
분 / 40분	점 / 200점

- ☑ 시험과목 : 워드프로세서(한글)
- ☑ 시험일자 : 20XX. XX. XX. (X)
- ☑ 응시자 기재사항 및 감독위원 확인

한컴오피스 한글 2022 버전용

수검번호	DIW - XXXX -	감독위원 확인
성 명		

· 응시자 유의사항 ·

1. 응시자는 신분증을 지참하여야 시험에 응시할 수 있으며, 시험이 종료될 때까지 신분증을 제시하지 못 할 경우 해당 시험은 0점 처리됩니다.

2. 시스템(PC작동여부, 네트워크 상태 등)의 이상여부를 반드시 확인하여야 하며, 시스템 이상이 있을시 감독위원에게 조치를 받으셔야 합니다.

3. 시험 중 부주의 또는 고의로 시스템을 파손한 경우는 응시자 부담으로 합니다.

4. 답안 전송 프로그램을 통해 다운로드 받은 파일을 이용하여 답안 파일을 작성하시기 바랍니다.

5. 작성한 답안 파일은 답안 전송 프로그램을 통하여 전송됩니다. 감독위원의 지시에 따라 주시기 바랍니다.

6. 다음 사항의 경우 실격(0점) 혹은 부정행위 처리됩니다.
   1) 답안 파일을 저장하지 않았거나, 저장한 파일이 손상되었을 경우
   2) 답안 파일을 지정된 폴더(바탕화면 - "KAIT" 폴더)에 저장하지 않았을 경우
      ※ 답안 전송 프로그램 로그인 시 바탕화면에 자동 생성됨
   3) 답안 파일을 다른 보조 기억장치(USB) 혹은 네트워크(메신저, 게시판 등)로 전송할 경우
   4) 휴대용 전화기 등 통신기기를 사용할 경우

7. **시험지에 제시된 글꼴이 응시 프로그램에 없는 경우, 반드시 감독위원에게 해당 내용을 통보한 뒤 조치를 받아야 합니다.**

8. 시험의 완료는 작성이 완료된 답안을 저장하고, 답안 전송이 완료된 상태를 확인한 것으로 합니다. 답안 전송 확인 후 문제지는 감독위원에게 제출한 후 퇴실하여야 합니다.

9. 답안 전송이 완료된 경우에는 수정 또는 정정이 불가능합니다.

10. 시험 시행 후 결과는 홈페이지(www.ihd.or.kr)에서 확인하시기 바랍니다.
    1) 문제 및 모범답안 공개 : 20XX. XX. XX. (X)
    2) 합격자 발표 : 20XX. XX. XX. (X)

디지털정보활용능력 > 한글 [시험시간 : 40분]

【문제】 첨부된 문제를 다음의 조건을 적용하여 문서를 작성하시오.

① 문서는 A4(210mm×297mm) 크기, 세로 용지 방향으로 작성한다.

② 페이지 여백은 아래와 같이 설정한다.

왼쪽	오른쪽	위쪽	아래쪽	머리말	꼬리말	제본
20mm	20mm	20mm	20mm	10mm	10mm	0mm

③ 아래와 같이 "자동 글머리 기호 넣기"와 "자동 번호 매기기" 기능을 해제한다.

> 도구 → 빠른 교정 → 빠른 교정 내용 → 입력 자동 서식 ⇒ 자동 글머리 기호 넣기(해제)
> 자동 번호 매기기(해제)

※ 만약 입력 자동 서식 메뉴가 없는 경우에는 "자동 글머리 기호 넣기"와 "자동 번호 매기기" 기능이 설정되어 있지 않은 것이므로 별도의 기능 해제 없이 그대로 시험에 응시하시면 됩니다.

④ 글자는 별도의 지시사항이 없는 한 **바탕, 10pt, 양쪽 정렬, 줄 간격 160%**로 작성한다.

⑤ 영문, 숫자 등은 별도의 지시가 없는 한 반각(1byte) 문자를 사용한다.

⑥ 특수문자는 문자표(전각 기호)를 이용하여 작성한다.

⑦ 교정부호 및 화살표로 기재된 지시사항대로 처리하되, ⌐⎯⎯⌐→ 은 지시사항이므로 작성하지 않는다.

⑧ 1 페이지에 [문제1]을 작성하고, 구역을 나누어 2 페이지에 [문제2]를 작성한다.

※ 해당 페이지에 작성하지 않거나 의도적으로 텍스트 작성을 하지 않은 경우 0점 처리

⑨ [문제2]는 문제지와 같이 2단으로 다단을 나누어 작성한다.

⑩ '그림 삽입' 시에는 반드시 "KAIT 수검 프로그램"을 통해 다운로드 한 그림 파일을 사용한다.

⑪ 총점 : 200점

[공통사항1(기본설정, 용지설정)] : 8점, [공통사항2(오탈자)] : 40점
[문제1] : 46점, [문제2] : 106점

⑫ 기타 특별히 지시되어 있지 않은 사항은 문제지에 준하여 작성한다.

한국문화체험및전통음식박람회

해마다 우리나라를 방문하는 외국인의 수는 증가하고 있으며, 최근 한류와 맞물려 방문객들의 한국 전통음식 등 한국 문화 전반에 대한 관심도 높아지고 있는 추세입니다. 이에 세계 속의 한국 문화 및 전통음식의 우수성을 알리고자 *한국 문화체험 및 전통음식박람회*를 개최하고자 합니다. 이번 박람회는 한국 전통음식을 비롯한 현대화된 독특한 음식과 다양한 문화공연은 물론, 직접 전통음식을 만들어 보고 시식도 해 볼 수 있는 체험행사도 함께 진행할 예정입니다.

□ 행사안내 □

1. 참가일시 : 2023. 06. 27(화) ~ 06. 28(수), 1박 2일
2. 참가장소 : 민속촌 내 한국문화체험관
3. 참가신청 : *참가신청 홈페이지(http://www.ihd.or.kr)*
4. 참 가 비 : 성인 10,000원, 청소년 5,000원(초등학생 이하 무료)

※ 기타사항

— - 볼거리 : 한국 음식문화체험관 관람, 한국 전통차 선정대회, 민속무용 공연, 사물놀이 경연 대회, 전통음식 거리, 국악공연 관람 등
— - 준비물 : 1박 2일 일정에 필요한 개인 용품, 편안한 복장 한 벌, 운동화

2023. 06. 24.

한국전통문화연구회

김치의 유래/효능

1. 김치의 유래(由來)

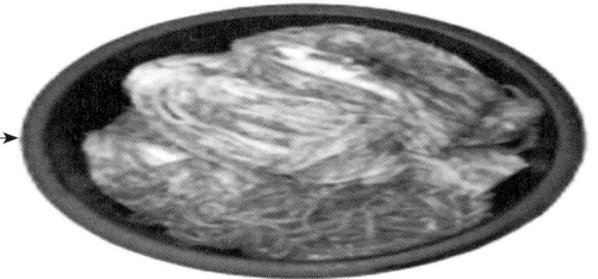

오늘날의 김치 모양은 1600년대 고추가 상용화되기 시작하면서 나타났다. 그러나 실제 김치의 기원은 삼국시대로 거슬러 올라가야 될 만큼 오랜 역사(歷史)를 가지고 있다. 인류(Mankind)는 음식을 오래도록 보관하기 위해 건조를 통해 수분을 증발(蒸發)시키는 방법과 소금으로 절이는 방법, 그리고 발효㉮시켜 저장하는 방법 등을 사용하였다. 김치도 이러한 식품의 저장 발전 과정과 궤를 같이 하고 있다. 우리 조상들도 염장에서 생산되는 소금을 이용해 식품을 절이는 방법을 개발하였고, 이것이 김치의 시작이라 할 수 있다. 당시 한반도는 탄수화물이 주성분인 쌀을 주식으로 하는 농경사회였기 때문에 비타민과 각종 미네랄을 채소를 통해 섭취하였다. 그러나 뚜렷한 4계절이 기후 특징으로 한겨울에 채소를 먹을 수 없게 되자, 염장에서 생산되는 소금으로 배추를 절이게 되었고, 이것이 점차 발전하여 오늘날의 김치가 된 것이다.

2. 김치의 효능(效能)

김치에는 비타민C가 많고 배추, 파, 열무 등 푸른잎에는 카로틴이 많다. 마늘은 비타민의 흡수와 효력(效力)을 높여주고 아미노산과 동물성 단백질을 섭취할 수 있다. 또한 식이섬유소의 공급원이며 다이어트에 효과가 있으며, 비만 예방, 당뇨병, 변비, 담석증에 효과가 있다. 김치가 익을 때 생기는 유산균은 간내의 독성 물질을 만드는 균을 억제하고 암세포 확장을 막아주는 역할을 한다.

김치 재료 식품 분석표

구분	섬유질(g)	비타민C(mg)
배추	0.7	28
무	0.9	44
갓	2.2	16
무청	1.2	50
평균	1.25	34.50

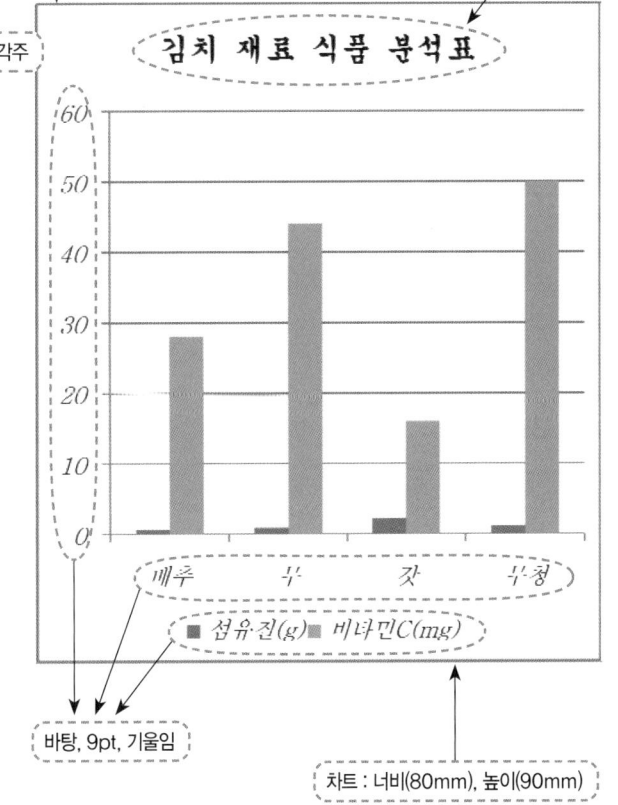

㉮ 효모나 세균 따위의 미생물이 유기 화합물을 분해하여 알코올류, 유기산류 따위를 생기게 하는 작용

제 14 회 디지털정보활용능력 출제예상 모의고사

작성 시간 / 시험 시간	채점 결과
분 / 40분	점 / 200점

☑ 시험과목 : 워드프로세서(한글)
☑ 시험일자 : 20XX. XX. XX. (X)
☑ 응시자 기재사항 및 감독위원 확인

한컴오피스 한글 2022 버전용

수검번호	DIW - XXXX -	감독위원 확인
성 명		

· 응시자 유의사항 ·

1. 응시자는 신분증을 지참하여야 시험에 응시할 수 있으며, 시험이 종료될 때까지 신분증을 제시하지 못 할 경우 해당 시험은 0점 처리됩니다.

2. 시스템(PC작동여부, 네트워크 상태 등)의 이상여부를 반드시 확인하여야 하며, 시스템 이상이 있을시 감독위원에게 조치를 받으셔야 합니다.

3. 시험 중 부주의 또는 고의로 시스템을 파손한 경우는 응시자 부담으로 합니다.

4. 답안 전송 프로그램을 통해 다운로드 받은 파일을 이용하여 답안 파일을 작성하시기 바랍니다.

5. 작성한 답안 파일은 답안 전송 프로그램을 통하여 전송됩니다. 감독위원의 지시에 따라 주시기 바랍니다.

6. 다음 사항의 경우 실격(0점) 혹은 부정행위 처리됩니다.
   1) 답안 파일을 저장하지 않았거나, 저장한 파일이 손상되었을 경우
   2) 답안 파일을 지정된 폴더(바탕화면 - "KAIT" 폴더)에 저장하지 않았을 경우
      ※ 답안 전송 프로그램 로그인 시 바탕화면에 자동 생성됨
   3) 답안 파일을 다른 보조 기억장치(USB) 혹은 네트워크(메신저, 게시판 등)로 전송할 경우
   4) 휴대용 전화기 등 통신기기를 사용할 경우

7. **시험지에 제시된 글꼴이 응시 프로그램에 없는 경우, 반드시 감독위원에게 해당 내용을 통보한 뒤 조치를 받아야 합니다.**

8. 시험의 완료는 작성이 완료된 답안을 저장하고, 답안 전송이 완료된 상태를 확인한 것으로 합니다. 답안 전송 확인 후 문제지는 감독위원에게 제출한 후 퇴실하여야 합니다.

9. 답안 전송이 완료된 경우에는 수정 또는 정정이 불가능합니다.

10. 시험 시행 후 결과는 홈페이지(www.ihd.or.kr)에서 확인하시기 바랍니다.
    1) 문제 및 모범답안 공개 : 20XX. XX. XX. (X)
    2) 합격자 발표 : 20XX. XX. XX. (X)

디지털정보활용능력 > 한글 [시험시간 : 40분]

【문제】 첨부된 문제를 다음의 조건을 적용하여 문서를 작성하시오.

① 문서는 A4(210mm×297mm) 크기, 세로 용지 방향으로 작성한다.

② 페이지 여백은 아래와 같이 설정한다.

왼쪽	오른쪽	위쪽	아래쪽	머리말	꼬리말	제본
20mm	20mm	20mm	20mm	10mm	10mm	0mm

③ 아래와 같이 "자동 글머리 기호 넣기"와 "자동 번호 매기기" 기능을 해제한다.

도구 → 빠른 교정 → 빠른 교정 내용 → 입력 자동 서식 ⇒ 자동 글머리 기호 넣기(해제) 자동 번호 매기기(해제)

※ 만약 입력 자동 서식 메뉴가 없는 경우에는 "자동 글머리 기호 넣기"와 "자동 번호 매기기" 기능이 설정되어 있지 않은 것이므로 별도의 기능 해제 없이 그대로 시험에 응시하시면 됩니다.

④ 글자는 별도의 지시사항이 없는 한 **바탕, 10pt, 양쪽 정렬, 줄 간격 160%**로 작성한다.

⑤ 영문, 숫자 등은 별도의 지시가 없는 한 반각(1byte) 문자를 사용한다.

⑥ 특수문자는 문자표(전각 기호)를 이용하여 작성한다.

⑦ 교정부호 및 화살표로 기재된 지시사항대로 처리하되, ⌐⎯⎯⌐→ 은 지시사항이므로 작성하지 않는다.

⑧ **1 페이지에 [문제1]을 작성하고, 구역을 나누어 2 페이지에 [문제2]를 작성한다.**

   ※ 해당 페이지에 작성하지 않거나 의도적으로 텍스트 작성을 하지 않은 경우 0점 처리

⑨ [문제2]는 문제지와 같이 2단으로 다단을 나누어 작성한다.

⑩ '그림 삽입' 시에는 반드시 "KAIT 수검 프로그램"을 통해 다운로드 한 그림 파일을 사용한다.

⑪ 총점 : 200점

   [공통사항1(기본설정, 용지설정)] : 8점, [공통사항2(오탈자)] : 40점
   [문제1] : 46점, [문제2] : 106점

⑫ 기타 특별히 지시되어 있지 않은 사항은 문제지에 준하여 작성한다.

전국판소리경연대회안내

조선 후기 경제적으로 여유가 있는 서민들이 생기면서 문화와 예술에 관심을 가지기 시작했습니다. 그 결과 판소리, 탈놀이, 사설시조, 한글소설 등 서민들이 즐길 수 있는 새로운 문화가 생겨났습니다. 그 중 판소리는 하나의 이야기를 노래와 설명, 몸짓으로 표현하는 것으로 서민들에게 많은 호응을 얻었습니다. 광양시는 *섬진강변 매화와 전통소리가 어우러지는 격조 높은 국악 향연인 '전국판소리경연대회'*를 아래와 같이 개최하오니 관심 있는 학생들이 참가할 수 있도록 안내하여 주시기 바랍니다.

■ 행사안내 ■

1. 기　　간 : 2023. 6. 26.(월) ~ 6. 30.(금)
2. 장　　소 : 광양시 문화예술회관(예선, 본선)
3. 참가신청 : *사단법인 판소리보존회 홈페이지(http://www.ihd.or.kr)*
4. 참가부문 : 대학(일반)부, 신인부, 고등부, 중등부, 초등부 등 5개 부문

※ 기타사항
- 경연 종목 : 판소리 5마당(춘향가, 심청가, 흥부가, 수궁가, 적벽가) 중 택일하여 경연시간 일반(대학)부 15분 이내, 신인부 8분 이내, 고등부 10분 이내, 초등부와 중등부 7분 이내 준수
- 경연 심사 : 본 대회 심사 규정을 따르며 심사위원은 대회장이 위촉하고 행사 당일 발표

2023. 06. 24.

전국판소리경연대회추진위원회

판소리와 고수

지난 대회 참가인원

1. 판소리

판소리는 광대가 병풍을 두르고 돗자리를 펼친 마당이나 공연장에서 짧게는 세 시간, 길게는 여섯 시간 정도 걸리는 긴 이야기를 몸짓을 섞어가며 고수의 북 반주에 맞춰 노래하는 한국 전통음악의 하나이다. 판소리(Pansori)는 당초에 '소리'라는 범칭으로 불리었으며 타령, 잡가, 광대소리, 극가(劇歌), 창극조(唱劇調) 등의 용어로도 통용되었다. 판소리는 광대와 고수, 구경꾼이 모여서 판을 이루는데 이는 판을 구성하는 3가지 구성요소이다. 광대는 고수의 북 장단에 맞추어 소리(창), 아니리①, 발림을 통해서 판소리 공연을 만들어가게 되므로 이것 또한 판소리의 3가지 구성요소로 볼 수 있다. 또한, 소리는 성음(음색), 길(음계), 장단으로 이루어져 있는데 이는 소리(음악)의 3요소를 가리킨다. 1964년 중요무형문화재 제5호로 지정되었으며, 2003년에는 유네스코 인류구전 및 무형유산 걸작으로 선정되었다.

2. 판소리 고수

고수(鼓手)는 북을 치는 사람을 말하는데 판소리에서 사용하는 북은 '소리북' 혹은 '고장북'이라고 부른다. 일반적으로 고수가 갖추어야 할 3가지 요소(要素)로 자세, 추임새, 가락을 든다. 고수의 바른 자세는 책상다리로 앉아 허리를 펴고 소리꾼을 바라보는 것을 말한다. 고수의 추임새는 뱃속에서부터 무게 있는 올라오는 음성으로 소리 가락이나 이야기의 진행 상황에 잘 맞춰야 하고 가락은 맛깔스러운 소리와 조화로운 장단이 되고야 한다.

참가구분	2021년	2022년
신인부	96	105
일반부	58	42
초등부	42	67
중/고등부	112	127
합계	308	341

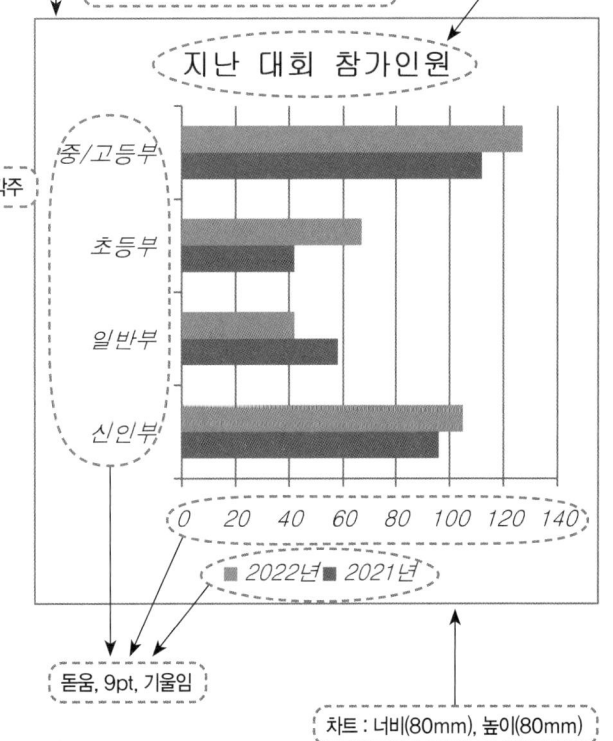

지난 대회 참가인원

---

① 창을 하는 중간 중간에 이야기하듯 엮어나가는 사설

제 15 회 디지털정보활용능력 출제예상 모의고사

작성 시간 / 시험 시간	채점 결과
분 / 40분	점 / 200점

- ☑ 시험과목 : 워드프로세서(한글)
- ☑ 시험일자 : 20XX. XX. XX. (X)
- ☑ 응시자 기재사항 및 감독위원 확인

한컴오피스 한글 2022 버전용

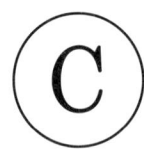

수검번호	DIW - XXXX -	감독위원 확인
성 명		

· 응시자 유의사항 ·

1. 응시자는 신분증을 지참하여야 시험에 응시할 수 있으며, 시험이 종료될 때까지 신분증을 제시하지 못 할 경우 해당 시험은 0점 처리됩니다.

2. 시스템(PC작동여부, 네트워크 상태 등)의 이상여부를 반드시 확인하여야 하며, 시스템 이상이 있을시 감독위원에게 조치를 받으셔야 합니다.

3. 시험 중 부주의 또는 고의로 시스템을 파손한 경우는 응시자 부담으로 합니다.

4. 답안 전송 프로그램을 통해 다운로드 받은 파일을 이용하여 답안 파일을 작성하시기 바랍니다.

5. 작성한 답안 파일은 답안 전송 프로그램을 통하여 전송됩니다. 감독위원의 지시에 따라 주시기 바랍니다.

6. 다음 사항의 경우 실격(0점) 혹은 부정행위 처리됩니다.
    1) 답안 파일을 저장하지 않았거나, 저장한 파일이 손상되었을 경우
    2) 답안 파일을 지정된 폴더(바탕화면 – "KAIT" 폴더)에 저장하지 않았을 경우
       ※ 답안 전송 프로그램 로그인 시 바탕화면에 자동 생성됨
    3) 답안 파일을 다른 보조 기억장치(USB) 혹은 네트워크(메신저, 게시판 등)로 전송할 경우
    4) 휴대용 전화기 등 통신기기를 사용할 경우

7. **시험지에 제시된 글꼴이 응시 프로그램에 없는 경우, 반드시 감독위원에게 해당 내용을 통보한 뒤 조치를 받아야 합니다.**

8. 시험의 완료는 작성이 완료된 답안을 저장하고, 답안 전송이 완료된 상태를 확인한 것으로 합니다. 답안 전송 확인 후 문제지는 감독위원에게 제출한 후 퇴실하여야 합니다.

9. 답안 전송이 완료된 경우에는 수정 또는 정정이 불가능합니다.

10. 시험 시행 후 결과는 홈페이지(www.ihd.or.kr)에서 확인하시기 바랍니다.
    1) 문제 및 모범답안 공개 : 20XX. XX. XX. (X)
    2) 합격자 발표 : 20XX. XX. XX. (X)

디지털정보활용능력 > 한글 [시험시간 : 40분]

【문제】 첨부된 문제를 다음의 조건을 적용하여 문서를 작성하시오.

① 문서는 A4(210mm×297mm) 크기, 세로 용지 방향으로 작성한다.

② 페이지 여백은 아래와 같이 설정한다.

왼쪽	오른쪽	위쪽	아래쪽	머리말	꼬리말	제본
20mm	20mm	20mm	20mm	10mm	10mm	0mm

③ 아래와 같이 "자동 글머리 기호 넣기"와 "자동 번호 매기기" 기능을 해제한다.

> 도구 → 빠른 교정 → 빠른 교정 내용 → 입력 자동 서식 ⇒ 자동 글머리 기호 넣기(해제)
> 자동 번호 매기기(해제)

※ 만약 입력 자동 서식 메뉴가 없는 경우에는 "자동 글머리 기호 넣기"와 "자동 번호 매기기" 기능이 설정되어 있지 않은 것이므로 별도의 기능 해제 없이 그대로 시험에 응시하시면 됩니다.

④ 글자는 별도의 지시사항이 없는 한 **바탕, 10pt, 양쪽 정렬, 줄 간격 160%**로 작성한다.

⑤ 영문, 숫자 등은 별도의 지시가 없는 한 반각(1byte) 문자를 사용한다.

⑥ 특수문자는 문자표(전각 기호)를 이용하여 작성한다.

⑦ 교정부호 및 화살표로 기재된 지시사항대로 처리하되, ⟨⎯⎯⎯⟩ ➔ 은 지시사항이므로 작성하지 않는다.

⑧ **1 페이지에 [문제1]을 작성하고, 구역을 나누어 2 페이지에 [문제2]를 작성한다.**

  ※ 해당 페이지에 작성하지 않거나 의도적으로 텍스트 작성을 하지 않은 경우 0점 처리

⑨ [문제2]는 문제지와 같이 2단으로 다단을 나누어 작성한다.

⑩ '그림 삽입' 시에는 반드시 "KAIT 수검 프로그램"을 통해 다운로드 한 그림 파일을 사용한다.

⑪ 총점 : 200점

  [공통사항1(기본설정, 용지설정)] : 8점, [공통사항2(오탈자)] : 40점
  [문제1] : 46점, [문제2] : 106점

⑫ 기타 특별히 지시되어 있지 않은 사항은 문제지에 준하여 작성한다.

가족과함께 토피어리만들기

방학을 맞이하여 한국도서관에서 주말에 *가족과 함께 토피어리를 만들어 보는 체험 시간을* 갖고자 합니다. 토피어리란 자연 그대로의 식물을 여러 가지 모양으로 다듬어 보기 좋게 만드는 기술이나 작품을 말합니다. 수태가 습기를 머금고 있기 때문에 건조한 실내에 두면 좋다고 합니다. 처음 만들어보는 것이므로 기초적인 안경을 쓴 토끼와 곰 모양 토피어리를 만들 예정입니다. 직접 식물을 심어 방에서 키울 수 있어 아이들에게 교육적 효과가 있는 체험 프로그램이오니 많은 참여 바랍니다.

■ 안내사항 ■

1. 일   시 : 2023. 6. 30.(금) 13:30 ~ 15:30
2. 장   소 : <u>*한국도서관 2층 통합교육실*</u>
3. 참 가 비 : 1인당 2,000원
4. 참가신청 : 한국도서관 홈페이지(http://www.ihd.or.kr)

※ 토피어리 정보

- 우리가 사용하는 수태는 이산화탄소를 흡수하여 정화하는 공기 정화 능력이 우수하여 토피어리가 공기 청정 역할을 합니다.
- 물 주기는 여름에는 1~2일에 1회, 겨울에는 4~5일에 한 번씩 뿌리까지 흠뻑 젖도록 줍니다.

2023. 6. 24.

한국도서관

새집증후군

1. 새집증후군이란?

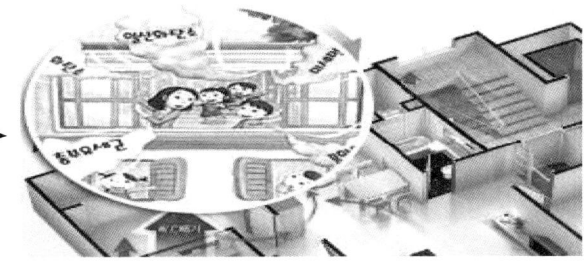

새집증후군(Sick house syndrome)은 집이나 건물을 새로 지을 때 사용하는 건축자재나 벽지 등에서 나오는 유해 물질로 인해 거주자들이 느끼는 건강상 문제 및 불쾌감을 이르는 용어이다. 여기에는 벤젠, 톨루엔, 클로로포름, 아세톤, 스타이렌, 포름알데히드 등의 발암물질㉮이 포함되어 있다. 두통, 피로, 호흡곤란, 천식(喘息), 비염(鼻炎), 피부염 등의 증상이 나타나며 이러한 피해를 줄이기 위해서는 환기(換氣)를 자주 하고 실내의 오염물질을 내보내고, 보일러 등으로 실내 온도를 높이는 베이킹 아웃을 반복한다. 이 밖에 친환경 소재를 사용하거나 공기 정화 용품을 사용하여 예방한다.

2. 공기정화식물

공기정화식물은 실내 공기(公器) 속에 있는 각종 유해 물질(오염물질이나) 등을 정화(淨化)해 실내 환경을 쾌적하게 하는 식물로 실내 오염물질 휘발성 유기화합물을 제거하며, 미세먼지 정화 등의 역할을 한다. 이 외에도 식물에 따라 냄새 제거용, 음이온 발생용, 전자파 차단용, 소음 제거용으로도 활용되기도 한다. 대나무야자, 골든 포토스, 홍콩야자, 거베라, 고비, 부처손 등은 포름알데히드 제거 효과가 뛰어나며 관음죽과 국화는 암모니아 흡수능력이 좋다. 스파티필름은 알코올, 아세톤, 벤젠, 포름알데히드 등의 휘발성 유기화합물 제거 및 습도조절 능력이 있으며 관음죽, 파키라는 이산화탄소 제거에 좋고, 안스리움, 골든 포토스 등은 일산화탄소 제거 능력이 우수하다.

실내공기 오염순위

종류	입주 전	입주 후 1년
아세톤	80.5	62.7
자일렌	35.2	20.4
스티렌	19.6	14.3
에틸벤젠	8.4	9.6
평균	35.92	26.75

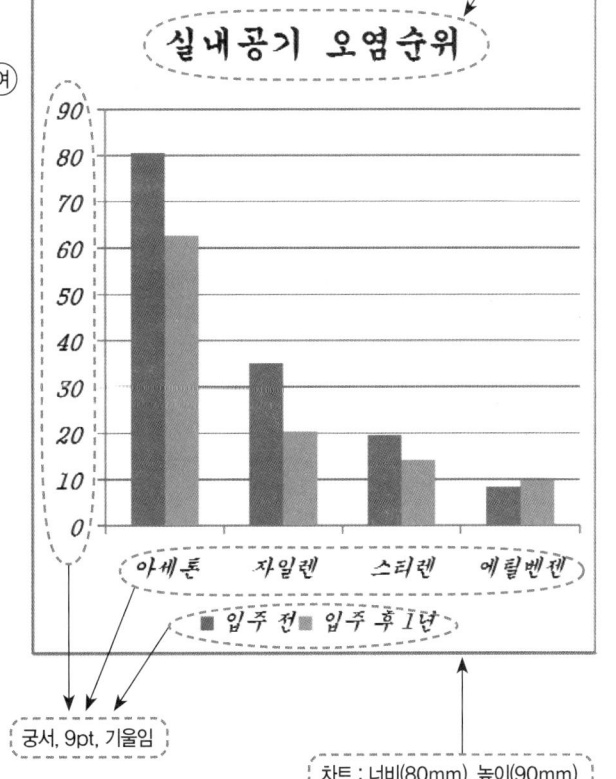

㉮ 암을 유발하는 물질의 총칭

제 16 회 디지털정보활용능력 출제예상 모의고사

작성 시간 / 시험 시간	채점 결과
분 / 40분	점 / 200점

☑ 시험과목 : 워드프로세서(한글)
☑ 시험일자 : 20XX. XX. XX. (X)
☑ 응시자 기재사항 및 감독위원 확인

한컴오피스 한글 2022 버전용

수 검 번 호	DIW - XXXX -	감독위원 확인
성 명		

· 응시자 유의사항 ·

1. 응시자는 신분증을 지참하여야 시험에 응시할 수 있으며, 시험이 종료될 때까지 신분증을 제시하지 못 할 경우 해당 시험은 0점 처리됩니다.

2. 시스템(PC작동여부, 네트워크 상태 등)의 이상여부를 반드시 확인하여야 하며, 시스템 이상이 있을시 감독위원에게 조치를 받으셔야 합니다.

3. 시험 중 부주의 또는 고의로 시스템을 파손한 경우는 응시자 부담으로 합니다.

4. 답안 전송 프로그램을 통해 다운로드 받은 파일을 이용하여 답안 파일을 작성하시기 바랍니다.

5. 작성한 답안 파일은 답안 전송 프로그램을 통하여 전송됩니다. 감독위원의 지시에 따라 주시기 바랍니다.

6. 다음 사항의 경우 실격(0점) 혹은 부정행위 처리됩니다.
   1) 답안 파일을 저장하지 않았거나, 저장한 파일이 손상되었을 경우
   2) 답안 파일을 지정된 폴더(바탕화면 - "KAIT" 폴더)에 저장하지 않았을 경우
      ※ 답안 전송 프로그램 로그인 시 바탕화면에 자동 생성됨
   3) 답안 파일을 다른 보조 기억장치(USB) 혹은 네트워크(메신저, 게시판 등)로 전송할 경우
   4) 휴대용 전화기 등 통신기기를 사용할 경우

7. **시험지에 제시된 글꼴이 응시 프로그램에 없는 경우, 반드시 감독위원에게 해당 내용을 통보한 뒤 조치를 받아야 합니다.**

8. 시험의 완료는 작성이 완료된 답안을 저장하고, 답안 전송이 완료된 상태를 확인한 것으로 합니다. 답안 전송 확인 후 문제지는 감독위원에게 제출한 후 퇴실하여야 합니다.

9. 답안 전송이 완료된 경우에는 수정 또는 정정이 불가능합니다.

10. 시험 시행 후 결과는 홈페이지(www.ihd.or.kr)에서 확인하시기 바랍니다.
    1) 문제 및 모범답안 공개 : 20XX. XX. XX. (X)
    2) 합격자 발표 : 20XX. XX. XX. (X)

| 디지털정보활용능력 | 한글 [시험시간 : 40분] |

【문제】 첨부된 문제를 다음의 조건을 적용하여 문서를 작성하시오.

① 문서는 A4(210mm×297mm) 크기, 세로 용지 방향으로 작성한다.

② 페이지 여백은 아래와 같이 설정한다.

왼쪽	오른쪽	위쪽	아래쪽	머리말	꼬리말	제본
20mm	20mm	20mm	20mm	10mm	10mm	0mm

③ 아래와 같이 "자동 글머리 기호 넣기"와 "자동 번호 매기기" 기능을 해제한다.

| 도구 → 빠른 교정 → 빠른 교정 내용 → 입력 자동 서식 ⇒ 자동 글머리 기호 넣기(해제) 자동 번호 매기기(해제) |

※ 만약 입력 자동 서식 메뉴가 없는 경우에는 "자동 글머리 기호 넣기"와 "자동 번호 매기기" 기능이 설정되어 있지 않은 것이므로 별도의 기능 해제 없이 그대로 시험에 응시하시면 됩니다.

④ 글자는 별도의 지시사항이 없는 한 **바탕, 10pt, 양쪽 정렬, 줄 간격 160%**로 작성한다.

⑤ 영문, 숫자 등은 별도의 지시가 없는 한 반각(1byte) 문자를 사용한다.

⑥ 특수문자는 문자표(전각 기호)를 이용하여 작성한다.

⑦ 교정부호 및 화살표로 기재된 지시사항대로 처리하되, ⬚⟶ 은 지시사항이므로 작성하지 않는다.

⑧ **1 페이지에 [문제1]을 작성하고, 구역을 나누어 2 페이지에 [문제2]를 작성한다.**

   ※ 해당 페이지에 작성하지 않거나 의도적으로 텍스트 작성을 하지 않은 경우 0점 처리

⑨ [문제2]는 문제지와 같이 2단으로 다단을 나누어 작성한다.

⑩ '그림 삽입' 시에는 반드시 "KAIT 수검 프로그램"을 통해 다운로드 한 그림 파일을 사용한다.

⑪ 총점 : 200점

   [공통사항1(기본설정, 용지설정)] : 8점, [공통사항2(오탈자)] : 40점
   [문제1] : 46점, [문제2] : 106점

⑫ 기타 특별히 지시되어 있지 않은 사항은 문제지에 준하여 작성한다.

전주세계소리축제

전주세계소리축제는 함께하는 소리의 '판'으로 *소리와 사람과 자연이 함께 어우러지는 신명나는 축제*입니다. 우리 전통음악인 판소리에 근간을 두고 세계 음악과 벽을 허무는 전주세계소리축제는 특정 음악 장르에 치우지지 않고 각 분야별 세계적인 명성을 얻고 있는 마스터급 아티스트 공연까지 다양한 공연을 한자리에서 느낄 수 있는 고품격 세계 음악 예술제입니다. 가족, 친구, 연인이 골라볼 수 있는 다채로운 공연 프로그램도 운영할 예정이오니 시민 여러분들이 많은 관심과 참여 바랍니다.

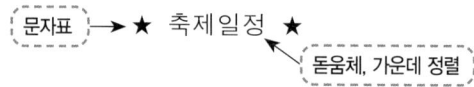 ★ 축제일정 ★

1. 축제일시 : <u>*2023년 05월 05일(금) ~ 05월 09일(화) 5일간*</u>
2. 축제장소 : 한국소리문화의전당, 전주한옥마을
3. 축제내용 : 판소리를 중심으로 한 국제음악축제
4. 후   원 : 문화체육관광부, 전북문화누리사업단

※ 기타사항
 - 축제 시간표 및 공연장, 부대 행사에 대한 자세한 정보는 홈페이지(http://www.diat.or.kr)에서 확인할 수 있으며 우천 시에도 행사는 진행합니다.
 - 기타 자세한 내용은 행사 담당자(02-123-4567)에게 문의하시기 바랍니다.

2023. 04. 22.

전통공연예술진흥재단

동편제 마을

1. 마을의 유래

조선조 숙종 초에 운봉읍 밀양 박씨가 황산대첩비 옆 북천 천변(川邊)에 낚시를 하다가 대첩비 입구의 소나무 숲이 우거져 아름다운 충치에 이끌리어 이곳으로 옮겨 살게 된 것이 전촌마을의 시초이다. 그 후로 김씨, 이씨, 강씨가 차례로 들어와 마을을 형성, 오늘에 이르고 있다. 운봉(雲峰)에 사는 밀양 박씨들은 숫자가 많이 번창하자 혼잡을 피하기 위해 동박과 서박으로 나누어졌는데 그때 전촌리에 들어온 박씨는 그중 동박에 속한 사람이다. 황산대첩비가 세워져 있는 앞마을이므로 앞마을이라 청하였는데 지명(地名)을 한자로 바꾸면서 전촌리라 표기하게 되었다. 태조 이성계의 대첩 비각(碑刻)이 있는 사적지에 인접해 있는 관계로 항상 수려한 환경(Environment)을 유지하여 전촌도 그 영향을 받아 깨끗한 아름답고 마을도 성씨가 나 있있는데 마을 입구의 수백 년 자라온 소나무 숲은 천하일품의 풍치를 자랑하고 있어 철 따라 사람들의 발길이 끊이지 않는다.

2. 판소리의 고장

판소리는 위로는 임금에서부터 아래로는 민중들까지 즐겨 들으며 함께 울고 웃었다. 판소리의 양대 산맥은 동편제와 서편제다. 남원은 바로 동편제 판소리의 탯자리다. 동편제(東便制)는 섬진강을 중심으로 동쪽 지역에 있는 지방 남원, 운봉, 구례, 순창, 흥덕에서 불리어진 판소리이다. 소리의 특징은 특별한 기교를 부리지 않고 그저 '목으로 우리는 소리'이다. 동편제 소리에서는 소리꾼①의 풍부한 설양이 중요하게 여겨진다.

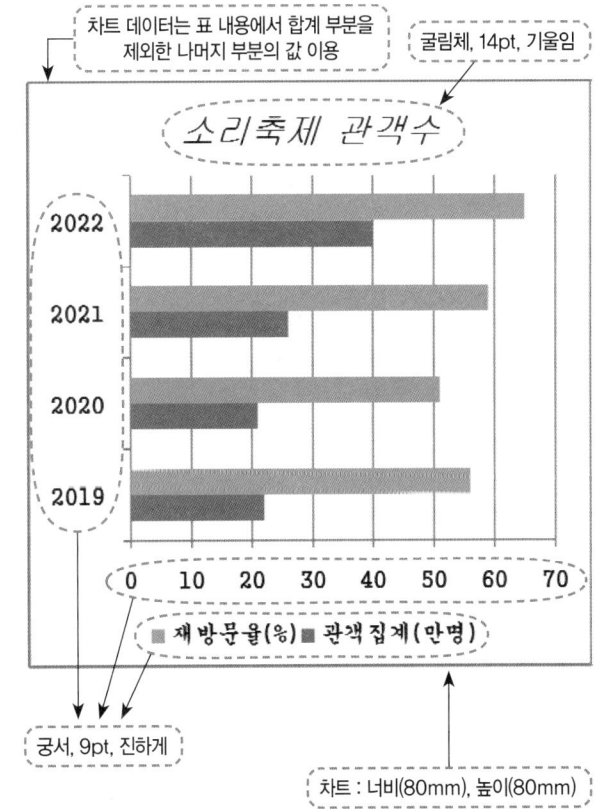

소리축제 관객수

연도	관객집계(만명)	재방문율(%)
2019	22	56
2020	21	51
2021	26	59
2022	40	65
합계	109	231

---

① 판소리나 잡가, 민요 따위를 부르는 일을 하는 사람

제17회 디지털정보활용능력 출제예상 모의고사

작성 시간 / 시험 시간	채점 결과
분 / 40분	점 / 200점

☑ 시험과목 : 워드프로세서(한글)
☑ 시험일자 : 20XX. XX. XX. (X)
☑ 응시자 기재사항 및 감독위원 확인

한컴오피스 한글 2022 버전용

수검번호	DIW - XXXX -	감독위원 확인
성 명		

· 응시자 유의사항 ·

1. 응시자는 신분증을 지참하여야 시험에 응시할 수 있으며, 시험이 종료될 때까지 신분증을 제시하지 못 할 경우 해당 시험은 0점 처리됩니다.

2. 시스템(PC작동여부, 네트워크 상태 등)의 이상여부를 반드시 확인하여야 하며, 시스템 이상이 있을시 감독위원에게 조치를 받으셔야 합니다.

3. 시험 중 부주의 또는 고의로 시스템을 파손한 경우는 응시자 부담으로 합니다.

4. 답안 전송 프로그램을 통해 다운로드 받은 파일을 이용하여 답안 파일을 작성하시기 바랍니다.

5. 작성한 답안 파일은 답안 전송 프로그램을 통하여 전송됩니다. 감독위원의 지시에 따라 주시기 바랍니다.

6. 다음 사항의 경우 실격(0점) 혹은 부정행위 처리됩니다.
   1) 답안 파일을 저장하지 않았거나, 저장한 파일이 손상되었을 경우
   2) 답안 파일을 지정된 폴더(바탕화면 – "KAIT" 폴더)에 저장하지 않았을 경우
      ※ 답안 전송 프로그램 로그인 시 바탕화면에 자동 생성됨
   3) 답안 파일을 다른 보조 기억장치(USB) 혹은 네트워크(메신저, 게시판 등)로 전송할 경우
   4) 휴대용 전화기 등 통신기기를 사용할 경우

7. **시험지에 제시된 글꼴이 응시 프로그램에 없는 경우, 반드시 감독위원에게 해당 내용을 통보한 뒤 조치를 받아야 합니다.**

8. 시험의 완료는 작성이 완료된 답안을 저장하고, 답안 전송이 완료된 상태를 확인한 것으로 합니다. 답안 전송 확인 후 문제지는 감독위원에게 제출한 후 퇴실하여야 합니다.

9. 답안 전송이 완료된 경우에는 수정 또는 정정이 불가능합니다.

10. 시험 시행 후 결과는 홈페이지(www.ihd.or.kr)에서 확인하시기 바랍니다.
    1) 문제 및 모범답안 공개 : 20XX. XX. XX. (X)
    2) 합격자 발표 : 20XX. XX. XX. (X)

| 디지털정보활용능력 | 한글 [시험시간 : 40분] |

【문제】 첨부된 문제를 다음의 조건을 적용하여 문서를 작성하시오.

① 문서는 A4(210mm×297mm) 크기, 세로 용지 방향으로 작성한다.

② 페이지 여백은 아래와 같이 설정한다.

왼쪽	오른쪽	위쪽	아래쪽	머리말	꼬리말	제본
20mm	20mm	20mm	20mm	10mm	10mm	0mm

③ 아래와 같이 "자동 글머리 기호 넣기"와 "자동 번호 매기기" 기능을 해제한다.

도구 → 빠른 교정 → 빠른 교정 내용 → 입력 자동 서식 ⇒ 자동 글머리 기호 넣기(해제)
자동 번호 매기기(해제)

※ 만약 입력 자동 서식 메뉴가 없는 경우에는 "자동 글머리 기호 넣기"와 "자동 번호 매기기" 기능이 설정되어 있지 않은 것이므로 별도의 기능 해제 없이 그대로 시험에 응시하시면 됩니다.

④ 글자는 별도의 지시사항이 없는 한 **바탕, 10pt, 양쪽 정렬, 줄 간격 160%**로 작성한다.

⑤ 영문, 숫자 등은 별도의 지시가 없은 한 반각(1byte) 문자를 사용한다.

⑥ 특수문자는 문자표(전각 기호)를 이용하여 작성한다.

⑦ 교정부호 및 화살표로 기재된 지시사항대로 처리하되, ⌐⎯⎯⎯⌐→ 은 지시사항이므로 작성하지 않는다.

⑧ **1 페이지에 [문제1]을 작성하고, 구역을 나누어 2 페이지에 [문제2]를 작성한다.**

※ 해당 페이지에 작성하지 않거나 의도적으로 텍스트 작성을 하지 않은 경우 0점 처리

⑨ [문제2]는 문제지와 같이 2단으로 다단을 나누어 작성한다.

⑩ '그림 삽입' 시에는 반드시 "KAIT 수검 프로그램"을 통해 다운로드 한 그림 파일을 사용한다.

⑪ 총점 : 200점

[공통사항1(기본설정, 용지설정)] : 8점, [공통사항2(오탈자)] : 40점
[문제1] : 46점, [문제2] : 106점

⑫ 기타 특별히 지시되어 있지 않은 사항은 문제지에 준하여 작성한다.

DIAT

춘향사랑그림그리기대회

춘 향제전위원회가 주최하고 한국미술협회 남원 지부가 주관하는 *제92회 춘향사랑 그림 그리기 대회*를 개최하고자 합니다. 우리나라 최고의 전통 축제인 춘향제에서는 전통문화, 공연/전시 예술, 놀이/체험 행사가 진행되며, 춘향사랑 그림 그리기 대회는 성춘향과 이도령의 아름다운 사랑을 기리기 위한 부대행사로 만남, 맹약, 사랑, 이별을 학생들이 그림으로 자유롭게 표현함으로써 예술 창의성을 발휘하고 추억할 수 있는 좋은 기회가 될 것으로 사료됩니다.

◎ 대회안내 ◎

1. 대회일시 : 2023. 05. 07.(일) 10:00 ~ 12:00
2. 참가대상 : 초, 중, 고등학교 재학생(각 부문별 선착순 100명)
3. 접수기간 : 2023. 04. 24.(월) ~ 04. 28.(금)
4. 접 수 처 : *춘향제전위원회 사무실(온라인 접수 가능)*

※ 기타사항
- 자세한 일정 및 대회 요강은 홈페이지(http://www.ihd.or.kr)를 참조하시고, 신청서는 양식에 맞춰 작성하여 제출해 주시기 바랍니다.
- 기타 자세한 사항은 행사 담당자(02-123-4567)에게 문의하시기 바랍니다.

2023. 04. 22.

춘향제전위원회

- 갑 -

광한루와 춘향제

1. 광한루

보물 제281호. 조선시대의 재상(宰相) 황희가 남원으로 유배(流配) 가서 1419년에 현재보다 규모가 작은 누를 지어 광통루라 했는데, 1434년 남원부사 민여 공이 증축했고, 1444년(세종 26) 전라 관찰사 정인지에 의해서 광한루라 불리게 되었다. 광한루란 말은 달 속의 선녀가 사는 월궁의 이름인 광한전에서 따온 것으로 1461년 신임 부사인 장의국이 요천강물을 끌어다 연못을 조성하고 4개의 홍예로 구성된 오작교를 화강암(Granite)과 강돌로 축조하여 월궁의 모습을 갖추게 되었다. 1584년 송강 정철에 의해 수리 될 때 봉래, 방장, 영주의 삼신산을 연못 속에 축조하므로 광한루, 오작교와 더불어 월궁과 같은 선경을 상징하게 되었다. 그 뒤 정유재란으로 전소(全燒)된 것을 1638년에 중건하여 지금에 이르렀다.

2. 춘향제 행사

남원을 대표하는 축제인 춘향제(春香祭)는 1931년 일제강점기에 지역 유지였던 이현순과 남원권번 이백삼이 주축이 되어 시작되었다. 춘향 문화와 춘향 정신(Spirit)의 계승을 목적으로 전국적으로 모금행사를 벌여 춘향사당을 건립했으며, 1931년 6월 20일에 그곳에서 처음으로 춘향제향을 드린 것이 모태가 되었다. 춘향제는 한국 최초의 전국적 축제(Festival)이자 최고령의 축제로서, 춘향의 절개와 정절을 부덕의 상징으로 숭상하고 지역 문화의 화합과 춘향 문화의 세계화를 통해 사랑의 도시 정신을 남원의 드높이기 위하여 매년 5월 단오를 전후로 하여 개최되고 있다.

춘향제축제 관람객(단위 : 천 명)

연도	남	여
2019년	420	470
2020년	412	308
2021년	433	477
2022년	421	509
합계	1,686	1,764

Ⓐ 사물이 발생하거나 발전하는 데 근거가 되는 말

- 을 -

제 18 회 디지털정보활용능력 출제예상 모의고사

작성 시간 / 시험 시간	채점 결과
분 / 40분	점 / 200점

☑ 시험과목 : 워드프로세서(한글)
☑ 시험일자 : 20XX. XX. XX. (X)
☑ 응시자 기재사항 및 감독위원 확인

한컴오피스 한글 2022 버전용

수검번호	DIW - XXXX -	감독위원 확인
성 명		

· 응시자 유의사항 ·

1. 응시자는 신분증을 지참하여야 시험에 응시할 수 있으며, 시험이 종료될 때까지 신분증을 제시하지 못 할 경우 해당 시험은 0점 처리됩니다.

2. 시스템(PC작동여부, 네트워크 상태 등)의 이상여부를 반드시 확인하여야 하며, 시스템 이상이 있을시 감독위원에게 조치를 받으셔야 합니다.

3. 시험 중 부주의 또는 고의로 시스템을 파손한 경우는 응시자 부담으로 합니다.

4. 답안 전송 프로그램을 통해 다운로드 받은 파일을 이용하여 답안 파일을 작성하시기 바랍니다.

5. 작성한 답안 파일은 답안 전송 프로그램을 통하여 전송됩니다. 감독위원의 지시에 따라 주시기 바랍니다.

6. 다음 사항의 경우 실격(0점) 혹은 부정행위 처리됩니다.
   1) 답안 파일을 저장하지 않았거나, 저장한 파일이 손상되었을 경우
   2) 답안 파일을 지정된 폴더(바탕화면 – "KAIT" 폴더)에 저장하지 않았을 경우
      ※ 답안 전송 프로그램 로그인 시 바탕화면에 자동 생성됨
   3) 답안 파일을 다른 보조 기억장치(USB) 혹은 네트워크(메신저, 게시판 등)로 전송할 경우
   4) 휴대용 전화기 등 통신기기를 사용할 경우

7. **시험지에 제시된 글꼴이 응시 프로그램에 없는 경우, 반드시 감독위원에게 해당 내용을 통보한 뒤 조치를 받아야 합니다.**

8. 시험의 완료는 작성이 완료된 답안을 저장하고, 답안 전송이 완료된 상태를 확인한 것으로 합니다. 답안 전송 확인 후 문제지는 감독위원에게 제출한 후 퇴실하여야 합니다.

9. 답안 전송이 완료된 경우에는 수정 또는 정정이 불가능합니다.

10. 시험 시행 후 결과는 홈페이지(www.ihd.or.kr)에서 확인하시기 바랍니다.
    1) 문제 및 모범답안 공개 : 20XX. XX. XX. (X)
    2) 합격자 발표 : 20XX. XX. XX. (X)

| 디지털정보활용능력 | 한글 [시험시간 : 40분] |

【문제】 첨부된 문제를 다음의 조건을 적용하여 문서를 작성하시오.

① 문서는 A4(210mm×297mm) 크기, 세로 용지 방향으로 작성한다.

② 페이지 여백은 아래와 같이 설정한다.

왼쪽	오른쪽	위쪽	아래쪽	머리말	꼬리말	제본
20mm	20mm	20mm	20mm	10mm	10mm	0mm

③ 아래와 같이 "자동 글머리 기호 넣기"와 "자동 번호 매기기" 기능을 해제한다.

| 도구 → 빠른 교정 → 빠른 교정 내용 → 입력 자동 서식 ⇒ | 자동 글머리 기호 넣기(해제) |
| | 자동 번호 매기기(해제) |

※ 만약 입력 자동 서식 메뉴가 없는 경우에는 "자동 글머리 기호 넣기"와 "자동 번호 매기기" 기능이 설정되어 있지 않은 것이므로 별도의 기능 해제 없이 그대로 시험에 응시하시면 됩니다.

④ 글자는 별도의 지시사항이 없는 한 **바탕, 10pt, 양쪽 정렬, 줄 간격 160%**로 작성한다.

⑤ 영문, 숫자 등은 별도의 지시가 없는 한 반각(1byte) 문자를 사용한다.

⑥ 특수문자는 문자표(전각 기호)를 이용하여 작성한다.

⑦ 교정부호 및 화살표로 기재된 지시사항대로 처리하되, ⟨┄┄┄⟩→ 은 지시사항이므로 작성하지 않는다.

⑧ **1 페이지에 [문제1]을 작성하고, 구역을 나누어 2 페이지에 [문제2]를 작성한다.**

　※ 해당 페이지에 작성하지 않거나 의도적으로 텍스트 작성을 하지 않은 경우 0점 처리

⑨ [문제2]는 문제지와 같이 2단으로 다단을 나누어 작성한다.

⑩ '그림 삽입' 시에는 반드시 "KAIT 수검 프로그램"을 통해 다운로드 한 그림 파일을 사용한다.

⑪ 총점 : 200점

　[공통사항1(기본설정, 용지설정)] : 8점, [공통사항2(오탈자)] : 40점
　[문제1] : 46점, [문제2] : 106점

⑫ 기타 특별히 지시되어 있지 않은 사항은 문제지에 준하여 작성한다.

전국청소년해피드림캠프

미래의 희망인 청소년들과 함께 *"내 마음의 지도 찾기"*를 부제로 청소년 문화의 공감대를 만드는 데 그 목적이 있습니다. 3일 동안 진행되는 이번 캠프는 신나는 학교, 학교 폭력 예방 등의 주제로 UCC 제작하기, 게임 만들기, 진로 탐색 프로그램, 아프리카 타악기 젬베 배우기, 춤테라피, 서바이벌 게임 등을 통하여 타인과의 소통과 교류의 장을 만들고, 아울러 청소년들이 진로 탐색 및 설계를 통해 목표를 세우고 즐겁고 안정된 학교생활을 유지할 수 있도록 하려 합니다.

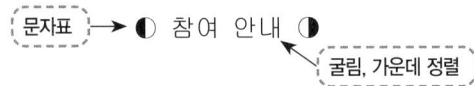 ◐ 참여 안내 ◑

1. 캠프기간 : 2023. 04. 28.(금) 09:00 ~ 04. 30.(일) 17:00까지
2. 캠프신청 : *대한청소년활동지원센터 홈페이지(http://www.diat.or.kr)*
3. 주   최 : 서울시청소년상담센터, 서울특별시교육청
4. 후   원 : 문화관광부, 여성가족부, 청소년지도자협회

※ 기타사항

- 프로그램 : 몸으로 말해요(춤테라피), 나의 꿈 설계(희망 트리 만들기), 아프리카 타악기 연주(젬베), 목공예 만들기, 산악자전거 타기 등
- 부대행사 : 각 프로그램 우수 참여자 선정(문화 상품권 증정), 기념품 증정, 캠프파이어 등

2023. 04. 22.

대한청소년활동지원센터

춤테라피 효과

1. 춤테라피 효과

춤은 신체적, 심리적 활동을 확장하고 정신 상태를 조정한다. 이 때문에 무용 동작치료는 신체 심리치료의 핵심적인 기능을 하는 모든 면역(免疫) 시스템에 긍정적은 작용을 한다. 또한, 주로 신경 정신과 질환자들에게 좋은 효과가 있다고 알려져 있다. 정서적으로 예민하고 불안한 이들이 무용 치료(治療)를 통해 창의적, 자발적, 정서적 재활에 많은 도움을 받는다. 특히 암은 막연하게 느끼는 죽음에 대한 공포(恐怖), 난치성 질병이라는 인식에서 비롯되는 심리적(Psychological) 부담과 두려움 때문에 많은 환자가 정서적으로 큰 혼란을 겪는 질병(疾病)인데, 춤테라피는 암 환자들에게 좋은 치유 효과를 나타낸다.

2. 젬베의 이해

그랜드마스터 마마디 케이타가 세계 여러 나라에 학교를 설립하고 젬베 연주자들을 양성하면서 대중들에게 알려진 것으로 서아프리카에서 가장 널리 쓰이는 악기 중 하나이다. 청소년들의 스트레스 해소 치료에 많이 활용된다. 요즘 우리나라에서도 다양한 장르의 음악에 퍼커션1)으로 많이 쓰인다. 젬베는 크게 헤드와 울림통, 조임줄로 이루어져 있다. 헤드를 손으로 두드리면, 공기의 떨림이 울림통을 통해 울리면서 소리가 퍼지는 역할(役割)을 하게 된다. 젬베의 주재료가 되는 목재인 링케 나무는 크고 단단하며 세공이 쉬워서 몸통을 악기의 만드는 재료로 많이 쓰인다. 헤드 쪽에 입히는 가죽은 아프리카 염소의 가죽으로 만든다.

프로그램별 만족도 조사 현황

구분	14세 이상	18세 이상
춤테라피	18.4	40.3
젬베	33.5	43.9
산악자전거	13.4	49.2
목공예	19.4	38.8
평균	21.18	43.05

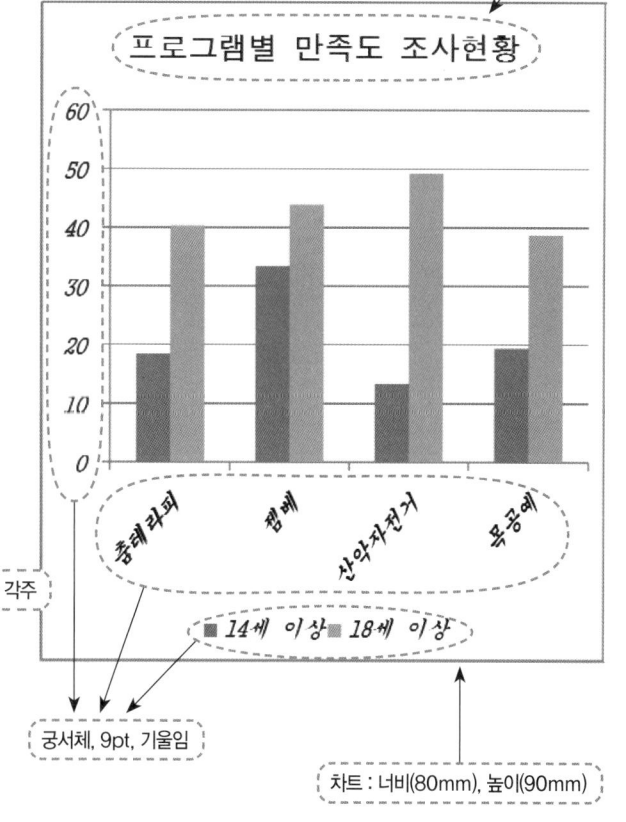

---

1) 드럼, 심벌즈, 캐스터네츠 등 타악기의 총칭

제19회 디지털정보활용능력 출제예상 모의고사

작성 시간 / 시험 시간	채점 결과
분 / 40분	점 / 200점

- ☑ 시험과목 : 워드프로세서(한글)
- ☑ 시험일자 : 20XX. XX. XX. (X)
- ☑ 응시자 기재사항 및 감독위원 확인

한컴오피스 한글 2022 버전용

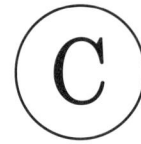

수검번호	DIW - XXXX -	감독위원 확인
성 명		

· 응시자 유의사항 ·

1. 응시자는 신분증을 지참하여야 시험에 응시할 수 있으며, 시험이 종료될 때까지 신분증을 제시하지 못 할 경우 해당 시험은 0점 처리됩니다.

2. 시스템(PC작동여부, 네트워크 상태 등)의 이상여부를 반드시 확인하여야 하며, 시스템 이상이 있을시 감독위원에게 조치를 받으셔야 합니다.

3. 시험 중 부주의 또는 고의로 시스템을 파손한 경우는 응시자 부담으로 합니다.

4. 답안 전송 프로그램을 통해 다운로드 받은 파일을 이용하여 답안 파일을 작성하시기 바랍니다.

5. 작성한 답안 파일은 답안 전송 프로그램을 통하여 전송됩니다. 감독위원의 지시에 따라 주시기 바랍니다.

6. 다음 사항의 경우 실격(0점) 혹은 부정행위 처리됩니다.
   1) 답안 파일을 저장하지 않았거나, 저장한 파일이 손상되었을 경우
   2) 답안 파일을 지정된 폴더(바탕화면 – "KAIT" 폴더)에 저장하지 않았을 경우
      ※ 답안 전송 프로그램 로그인 시 바탕화면에 자동 생성됨
   3) 답안 파일을 다른 보조 기억장치(USB) 혹은 네트워크(메신저, 게시판 등)로 전송할 경우
   4) 휴대용 전화기 등 통신기기를 사용할 경우

7. **시험지에 제시된 글꼴이 응시 프로그램에 없는 경우, 반드시 감독위원에게 해당 내용을 통보한 뒤 조치를 받아야 합니다.**

8. 시험의 완료는 작성이 완료된 답안을 저장하고, 답안 전송이 완료된 상태를 확인한 것으로 합니다. 답안 전송 확인 후 문제지는 감독위원에게 제출한 후 퇴실하여야 합니다.

9. 답안 전송이 완료된 경우에는 수정 또는 정정이 불가능합니다.

10. 시험 시행 후 결과는 홈페이지(www.ihd.or.kr)에서 확인하시기 바랍니다.
    1) 문제 및 모범답안 공개 : 20XX. XX. XX. (X)
    2) 합격자 발표 : 20XX. XX. XX. (X)

디지털정보활용능력 › 한글 [시험시간 : 40분]

【문제】 첨부된 문제를 다음의 조건을 적용하여 문서를 작성하시오.

① 문서는 A4(210mm×297mm) 크기, 세로 용지 방향으로 작성한다.

② 페이지 여백은 아래와 같이 설정한다.

왼쪽	오른쪽	위쪽	아래쪽	머리말	꼬리말	제본
20mm	20mm	20mm	20mm	10mm	10mm	0mm

③ 아래와 같이 "자동 글머리 기호 넣기"와 "자동 번호 매기기" 기능을 해제한다.

도구 → 빠른 교정 → 빠른 교정 내용 → 입력 자동 서식 ⇒	자동 글머리 기호 넣기(해제) 자동 번호 매기기(해제)

※ 만약 입력 자동 서식 메뉴가 없는 경우에는 "자동 글머리 기호 넣기"와 "자동 번호 매기기" 기능이 설정되어 있지 않은 것이므로 별도의 기능 해제 없이 그대로 시험에 응시하시면 됩니다.

④ 글자는 별도의 지시사항이 없는 한 **바탕, 10pt, 양쪽 정렬, 줄 간격 160%**로 작성한다.

⑤ 영문, 숫자 등은 별도의 지시가 없는 한 반각(1byte) 문자를 사용한다.

⑥ 특수문자는 문자표(전각 기호)를 이용하여 작성한다.

⑦ 교정부호 및 화살표로 기재된 지시사항대로 처리하되, ⌐⎯⎯⎯¬→ 은 지시사항이므로 작성하지 않는다.

⑧ 1 페이지에 [문제1]을 작성하고, 구역을 나누어 2 페이지에 [문제2]를 작성한다.

※ 해당 페이지에 작성하지 않거나 의도적으로 텍스트 작성을 하지 않은 경우 0점 처리

⑨ [문제2]는 문제지와 같이 2단으로 다단을 나누어 작성한다.

⑩ '그림 삽입' 시에는 반드시 "KAIT 수검 프로그램"을 통해 다운로드 한 그림 파일을 사용한다.

⑪ 총점 : 200점

[공통사항1(기본설정, 용지설정)] : 8점, [공통사항2(오탈자)] : 40점
[문제1] : 46점, [문제2] : 106점

⑫ 기타 특별히 지시되어 있지 않은 사항은 문제지에 준하여 작성한다.

체육문화시설서비스조사알림

최근 국민들의 삶의 질 향상과 함께 체육 및 여가문화에 대한 중요성이 높아지고 있고, 동시에 체육 문화시설에 대한 수요도 늘어나고 있습니다. 우리 시에서는 이러한 요구에 부응하고 시민 만족도를 높이고자 수영장과 체육관, 문화센터, 시립문화관, 시립미술관 등을 건립하여 운영하고 있습니다. 현재 운영 중인 주요 체육 및 문화 시설 서비스에 대한 시민들의 만족도와 의견을 조사하고, 서비스 개선 사항을 도출하고자 아래와 같이 *"체육 문화시설 서비스 조사"*를 실시하고자 합니다.

☆ 조사 안내 ☆

1. 조사기간 : 2023년 3월 1일 ~ 31일 (1개월)
2. 대상기관 : 빛가람 수영장 및 체육관, 빛가람 문화센터, 시립문화관, 시립미술관
3. 평가방법 : 시민대상 전화조사, 미스터리 조사
4. 평가항목 : *서비스 내용, 서비스 과정, 서비스 이용환경 등*

※ 협조요청사항
- 현재 각 기관을 이용하고 있는 시민들의 데이터베이스 제공을 협조 요청 드리며, 타 관련 부서나 기관의 보안에 각별히 유의하시기 바랍니다.
- 서비스 조사에 대한 결과 분석 및 통보는 2023년 4월 중에 진행됩니다.

2023. 02. 25.

빛가람시청 시민만족과

서비스와 서비스 품질

1. 서비스(Service)란?

서비스는 무형(無形)의 상품의 일종으로 생산자가 보이지 않는 결과물이나 노동력을 이용자나 고객들에게 전달하는 행위를 총칭하는 개념이다. 점차 경쟁적으로 변화되는 환경에서 서비스의 대한 관심과 요구가 높아지고 있으며, 기업들은 제품 이외의 차별화 수단으로 활용하고 있다. 또한 서비스 제공과 품질 향상의 문제는 기업 측면(側面)뿐 아니라, 공공 측면까지 확대되고 있다. 서비스는 눈으로 확인하고 만질 수 있는 일반 재화와는 달리 몇 가지 특성을 가지고 있다. 첫 번째로는 눈에 보이지 않는 무형의 특징을 가지고 있다. 또한 제공자가 대부분 사람이므로 획일적(劃一的)이고 제공이 균등한 어렵다는 이질성, 생산하는 동시에 소비가 이루어진다는 비분리성을 가지고 있다. 마지막으로 저장될 수 없고 바로 소멸(消滅)된다는 소멸성의 특징을 가지고 있나. 대체적으로 서비스에 대한 소비자들의 욕구가 높아지는 경향을 보이게 된다.

2. 서비스 품질

서비스 품질이란 서비스를 제공받는 과정에서 이용자들이 이에 대한 우수성이나 우월성을 판단하는 지표(地表)이다. 서비스 품질을 구성하는 하위 요소로는 일반적으로 파라수라만 등의 학자가 제시한 SERVQUAL[1] 모델이 이용된다. 이 모델에서 서비스 품질은 시설 환경과 종업원의 복장 등의 유형성, 개별적인 고객에게 기울이는 관심과 배려인 공감성 항목으로 구성된다.

주요 광역시 서비스 품질 지수

광역시	2021년	2022년
해가람시	84	88
빛가람시	79	85
물가람시	75	78
별가람시	81	77
합계	319	328

주요 광역시 서비스 품질 지수

---

[1] 파라수라만 등이 1988년에 제시한 서비스 품질 측정 모델

제20회 디지털정보활용능력 출제예상 모의고사

작성 시간 / 시험 시간	채점 결과
분 / 40분	점 / 200점

☑ 시험과목 : 워드프로세서(한글)
☑ 시험일자 : 20XX. XX. XX. (X)
☑ 응시자 기재사항 및 감독위원 확인

한컴오피스 한글 2022 버전용

수검번호	DIW - XXXX -	감독위원 확인
성 명		

· 응시자 유의사항 ·

1. 응시자는 신분증을 지참하여야 시험에 응시할 수 있으며, 시험이 종료될 때까지 신분증을 제시하지 못 할 경우 해당 시험은 0점 처리됩니다.

2. 시스템(PC작동여부, 네트워크 상태 등)의 이상여부를 반드시 확인하여야 하며, 시스템 이상이 있을시 감독위원에게 조치를 받으셔야 합니다.

3. 시험 중 부주의 또는 고의로 시스템을 파손한 경우는 응시자 부담으로 합니다.

4. 답안 전송 프로그램을 통해 다운로드 받은 파일을 이용하여 답안 파일을 작성하시기 바랍니다.

5. 작성한 답안 파일은 답안 전송 프로그램을 통하여 전송됩니다. 감독위원의 지시에 따라 주시기 바랍니다.

6. 다음 사항의 경우 실격(0점) 혹은 부정행위 처리됩니다.
    1) 답안 파일을 저장하지 않았거나, 저장한 파일이 손상되었을 경우
    2) 답안 파일을 지정된 폴더(바탕화면 – "KAIT" 폴더)에 저장하지 않았을 경우
        ※ 답안 전송 프로그램 로그인 시 바탕화면에 자동 생성됨
    3) 답안 파일을 다른 보조 기억장치(USB) 혹은 네트워크(메신저, 게시판 등)로 전송할 경우
    4) 휴대용 전화기 등 통신기기를 사용할 경우

7. **시험지에 제시된 글꼴이 응시 프로그램에 없는 경우, 반드시 감독위원에게 해당 내용을 통보한 뒤 조치를 받아야 합니다.**

8. 시험의 완료는 작성이 완료된 답안을 저장하고, 답안 전송이 완료된 상태를 확인한 것으로 합니다. 답안 전송 확인 후 문제지는 감독위원에게 제출한 후 퇴실하여야 합니다.

9. 답안 전송이 완료된 경우에는 수정 또는 정정이 불가능합니다.

10. 시험 시행 후 결과는 홈페이지(www.ihd.or.kr)에서 확인하시기 바랍니다.
    1) 문제 및 모범답안 공개 : 20XX. XX. XX. (X)
    2) 합격자 발표 : 20XX. XX. XX. (X)

디지털정보활용능력 > 한글 [시험시간 : 40분]

【문제】 첨부된 문제를 다음의 조건을 적용하여 문서를 작성하시오.

① 문서는 A4(210mm×297mm) 크기, 세로 용지 방향으로 작성한다.

② 페이지 여백은 아래와 같이 설정한다.

왼쪽	오른쪽	위쪽	아래쪽	머리말	꼬리말	제본
20mm	20mm	20mm	20mm	10mm	10mm	0mm

③ 아래와 같이 "자동 글머리 기호 넣기"와 "자동 번호 매기기" 기능을 해제한다.

> 도구 → 빠른 교정 → 빠른 교정 내용 → 입력 자동 서식 ⇒ 자동 글머리 기호 넣기(해제)
> 자동 번호 매기기(해제)

※ 만약 입력 자동 서식 메뉴가 없는 경우에는 "자동 글머리 기호 넣기"와 "자동 번호 매기기" 기능이 설정되어 있지 않은 것이므로 별도의 기능 해제 없이 그대로 시험에 응시하시면 됩니다.

④ 글자는 별도의 지시사항이 없는 한 **바탕, 10pt, 양쪽 정렬, 줄 간격 160%**로 작성한다.

⑤ 영문, 숫자 등은 별도의 지시가 없는 한 반각(1byte) 문자를 사용한다.

⑥ 특수문자는 문자표(전각 기호)를 이용하여 작성한다.

⑦ 교정부호 및 화살표로 기재된 지시사항대로 처리하되, ⌐⌐⌐⌐⌐→ 은 지시사항이므로 작성하지 않는다.

⑧ **1 페이지에 [문제1]을 작성하고, 구역을 나누어 2 페이지에 [문제2]를 작성한다.**

  ※ 해당 페이지에 작성하지 않거나 의도적으로 텍스트 작성을 하지 않은 경우 0점 처리

⑨ [문제2]는 문제지와 같이 2단으로 다단을 나누어 작성한다.

⑩ '그림 삽입' 시에는 반드시 "KAIT 수검 프로그램"을 통해 다운로드 한 그림 파일을 사용한다.

⑪ 총점 : 200점

  [공통사항1(기본설정, 용지설정)] : 8점, [공통사항2(오탈자)] : 40점
  [문제1] : 46점, [문제2] : 106점

⑫ 기타 특별히 지시되어 있지 않은 사항은 문제지에 준하여 작성한다.

한숲산악회회원모집

주 5일제 근무가 정착되면서 산악 인구가 크게 늘고 있습니다. 한성시 최대의 회원을 보유하고 있는 한숲산악회에서 *2023년 2분기 신입회원을 모집*합니다. 우리 산악회는 2009년부터 시작하여 현재 200여명이 가입하여 활동하고 있습니다. 등산 및 친목 도모는 물론 불우이웃 돕기 등 사회 공헌활동을 함께 진행하는 우리 지역의 우수 산악회입니다. 산행이 초보이신 분들도 입회가 가능하며, 초보 분들을 위해 산을 쉽게 타는 법, 산행에 있어서 주의 사항, 복장 관련 다양한 정보를 제공해 드립니다.

▲ 입회 안내 ▲

1. 회원자격 : 한성시에 거주하는 20대 이상으로 *진취적이고 긍정적인 마인드를 가지신 분*
2. 모집기간 : 2023년 3월 20일까지
3. 모집인원 : 10명 이내
4. 회   비 : 입회비 20만원, 산행회비 2만원(회당)

※ 입회문의 및 기타사항

- 입회 문의 : 한숲산악회 김호산 총무 (전화 : 035-337-3456)
- 인터넷 카페 : cafe.bycos.co.kr/mountainlove
- 초보 입회자들을 위한 등산 정보 교육은 4월 5일 진행됩니다.

2023. 2. 25.

한숲산악회장

등산의 효과

1. 등산의 효과

최근에 들어 체력 관리와 여가 활동으로 트래킹1), 등산 등 산악활동을 하는 직장인들이 크게 늘고 있다. 등산 전문가들은 국민들의 레저(leisure)와 휴양(休養)에 대한 욕구가 크게 늘어나면서 등산 열풍이 불고 있으며, 전체 국민들에 30% 이상이 한 달에 한 번 이상은 등산을 하는 것으로 추정하고 있다. 전 세계적으로 고산(高山) 지역에 살고 있는 사람들은 장수하며, 맑은 공기와 삼림욕은 무엇보다도 좋다는 것은 모두가 아는 사실이다. 등산의 효과로 들 수 있는 첫 번째는 다이어트와 체중조절이다. 등산은 다른 운동들에 비해 열량 소모 효과가 뛰어나 대략 한 시간에 600kcal 이상을 소비한다. 그리고 지속적으로 등산을 하면 심장이 튼튼해져 심폐 기능이 강화되고 지구력 및 근력(筋力)이 강화되며 만성피로 회복에도 도움이 된다. 또한 초록의 자연경관은 눈의 피로를 풀어주어 시력 개선 효과를 가져오며, 우울증 예방이나 스트레스 해소에도 효과가 있는 것으로 알려져 있다.

2. 건강한 등산 방법

등산은 자신의 체력 수준이나 몸에 맞게 하여야 하며, 잘못된 등산 습관(習慣)은 오히려 역효과를 가져올 수 있다. 건강한 위해서 등산을 등산 전 충분한 스트레칭은 필수적이다. 특히 초행의 경우 무리하게 산을 오르는 것보다는 적당한 휴식을 취하며 난이도가 낮은 산부터 높은 산으로 점차적으로 수준을 올려가야 한다. 체력 소모를 줄이기 위해 등산 스틱을 사용하는 것도 방법이다.

연령별 등산 횟수 비율(%)

횟수	40대 미만	40대 이상
주 1회 이상	5	25
한달 1회 이상	21	26
분기 1회 이상	14	13
전혀 안한다	22	13
합계	62	77

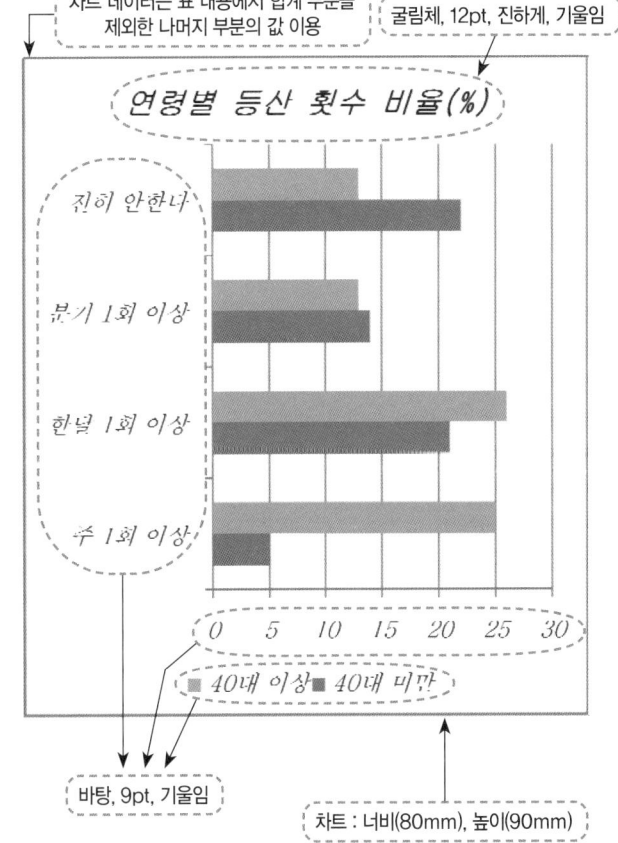

---

1) 비교적 평탄한 지형을 이동하는 산행

MEMO

PART 04
최신유형 기출문제

- ☑ 제 01 회 최신유형 기출문제
- ☑ 제 02 회 최신유형 기출문제
- ☑ 제 03 회 최신유형 기출문제
- ☑ 제 04 회 최신유형 기출문제
- ☑ 제 05 회 최신유형 기출문제
- ☑ 제 06 회 최신유형 기출문제
- ☑ 제 07 회 최신유형 기출문제
- ☑ 제 08 회 최신유형 기출문제
- ☑ 제 09 회 최신유형 기출문제
- ☑ 제 10 회 최신유형 기출문제

제 01 회 디지털정보활용능력 최신유형 기출문제

작성 시간 / 시험 시간	채점 결과
분 / 40분	점 / 200점

☑ 시험과목 : 워드프로세서(한글)
☑ 시험일자 : 20XX. XX. XX. (X)
☑ 응시자 기재사항 및 감독위원 확인

한컴오피스 한글 2022 버전용

Ⓐ

수검번호	DIW - XXXX -	감독위원 확인
성 명		

· 응시자 유의사항 ·

1. 응시자는 신분증을 지참하여야 시험에 응시할 수 있으며, 시험이 종료될 때까지 신분증을 제시하지 못 할 경우 해당 시험은 0점 처리됩니다.

2. 시스템(PC작동여부, 네트워크 상태 등)의 이상여부를 반드시 확인하여야 하며, 시스템 이상이 있을시 감독위원에게 조치를 받으셔야 합니다.

3. 시험 중 부주의 또는 고의로 시스템을 파손한 경우는 응시자 부담으로 합니다.

4. 답안 전송 프로그램을 통해 다운로드 받은 파일을 이용하여 답안 파일을 작성하시기 바랍니다.

5. 작성한 답안 파일은 답안 전송 프로그램을 통하여 전송됩니다. 감독위원의 지시에 따라 주시기 바랍니다.

6. 다음 사항의 경우 실격(0점) 혹은 부정행위 처리됩니다.
   1) 답안 파일을 저장하지 않았거나, 저장한 파일이 손상되었을 경우
   2) 답안 파일을 지정된 폴더(바탕화면 - "KAIT" 폴더)에 저장하지 않았을 경우
      ※ 답안 전송 프로그램 로그인 시 바탕화면에 자동 생성됨
   3) 답안 파일을 다른 보조 기억장치(USB) 혹은 네트워크(메신저, 게시판 등)로 전송할 경우
   4) 휴대용 전화기 등 통신기기를 사용할 경우

7. **시험지에 제시된 글꼴이 응시 프로그램에 없는 경우, 반드시 감독위원에게 해당 내용을 통보한 뒤 조치를 받아야 합니다.**

8. 시험의 완료는 작성이 완료된 답안을 저장하고, 답안 전송이 완료된 상태를 확인한 것으로 합니다. 답안 전송 확인 후 문제지는 감독위원에게 제출한 후 퇴실하여야 합니다.

9. 답안 전송이 완료된 경우에는 수정 또는 정정이 불가능합니다.

10. 시험 시행 후 결과는 홈페이지(www.ihd.or.kr)에서 확인하시기 바랍니다.
    1) 문제 및 모범답안 공개 : 20XX. XX. XX. (X)
    2) 합격자 발표 : 20XX. XX. XX. (X)

| 디지털정보활용능력 | 한글 [시험시간 : 40분] |

【문제】 첨부된 문제를 다음의 조건을 적용하여 문서를 작성하시오.

① 문서는 A4(210mm×297mm) 크기, 세로 용지 방향으로 작성한다.

② 페이지 여백은 아래와 같이 설정한다.

왼쪽	오른쪽	위쪽	아래쪽	머리말	꼬리말	제본
20mm	20mm	20mm	20mm	10mm	10mm	0mm

③ 아래와 같이 "자동 글머리 기호 넣기"와 "자동 번호 매기기" 기능을 해제한다.

> 도구 → 빠른 교정 → 빠른 교정 내용 → 입력 자동 서식 ⇒ 자동 글머리 기호 넣기(해제)
> 자동 번호 매기기(해제)

※ 만약 입력 자동 서식 메뉴가 없는 경우에는 "자동 글머리 기호 넣기"와 "자동 번호 매기기" 기능이 설정되어 있지 않은 것이므로 별도의 기능 해제 없이 그대로 시험에 응시하시면 됩니다.

④ 글자는 별도의 지시사항이 없는 한 **바탕, 10pt, 양쪽 정렬, 줄 간격 160%**로 작성한다.

⑤ 영문, 숫자 등은 별도의 지시가 없는 한 반각(1byte) 문자를 사용한다.

⑥ 특수문자는 문자표(전각 기호)를 이용하여 작성한다.

⑦ 교정부호 및 화살표로 기재된 지시사항대로 처리하되, ⟨⋯⟩→ 은 지시사항이므로 작성하지 않는다.

⑧ 1 페이지에 [문제1]을 작성하고, 구역을 나누어 2 페이지에 [문제2]를 작성한다.

※ 해당 페이지에 작성하지 않거나 의도적으로 텍스트 작성을 하지 않은 경우 0점 처리

⑨ [문제2]는 문제지와 같이 2단으로 다단을 나누어 작성한다.

⑩ '그림 삽입' 시에는 반드시 "KAIT 수검 프로그램"을 통해 다운로드 한 그림 파일을 사용한다.

⑪ 총점 : 200점

[공통사항1(기본설정, 용지설정)] : 8점, [공통사항2(오탈자)] : 40점
[문제1] : 46점, [문제2] : 106점

⑫ 기타 특별히 지시되어 있지 않은 사항은 문제지에 준하여 작성한다.

클라우드컴퓨팅컨퍼런스

전 세계 IT 기업과 전문가들이 한자리에 모이는 글로벌 클라우드 컴퓨팅 컨퍼런스가 개최됩니다. 올해 컨퍼런스에는 100여 개 기업이 참여하여 클라우드 인프라, 보안, 데이터 분석 등 최신 기술과 솔루션을 전시하고 발표할 예정입니다. 이번 행사의 주제는 '비즈니스 혁신을 위한 클라우드 트랜스포메이션'입니다. 최신 클라우드 도입 및 활용 전략을 공유하는 다양한 세미나와 실습 프로그램이 진행됩니다. 클라우드 기술의 최신 동향을 파악하고 싶은 분들의 많은 관심과 참여를 바랍니다.

● 참여안내 ●

1. 개최일 : 2025. 05. 15.(목) ~ 05. 17.(토) 10:00~19:00
2. 장   소 : 삼성동 코엑스 별관 3층, 4층
3. 대   상 : IT 관리자, 클라우드 엔지니어, 스타트업 창업자, 기업 임원, 연구원, 일반인
4. 기   타 : *홈페이지(http://www.ihd.or.kr) 참조*

※ 기타사항

- 특별 세션을 통해 실시간 클라우드의 보안 위협 분석을 시연하고, 대응 전략 및 솔루션을 소개하면서 클라우드 분야별 전문가 초청 강연이 진행됩니다.
- 대기업 및 스타트업의 성공적인 클라우드 도입 및 구축 성공 사례 발표도 준비되어 있습니다.

2025. 04. 26.

글로벌멀티클라우드협의회

클라우드 컴퓨팅

1. 주목하는 최신 트렌드

클라우드 컴퓨팅은 기업의 디지털(Digital) 전환(轉換)을 가속화하며, 인프라 확장, 비용 절감, 운영 효율성 증대 등 다양한 이점을 제공하는 핵심(核心) 기술로 자리 잡고 있다. 최신 트렌드로는 데이터를 생성하는 곳과 가까운 네트워크 엣지에서 처리하는 방식의 엣지 컴퓨팅 기술이 확산(擴散)되면서 실시간 데이터 분석 및 빠른 응답이 요구되는 사물인터넷 환경에서 적극적으로 활용되고 있다. 이와 함께 인공지능 및 머신러닝 기반 클라우드 서비스가 증가하면서 데이터 분석 및 자동화도 가속화되고 있다.

2. 기술의 경제적 가치

클라우드 기술의 확산은 기업의 운영 방식과 경제적 가치 창출 방식에 큰 변화를 불러왔으며, 클라우드 도입에 따른 인프라 비용 절감 효과가 두드러진다. 기업들은 자체 서버를 구축하는 대신 클라우드 서비스 이용을 통해 초기 투자 비용을 줄이고, 사용량에 따라 비용을 조절할 수 있는 종량제 모델을 활용하여 경제적인 운영이 가능해졌다. 보안 및 데이터 보호가 중요한 이슈로 떠오르면서 클라우드 보안 및 데이터 보호 시장도 빠르게 성장하고 있다. 유출과 데이터 사이버 공격을 방지하기 위한 클라우드 보안(保安) 솔루션이 발전하면서 기업들은 보안 강화를 위한 추가 투자를 확대하고 있다. 이와 함께 기업의 디지털 전환과 클라우드 도입(導入)의 연계가 경제적 가치 창출의 핵심 요소로 자리 잡고 있다.

― 인터넷을 통해 액세스할 수 있는 가상화된 서버에서 실행되는 프로그램과 데이터베이스를 제공하는 환경

클라우드 보안(단위: 백만 달러)

구분	투자	사용량
2021	531	200
2022	650	300
2023	818	800
2024	850	900
합계	2,849	2,200

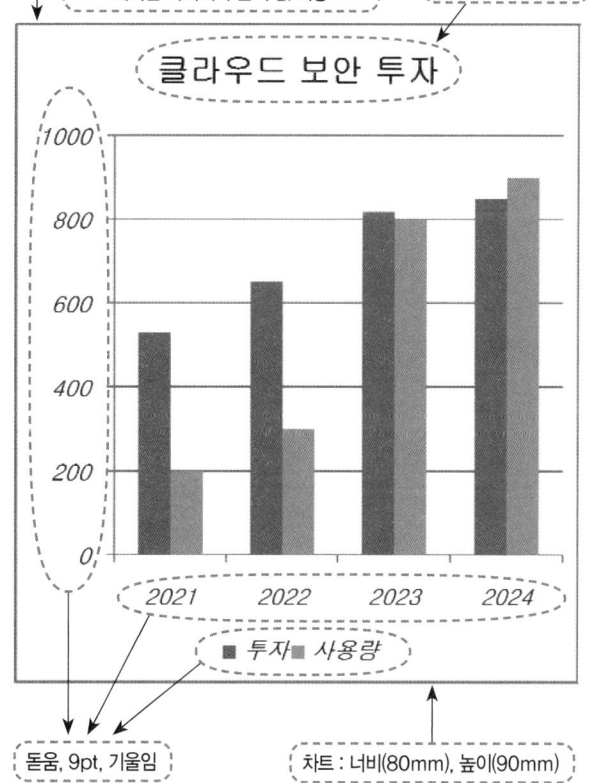

제 02 회 디지털정보활용능력 최신유형 기출문제

작성 시간 / 시험 시간	채점 결과
분 / 40분	점 / 200점

- ☑ 시험과목 : 워드프로세서(한글)
- ☑ 시험일자 : 20XX. XX. XX. (X)
- ☑ 응시자 기재사항 및 감독위원 확인

한컴오피스 한글 2022 버전용

B

수검번호	DIW - XXXX -	감독위원 확인
성 명		

응시자 유의사항

1. 응시자는 신분증을 지참하여야 시험에 응시할 수 있으며, 시험이 종료될 때까지 신분증을 제시하지 못 할 경우 해당 시험은 0점 처리됩니다.

2. 시스템(PC작동여부, 네트워크 상태 등)의 이상여부를 반드시 확인하여야 하며, 시스템 이상이 있을시 감독위원에게 조치를 받으셔야 합니다.

3. 시험 중 부주의 또는 고의로 시스템을 파손한 경우는 응시자 부담으로 합니다.

4. 답안 전송 프로그램을 통해 다운로드 받은 파일을 이용하여 답안 파일을 작성하시기 바랍니다.

5. 작성한 답안 파일은 답안 전송 프로그램을 통하여 전송됩니다. 감독위원의 지시에 따라 주시기 바랍니다.

6. 다음 사항의 경우 실격(0점) 혹은 부정행위 처리됩니다.
   1) 답안 파일을 저장하지 않았거나, 저장한 파일이 손상되었을 경우
   2) 답안 파일을 지정된 폴더(바탕화면 - "KAIT" 폴더)에 저장하지 않았을 경우
      ※ 답안 전송 프로그램 로그인 시 바탕화면에 자동 생성됨
   3) 답안 파일을 다른 보조 기억장치(USB) 혹은 네트워크(메신저, 게시판 등)로 전송할 경우
   4) 휴대용 전화기 등 통신기기를 사용할 경우

7. **시험지에 제시된 글꼴이 응시 프로그램에 없는 경우, 반드시 감독위원에게 해당 내용을 통보한 뒤 조치를 받아야 합니다.**

8. 시험의 완료는 작성이 완료된 답안을 저장하고, 답안 전송이 완료된 상태를 확인한 것으로 합니다. 답안 전송 확인 후 문제지는 감독위원에게 제출한 후 퇴실하여야 합니다.

9. 답안 전송이 완료된 경우에는 수정 또는 정정이 불가능합니다.

10. 시험 시행 후 결과는 홈페이지(www.ihd.or.kr)에서 확인하시기 바랍니다.
    1) 문제 및 모범답안 공개 : 20XX. XX. XX. (X)
    2) 합격자 발표 : 20XX. XX. XX. (X)

한국정보통신진흥협회 KAIT

디지털정보활용능력 > 한글 [시험시간 : 40분]

【문제】 첨부된 문제를 다음의 조건을 적용하여 문서를 작성하시오.

① 문서는 A4(210mm×297mm) 크기, 세로 용지 방향으로 작성한다.

② 페이지 여백은 아래와 같이 설정한다.

왼쪽	오른쪽	위쪽	아래쪽	머리말	꼬리말	제본
20mm	20mm	20mm	20mm	10mm	10mm	0mm

③ 아래와 같이 "자동 글머리 기호 넣기"와 "자동 번호 매기기" 기능을 해제한다.

도구 → 빠른 교정 → 빠른 교정 내용 → 입력 자동 서식 ⇒ 자동 글머리 기호 넣기(해제) 자동 번호 매기기(해제)

※ 만약 입력 자동 서식 메뉴가 없는 경우에는 "자동 글머리 기호 넣기"와 "자동 번호 매기기" 기능이 설정되어 있지 않은 것이므로 별도의 기능 해제 없이 그대로 시험에 응시하시면 됩니다.

④ 글자는 별도의 지시사항이 없는 한 **바탕, 10pt, 양쪽 정렬, 줄 간격 160%**로 작성한다.

⑤ 영문, 숫자 등은 별도의 지시가 없은 한 반각(1byte) 문자를 사용한다.

⑥ 특수문자는 문자표(전각 기호)를 이용하여 작성한다.

⑦ 교정부호 및 화살표로 기재된 지시사항대로 처리하되, ┌┈┈┈┐→ 은 지시사항이므로 작성하지 않는다.

⑧ **1 페이지에 [문제1]을 작성하고, 구역을 나누어 2 페이지에 [문제2]를 작성한다.**

※ 해당 페이지에 작성하지 않거나 의도적으로 텍스트 작성을 하지 않은 경우 0점 처리

⑨ [문제2]는 문제지와 같이 2단으로 다단을 나누어 작성한다.

⑩ '그림 삽입' 시에는 반드시 "KAIT 수검 프로그램"을 통해 다운로드 한 그림 파일을 사용한다.

⑪ 총점 : 200점

[공통사항1(기본설정, 용지설정)] : 8점, [공통사항2(오탈자)] : 40점
[문제1] : 46점, [문제2] : 106점

⑫ 기타 특별히 지시되어 있지 않은 사항은 문제지에 준하여 작성한다.

친환경에너지박람회

지속 가능한 미래를 위한 친환경 에너지 박람회가 제주파크에서 개최됩니다. 본 행사에는 150여 개 기업과 기관이 참여하여 **태양광, 풍력, 수소에너지 등 신재생 에너지 기술**을 선보입니다. 이번 박람회의 주제는 '탄소 중립을 위한 에너지 혁신'입니다. 주요 전시 분야는 태양광 발전, 전기차 충전 인프라, 탄소 배출 저감 기술 등 5개 부문이며, 신재생 에너지 활용 방안을 체험할 수 있는 다양한 프로그램도 마련되어 있습니다. 관심 있는 분들의 많은 참여를 기대합니다.

▶ 행사안내 ◀

1. 행 사 명 : 친환경 에너지 박람회
2. 행사일시 : 2025. 05. 05.(월) ~ 05. 18.(일), 09:00~18:00
3. 행사장소 : 모노리스 제주파크
4. 등록신청 : *블로그(http://www.ihd.or.kr) 참조하여 온라인으로 등록*

※ 기타사항
- 수소연료 전지 실증 체험관 운영 : 친환경 에너지 기술 체험 및 시연에 참여 가능합니다.
- 탄소 저감 기술 사례 발표장에서는 최신 신재생 에너지에 관한 연구 결과를 공유하며, 기상악화로 인해 실외 행사는 운영이 임시 중단 혹은 조기 종영될 수 있습니다.

2025. 04. 26.

친환경에너지발전협의회

- 가 -

친환경 에너지

1. 친환경 에너지 개요

기후변화 대응과 탄소 중립 목표 달성을 위해 친환경 에너지 산업이 빠르게 성장하고 있으며, 적극적으로 투자하고 있다. 최근 가장 주목받는 분야는 태양광 및 풍력 발전 기술의 고도화이다. 차세대 태양전지㉠ 기술과 부유식 해상 풍력 발전 시스템이 도입되면서 에너지 효율성이 크게 향상되고 있다. 탄소 배출 저감(低減)을 위한 탄소 포집 및 활용 기술도 빠르게 발전하고 있다. 이 기술은 화석(化石)연료 기반 산업에서 탄소 중립 목표를 달성할 수 있도록 돕고 있다.

2. 신재생 에너지

친환경 에너지는 지속 가능한 성장과 경제적 발전을 동시에 이루기 위한 핵심 산업으로 자리 잡고 있으며, 각국 정부와 기업들은 신재생 에너지 분야에 대한 투자(投資)를 확대하고 있다. 태양광, 풍력, 수소에너지 시설 건설이 증가하면서 새로운 일자리가 창출되고 있으며, 에너지 공급 안정성이 강화되고 있다. 탄소 배출 규제가 강화되면서 기업들은 탄소 배출권 거래 시장을 활용하여 탄소 중립 목표를 달성(達成)하고 있다. 기업들은 재생 에너지 100% 캠페인(Campaign)에 동참하여 신재생 에너지를 적극적으로 도입하고 있다. 이와 함께, 정부 및 민간 투자 확대를 통한 경제적 파급 효과도 주목할 만하다. 각국 정부는 친환경 에너지 산업에 대한 보조금 및 세금(稅金) 혜택을 제공하고 있으며, 벤처캐피털 및 대기업들도 신재생 에너지 기업에 대한 투자를 늘리고 있다.

친환경 에너지 성장률(단위: %)

구분	미국	한국
2021년	14.5	6.7
2022년	20.8	11.2
2023년	28.4	16.8
2024년	35.6	23.7
평균	24.83	14.60

㉠ 태양의 빛에너지를 전기에너지로 변환시켜 전기를 발생하는 장치로 친환경 방식으로 알려져 있음

제 03 회 디지털정보활용능력 최신유형 기출문제

작성 시간 / 시험 시간	채점 결과
분 / 40분	점 / 200점

☑ 시험과목 : 워드프로세서(한글)
☑ 시험일자 : 20XX. XX. XX. (X)
☑ 응시자 기재사항 및 감독위원 확인

한컴오피스 한글 2022 버전용

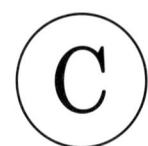

수검번호	DIW - XXXX -	감독위원 확인
성 명		

· 응시자 유의사항 ·

1. 응시자는 신분증을 지참하여야 시험에 응시할 수 있으며, 시험이 종료될 때까지 신분증을 제시하지 못 할 경우 해당 시험은 0점 처리됩니다.

2. 시스템(PC작동여부, 네트워크 상태 등)의 이상여부를 반드시 확인하여야 하며, 시스템 이상이 있을시 감독위원에게 조치를 받으셔야 합니다.

3. 시험 중 부주의 또는 고의로 시스템을 파손한 경우는 응시자 부담으로 합니다.

4. 답안 전송 프로그램을 통해 다운로드 받은 파일을 이용하여 답안 파일을 작성하시기 바랍니다.

5. 작성한 답안 파일은 답안 전송 프로그램을 통하여 전송됩니다. 감독위원의 지시에 따라 주시기 바랍니다.

6. 다음 사항의 경우 실격(0점) 혹은 부정행위 처리됩니다.
   1) 답안 파일을 저장하지 않았거나, 저장한 파일이 손상되었을 경우
   2) 답안 파일을 지정된 폴더(바탕화면 - "KAIT" 폴더)에 저장하지 않았을 경우
      ※ 답안 전송 프로그램 로그인 시 바탕화면에 자동 생성됨
   3) 답안 파일을 다른 보조 기억장치(USB) 혹은 네트워크(메신저, 게시판 등)로 전송할 경우
   4) 휴대용 전화기 등 통신기기를 사용할 경우

7. **시험지에 제시된 글꼴이 응시 프로그램에 없는 경우, 반드시 감독위원에게 해당 내용을 통보한 뒤 조치를 받아야 합니다.**

8. 시험의 완료는 작성이 완료된 답안을 저장하고, 답안 전송이 완료된 상태를 확인한 것으로 합니다. 답안 전송 확인 후 문제지는 감독위원에게 제출한 후 퇴실하여야 합니다.

9. 답안 전송이 완료된 경우에는 수정 또는 정정이 불가능합니다.

10. 시험 시행 후 결과는 홈페이지(www.ihd.or.kr)에서 확인하시기 바랍니다.
    1) 문제 및 모범답안 공개 : 20XX. XX. XX. (X)
    2) 합격자 발표 : 20XX. XX. XX. (X)

| 디지털정보활용능력 | 한글 [시험시간 : 40분] | 1/1 |

【문제】 첨부된 문제를 다음의 조건을 적용하여 문서를 작성하시오.

① 문서는 A4(210mm×297mm) 크기, 세로 용지 방향으로 작성한다.

② 페이지 여백은 아래와 같이 설정한다.

왼쪽	오른쪽	위쪽	아래쪽	머리말	꼬리말	제본
20mm	20mm	20mm	20mm	10mm	10mm	0mm

③ 아래와 같이 "자동 글머리 기호 넣기"와 "자동 번호 매기기" 기능을 해제한다.

> 도구 → 빠른 교정 → 빠른 교정 내용 → 입력 자동 서식 ⇒ 자동 글머리 기호 넣기(해제)
> 자동 번호 매기기(해제)

※ 만약 입력 자동 서식 메뉴가 없는 경우에는 "자동 글머리 기호 넣기"와 "자동 번호 매기기" 기능이 설정되어 있지 않은 것이므로 별도의 기능 해제 없이 그대로 시험에 응시하시면 됩니다.

④ 글자는 별도의 지시사항이 없는 한 **바탕, 10pt, 양쪽 정렬, 줄 간격 160%**로 작성한다.

⑤ 영문, 숫자 등은 별도의 지시가 없는 한 반각(1byte) 문자를 사용한다.

⑥ 특수문자는 문자표(전각 기호)를 이용하여 작성한다.

⑦ 교정부호 및 화살표로 기재된 지시사항대로 처리하되, ┈┈┈▶ 은 지시사항이므로 작성하지 않는다.

⑧ 1 페이지에 [문제1]을 작성하고, 구역을 나누어 2 페이지에 [문제2]를 작성한다.

※ 해당 페이지에 작성하지 않거나 의도적으로 텍스트 작성을 하지 않은 경우 0점 처리

⑨ [문제2]는 문제지와 같이 2단으로 다단을 나누어 작성한다.

⑩ '그림 삽입' 시에는 반드시 "KAIT 수검 프로그램"을 통해 다운로드 한 그림 파일을 사용한다.

⑪ 총점 : 200점

[공통사항1(기본설정, 용지설정)] : 8점, [공통사항2(오탈자)] : 40점
[문제1] : 46점, [문제2] : 106점

⑫ 기타 특별히 지시되어 있지 않은 사항은 문제지에 준하여 작성한다.

서울국제도서박람회

책을 사랑하는 독자와 출판 관계자들을 위한 서울 국제 도서 박람회가 서울 삼성동 코엑스에서 개최됩니다. 올해는 200여 개 출판사가 참여하며, 국내외 유명 작가들의 강연과 다양한 출판 관련 프로그램이 준비되어 있습니다. 이번 박람회의 주제는 '책, 시대를 말하다.'이며, ***문학, 인문학, 어린이/청소년 도서, 전자책, 독립 출판*** 등 5개 부문에서 다채로운 전시와 강연이 진행됩니다. 책을 통한 문화 교류와 최신 출판 트렌드를 경험하고 싶은 분들의 많은 관심과 참여를 바랍니다.

◆ 행사안내 ◆

1. 행 사 명 : 서울 국제 도서 박람회
2. 행사일시 : 2025년 5월 21일 ~ 27일, 09:00 ~ 18:00
3. 사전등록 : *서울 국제 도서 박람회 홈페이지(http://www.ihd.or.kr) 참조*
4. 등록비용 : 학생회원 5,000원, 일반회원 10,000원, 비회원 15,000원

※ 기타사항
- 사전 신청자 우선순위로 자료집을 배포(납부 마감일 5월 15일 자정까지)하며, 참여하신 모든 분께 행사 가이드북, 소정의 기념품, 간식 등을 제공해 드립니다.
- 현장에서 회원으로 가입하실 수 있으나 당일 사정에 따라 자료집 배부가 어려울 수 있습니다.

2025. 04. 26.

서울국제도서박람회

출판 산업 트렌드

1. 출판 산업의 확장

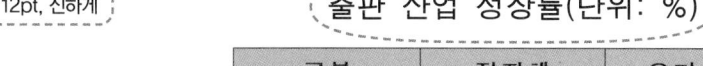

출판 산업은 전통적인 종이책 중심에서 전자책, 오디오북, 독립 출판(出版) 등 다양한 형식으로 확장되고 있다. 최근 몇 년간 전자책 및 오디오북ⓐ 시장의 성장이 두드러지고 있다. 스마트폰 및 태블릿 사용 증가와 함께 독자들이 이동 중에도 책을 즐길 수 있는 환경이 조성되면서 전자책 및 오디오북 소비가 증가하고 있다. 또한 기존의 대형 출판사 중심의 시장에서 벗어나 개인 작가들이 소셜미디어 및 온라인 플랫폼(Platform)을 활용하여 직접 출간하는 사례가 늘어나고 있다. 이를 통해 독자(讀者)들은 다양한 콘텐츠를 접할 수 있으며, 작가들도 더 큰 자유를 누릴 수 있다.

2. 도서 박람회의 가치

도서 박람회(博覽會)는 출판업계의 활성화뿐만 아니라 문화 콘텐츠 산업과 경제 전반에 걸쳐 중요한 역할을 하고 있다. 독자들에게 다양한 출판물을 소개하는 장을 제공할 뿐만 아니라 작가, 출판사, 서점, 미디어 관계자들이 한자리에 모여 새로운 협업 기회를 모색하는 플랫폼이 되고 있다. 특히 박람회 동안 신간 발표, 출판 계약, 판권 거래가 활발하게 이루어지며, 이는 출판 시장의 성장에 직접적인 영향을 미친다. 도서 박람회는 호텔, 관광, 요식업 등의 다양한 산업과 연계되며, 해외 출판 관계자들과의 교류(交流)가 활발해지면서 출판 콘텐츠 수출의 기회도 확대되고 있다. 디지털 출판과 대체불가능토큰을 활용한 콘텐츠 거래도 점점 증가(增加)하고 있다.

출판 산업 성장률(단위: %)

구분	전자책	오디오북
2021	12.4	7.8
2022	18.7	12.6
2023	26.3	18.5
2024	34.9	25.7
평균	23.08	16.15

출판 산업 성장률

ⓐ 눈으로 읽는 대신 귀로 들을 수 있게 책의 내용(문자)을 음성으로 녹음하여 기록한 것을 의미함

제 04 회 디지털정보활용능력 최신유형 기출문제

작성 시간 / 시험 시간	채점 결과
분 / 40분	점 / 200점

- ☑ 시험과목 : 워드프로세서(한글)
- ☑ 시험일자 : 20XX. XX. XX. (X)
- ☑ 응시자 기재사항 및 감독위원 확인

한컴오피스 한글 2022 버전용

수검번호	DIW - XXXX -	감독위원 확인
성 명		

· 응시자 유의사항 ·

1. 응시자는 신분증을 지참하여야 시험에 응시할 수 있으며, 시험이 종료될 때까지 신분증을 제시하지 못 할 경우 해당 시험은 0점 처리됩니다.

2. 시스템(PC작동여부, 네트워크 상태 등)의 이상여부를 반드시 확인하여야 하며, 시스템 이상이 있을시 감독위원에게 조치를 받으셔야 합니다.

3. 시험 중 부주의 또는 고의로 시스템을 파손한 경우는 응시자 부담으로 합니다.

4. 답안 전송 프로그램을 통해 다운로드 받은 파일을 이용하여 답안 파일을 작성하시기 바랍니다.

5. 작성한 답안 파일은 답안 전송 프로그램을 통하여 전송됩니다. 감독위원의 지시에 따라 주시기 바랍니다.

6. 다음 사항의 경우 실격(0점) 혹은 부정행위 처리됩니다.
    1) 답안 파일을 저장하지 않았거나, 저장한 파일이 손상되었을 경우
    2) 답안 파일을 지정된 폴더(바탕화면 - "KAIT" 폴더)에 저장하지 않았을 경우
        ※ 답안 전송 프로그램 로그인 시 바탕화면에 자동 생성됨
    3) 답안 파일을 다른 보조 기억장치(USB) 혹은 네트워크(메신저, 게시판 등)로 전송할 경우
    4) 휴대용 전화기 등 통신기기를 사용할 경우

7. **시험지에 제시된 글꼴이 응시 프로그램에 없는 경우, 반드시 감독위원에게 해당 내용을 통보한 뒤 조치를 받아야 합니다.**

8. 시험의 완료는 작성이 완료된 답안을 저장하고, 답안 전송이 완료된 상태를 확인한 것으로 합니다. 답안 전송 확인 후 문제지는 감독위원에게 제출한 후 퇴실하여야 합니다.

9. 답안 전송이 완료된 경우에는 수정 또는 정정이 불가능합니다.

10. 시험 시행 후 결과는 홈페이지(www.ihd.or.kr)에서 확인하시기 바랍니다.
    1) 문제 및 모범답안 공개 : 20XX. XX. XX. (X)
    2) 합격자 발표 : 20XX. XX. XX. (X)

디지털정보활용능력 > 한글 [시험시간 : 40분]

【문제】 첨부된 문제를 다음의 조건을 적용하여 문서를 작성하시오.

① 문서는 A4(210mm×297mm) 크기, 세로 용지 방향으로 작성한다.

② 페이지 여백은 아래와 같이 설정한다.

왼쪽	오른쪽	위쪽	아래쪽	머리말	꼬리말	제본
20mm	20mm	20mm	20mm	10mm	10mm	0mm

③ 아래와 같이 "자동 글머리 기호 넣기"와 "자동 번호 매기기" 기능을 해제한다.

> 도구 → 빠른 교정 → 빠른 교정 내용 → 입력 자동 서식 ⇒ 자동 글머리 기호 넣기(해제)
> 자동 번호 매기기(해제)

※ 만약 입력 자동 서식 메뉴가 없는 경우에는 "자동 글머리 기호 넣기"와 "자동 번호 매기기" 기능이 설정되어 있지 않은 것이므로 별도의 기능 해제 없이 그대로 시험에 응시하시면 됩니다.

④ 글자는 별도의 지시사항이 없는 한 **바탕, 10pt, 양쪽 정렬, 줄 간격 160%**로 작성한다.

⑤ 영문, 숫자 등은 별도의 지시가 없은 한 반각(1byte) 문자를 사용한다.

⑥ 특수문자는 문자표(전각 기호)를 이용하여 작성한다.

⑦ 교정부호 및 화살표로 기재된 지시사항대로 처리하되, ⟨⋯⋯⟩→ 은 지시사항이므로 작성하지 않는다.

⑧ 1 페이지에 [문제1]을 작성하고, 구역을 나누어 2 페이지에 [문제2]를 작성한다.

　※ 해당 페이지에 작성하지 않거나 의도적으로 텍스트 작성을 하지 않은 경우 0점 처리

⑨ [문제2]는 문제지와 같이 2단으로 다단을 나누어 작성한다.

⑩ '그림 삽입' 시에는 반드시 "KAIT 수검 프로그램"을 통해 다운로드 한 그림 파일을 사용한다.

⑪ 총점 : 200점

　[공통사항1(기본설정, 용지설정)] : 8점, [공통사항2(오탈자)] : 40점
　[문제1] : 46점, [문제2] : 106점

⑫ 기타 특별히 지시되어 있지 않은 사항은 문제지에 준하여 작성한다.

생활가전수거캠페인

서울시는 자원순환 문화조성캠페인의 일환으로 2025년 7월부터 생활가전수거 캠페인을 시행할 계획입니다. 이번 캠페인을 통해 가전제품을 재활용하여 자원의 낭비를 줄이고 환경 보호에 기여하는 활동으로 성장할 수 있도록 지속 가능한 환경을 구축하고자 합니다. 이에 따라 가정이나 사업장에서 불필요한 가전제품을 수거할 수 있도록 문화조성캠페인에 적극 동참해 주시기 바랍니다. 시민 여러분의 적극적인 참여와 협조가 무엇보다 절실합니다.

● 홍보안내 ●

1. 캠페인명 : E-순환거버넌스 캠페인
2. 신청기간 : 2025. 07. 01.(화) ~ 12. 31.(수), 9:00~18:00
3. 신청대상 : *서울시 25개 자치구 및 인근 지역*
4. 신청방법 : 캠페인 홈페이지(http://www.ihd.or.kr)를 통한 무상수거 신청접수

※ 기타사항
- 온라인 설문조사에 참여해 주신 분 중 300명에게 추첨을 통해 상품을 지급할 예정입니다.
- 수거업체가 정해진 수거일마다 방문하여 폐가전을 무상수거할 예정이며 캠페인 종료 이후에도 지속적인 무상수거 진행 예정입니다. (담당자 연락처 : 02-3456-7890)

2025. 06. 28.

한국자원순환센터

자원순환

1. 자원순환의 필요성

자원 고갈을 막고 에너지 소비를 줄이며 온실가스① 배출을 최소화하는 데 필요한 과정이며, 폐기물의 재활용과 자원의 재사용을 통해 경제적 이익(利益)을 창출할 수 있어서 사회 전반에 긍정적인 영향을 미친다. 또한 보호하는 환경을 지속 가능한 발전을 이룰 수 있어서 미래 세대에게 더 나은 환경(環境)을 물려주는 중요한 실천(實踐)이기도 하다.

2. 자원순환 실천 방법

생활 속에서 실천할 수 있는 자원순환 방법은 여러 가지가 있다. 첫째, 재활용을 철저히 한다. 종이, 플라스틱, 금속, 유리 등을 분리배출해 재활용이 가능하도록 돕는다. 둘째, 일회용품 사용을 줄인다. 개인용 텀블러, 장바구니 등을 사용해 일회용 플라스틱 소비를 줄일 수 있다. 또한, 포장재가 적은 제품을 선택하거나 불필요한 포장을 피하는 것도 좋은 방법이다. 셋째, 중고 물품을 구매하거나 기부하는 것이다. 필요 없는 물건을 버리지 않고 중고 거래 플랫폼(Platform)이나 기부처에 제공하여 다른 사람이 재사용할 수 있도록 한다. 이는 자원을 낭비(浪費)하지 않고 물건의 수명을 연장하는 데 기여한다. 넷째, 음식물 쓰레기를 줄이는 것이다. 식사를 계획적으로 하고 음식물을 적절히 보관하여 신선도를 유지하고 필요한 양만큼 구입하고 낭비를 줄인다. 이러한 작은 실천들이 모여 자원순환을 촉진(促進)하여 환경보호에 큰 도움이 된다.

연도별 자원순환율 추이(%)

연도	생활폐기물	사업장폐기물
2021	78.8	67.5
2022	80.4	69.3
2023	82.7	74.2
2024	83.0	75.8
평균	81.22	71.70

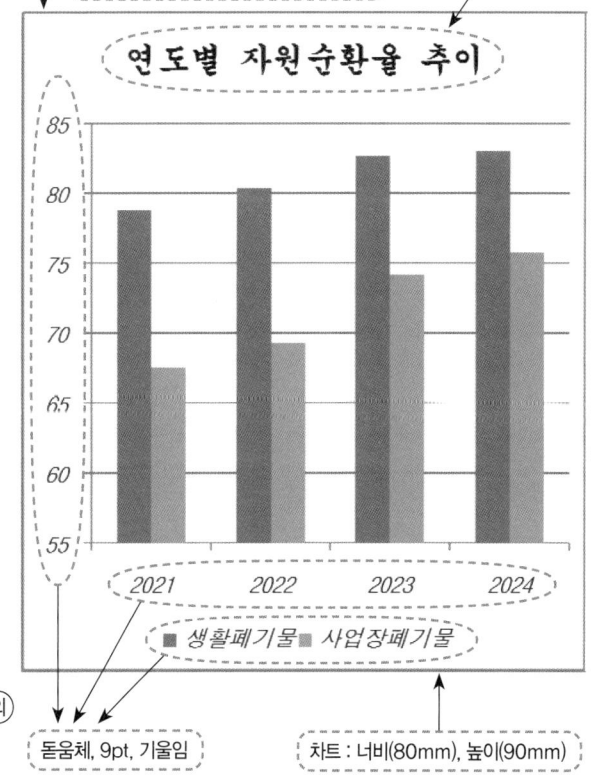

---

① 땅으로 복사되는 에너지를 흡수하여 온실효과를 내는 기체

- 나 -

제 05 회 디지털정보활용능력 최신유형 기출문제

작성 시간 / 시험 시간	채점 결과
분 / 40분	점 / 200점

☑ 시험과목 : 워드프로세서(한글)
☑ 시험일자 : 20XX. XX. XX. (X)
☑ 응시자 기재사항 및 감독위원 확인

한컴오피스 한글 2022 버전용

수검번호	DIW - XXXX -	감독위원 확인
성 명		

· 응시자 유의사항 ·

1. 응시자는 신분증을 지참하여야 시험에 응시할 수 있으며, 시험이 종료될 때까지 신분증을 제시하지 못 할 경우 해당 시험은 0점 처리됩니다.

2. 시스템(PC작동여부, 네트워크 상태 등)의 이상여부를 반드시 확인하여야 하며, 시스템 이상이 있을시 감독위원에게 조치를 받으셔야 합니다.

3. 시험 중 부주의 또는 고의로 시스템을 파손한 경우는 응시자 부담으로 합니다.

4. 답안 전송 프로그램을 통해 다운로드 받은 파일을 이용하여 답안 파일을 작성하시기 바랍니다.

5. 작성한 답안 파일은 답안 전송 프로그램을 통하여 전송됩니다. 감독위원의 지시에 따라 주시기 바랍니다.

6. 다음 사항의 경우 실격(0점) 혹은 부정행위 처리됩니다.
   1) 답안 파일을 저장하지 않았거나, 저장한 파일이 손상되었을 경우
   2) 답안 파일을 지정된 폴더(바탕화면 – "KAIT" 폴더)에 저장하지 않았을 경우
      ※ 답안 전송 프로그램 로그인 시 바탕화면에 자동 생성됨
   3) 답안 파일을 다른 보조 기억장치(USB) 혹은 네트워크(메신저, 게시판 등)로 전송할 경우
   4) 휴대용 전화기 등 통신기기를 사용할 경우

7. **시험지에 제시된 글꼴이 응시 프로그램에 없는 경우, 반드시 감독위원에게 해당 내용을 통보한 뒤 조치를 받아야 합니다.**

8. 시험의 완료는 작성이 완료된 답안을 저장하고, 답안 전송이 완료된 상태를 확인한 것으로 합니다. 답안 전송 확인 후 문제지는 감독위원에게 제출한 후 퇴실하여야 합니다.

9. 답안 전송이 완료된 경우에는 수정 또는 정정이 불가능합니다.

10. 시험 시행 후 결과는 홈페이지(www.ihd.or.kr)에서 확인하시기 바랍니다.
    1) 문제 및 모범답안 공개 : 20XX. XX. XX. (X)
    2) 합격자 발표 : 20XX. XX. XX. (X)

디지털정보활용능력 > 한글 [시험시간 : 40분]

【문제】 첨부된 문제를 다음의 조건을 적용하여 문서를 작성하시오.

① 문서는 A4(210mm×297mm) 크기, 세로 용지 방향으로 작성한다.

② 페이지 여백은 아래와 같이 설정한다.

왼쪽	오른쪽	위쪽	아래쪽	머리말	꼬리말	제본
20mm	20mm	20mm	20mm	10mm	10mm	0mm

③ 아래와 같이 "자동 글머리 기호 넣기"와 "자동 번호 매기기" 기능을 해제한다.

> 도구 → 빠른 교정 → 빠른 교정 내용 → 입력 자동 서식 ⇒ 자동 글머리 기호 넣기(해제)
> 자동 번호 매기기(해제)

※ 만약 입력 자동 서식 메뉴가 없는 경우에는 "자동 글머리 기호 넣기"와 "자동 번호 매기기" 기능이 설정되어 있지 않은 것이므로 별도의 기능 해제 없이 그대로 시험에 응시하시면 됩니다.

④ 글자는 별도의 지시사항이 없는 한 **바탕, 10pt, 양쪽 정렬, 줄 간격 160%**로 작성한다.

⑤ 영문, 숫자 등은 별도의 지시가 없는 한 반각(1byte) 문자를 사용한다.

⑥ 특수문자는 문자표(전각 기호)를 이용하여 작성한다.

⑦ 교정부호 및 화살표로 기재된 지시사항대로 처리하되, ⎯⎯⎯→ 은 지시사항이므로 작성하지 않는다.

⑧ 1 페이지에 [문제1]을 작성하고, 구역을 나누어 2 페이지에 [문제2]를 작성한다.

  ※ 해당 페이지에 작성하지 않거나 의도적으로 텍스트 작성을 하지 않은 경우 0점 처리

⑨ [문제2]는 문제지와 같이 2단으로 다단을 나누어 작성한다.

⑩ '그림 삽입' 시에는 반드시 "KAIT 수검 프로그램"을 통해 다운로드 한 그림 파일을 사용한다.

⑪ 총점 : 200점

  [공통사항1(기본설정, 용지설정)] : 8점, [공통사항2(오탈자)] : 40점
  [문제1] : 46점, [문제2] : 106점

⑫ 기타 특별히 지시되어 있지 않은 사항은 문제지에 준하여 작성한다.

동물등록제시행안내

반려동물 등록제는 유실 및 유기동물 발생을 예방하고 성숙한 반려문화 정착을 위한 중요한 제도입니다. 생후 2개월 이상의 반려견을 소유한 분들은 **동물병원이나 펫샵, 동물등록대행업체에서** 반드시 반려견 정보를 등록해야 합니다. 반려동물 등록을 통해 주인의 책임감이 강화되고, 유기동물 문제를 줄이며 반려동물의 안전한 관리가 가능합니다. 또한, 등록된 정보를 바탕으로 유실된 반려동물을 더 쉽게 찾을 수 있기에 많은 분들의 참여 부탁드립니다.

★ 사업안내 ★

1. 등록대상 : 주택, 준주택에서 기르는 2개월령 이상의 개와 고양이
2. 등록방법 : 내장형 무선식별장치, 외장형 무선식별장치, 등록인식표 부착
3. 지원내용 : ***1마리당 3만원, 세대당 최대 1회 지원***
4. 사업문의 : 홈페이지(http://www.ihd.or.kr) 또는 02-1234-5678로 문의

※ 기타사항

- 등록신청인이 직접 방문하지 않고 대리인 신청 시 위임장, 신분증 사본이 필요합니다.
- 이용방법은 사업참여 동물병원에 지원신청서를 제출 후 사업참여 병원에서 일괄처리가 되는 순으로 진행되는 점 참고 바랍니다.

2025. 06. 28.

세종시반려동물과

동물등록제

1. 제도의 필요성

반려동물의 수가 급격히 증가하면서 동물등록제의 필요성이 더욱 강조되고 있다. 반려견의 유실 및 유기동물 발생을 방지(防止)하고 성숙한 반려 문화 정착을 위해 필수적인 제도(制度)다. 생후 ① 개월 이상의 반려견을 소유한 모든 사람은 동물병원이나 펫샵(Petshop) 등 등록대행업체를 통해 의무적으로 등록해야 한다. 이는 반려동물甲 관리의 책임을 명확히 하고 문제를 유기동물 예방하는 데 중요한 역할을 한다. 동물등록제의 가장 큰 장점은 유실된 반려동물을 신속하게 찾을 수 있다는 것이다. 등록된 반려동물은 정보(情報)가 시스템에 저장되어 분실 시 소유주가 빠르게 찾아낼 수 있다. 또한, 등록을 통해 유기동물을 예방할 수 있다. 반려동물을 키우는 사람들의 책임감이 강화되고 법적 책임이 부여(附與)되어 반려동물에 대한 보호와 관리가 강화된다.

2. 동물등록현황

정부와 관련 기관에서 다양한 홍보 활동을 펼친 결과 동물병원과 펫샵 등 등록대행업체의 이용 현황도 높아지고 있으며 수도권에서의 등록 비율은 70%를 넘고 있다. 다만, 지방에서는 여전히 낮은 비율을 보이고 있다. 이는 지역별로 반려동물에 대한 인식 차이가 존재하고 있음을 나타낸다. 단순히 법적인 의무를 넘어서 반려동물과 사람, 나아가 사회 전체의 안전과 복지(福祉)를 위한 중요한 제도이기에 등록을 통해 유기동물을 줄이고 더 나아가 성숙한 반려 문화가 자리 잡을 수 있도록 지속적인 노력이 필요하다.

甲 사람과 함께 집에서 더불어 살아가는 동물

동물등록현황(단위 : 백 건)

연도	수도권	지방
2021	64.4	33.5
2022	70.1	42.2
2023	74.1	49.7
2024	78.3	53.6
평균	71.72	44.75

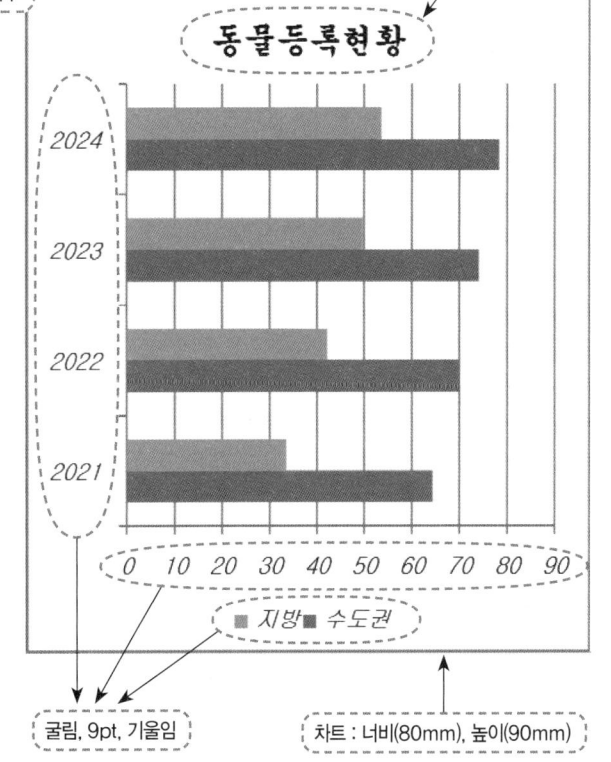

동물등록현황

제 06 회 디지털정보활용능력 최신유형 기출문제

작성 시간 / 시험 시간	채점 결과
분 / 40분	점 / 200점

☑ 시험과목 : 워드프로세서(한글)
☑ 시험일자 : 20XX. XX. XX. (X)
☑ 응시자 기재사항 및 감독위원 확인

한컴오피스 한글 2022 버전용

수검번호	DIW - XXXX -	감독위원 확인
성 명		

· 응시자 유의사항 ·

1. 응시자는 신분증을 지참하여야 시험에 응시할 수 있으며, 시험이 종료될 때까지 신분증을 제시하지 못 할 경우 해당 시험은 0점 처리됩니다.

2. 시스템(PC작동여부, 네트워크 상태 등)의 이상여부를 반드시 확인하여야 하며, 시스템 이상이 있을시 감독위원에게 조치를 받으셔야 합니다.

3. 시험 중 부주의 또는 고의로 시스템을 파손한 경우는 응시자 부담으로 합니다.

4. 답안 전송 프로그램을 통해 다운로드 받은 파일을 이용하여 답안 파일을 작성하시기 바랍니다.

5. 작성한 답안 파일은 답안 전송 프로그램을 통하여 전송됩니다. 감독위원의 지시에 따라 주시기 바랍니다.

6. 다음 사항의 경우 실격(0점) 혹은 부정행위 처리됩니다.
   1) 답안 파일을 저장하지 않았거나, 저장한 파일이 손상되었을 경우
   2) 답안 파일을 지정된 폴더(바탕화면 - "KAIT" 폴더)에 저장하지 않았을 경우
      ※ 답안 전송 프로그램 로그인 시 바탕화면에 자동 생성됨
   3) 답안 파일을 다른 보조 기억장치(USB) 혹은 네트워크(메신저, 게시판 등)로 전송할 경우
   4) 휴대용 전화기 등 통신기기를 사용할 경우

7. **시험지에 제시된 글꼴이 응시 프로그램에 없는 경우, 반드시 감독위원에게 해당 내용을 통보한 뒤 조치를 받아야 합니다.**

8. 시험의 완료는 작성이 완료된 답안을 저장하고, 답안 전송이 완료된 상태를 확인한 것으로 합니다. 답안 전송 확인 후 문제지는 감독위원에게 제출한 후 퇴실하여야 합니다.

9. 답안 전송이 완료된 경우에는 수정 또는 정정이 불가능합니다.

10. 시험 시행 후 결과는 홈페이지(www.ihd.or.kr)에서 확인하시기 바랍니다.
    1) 문제 및 모범답안 공개 : 20XX. XX. XX. (X)
    2) 합격자 발표 : 20XX. XX. XX. (X)

디지털정보활용능력 > 한글 [시험시간 : 40분]

【문제】 첨부된 문제를 다음의 조건을 적용하여 문서를 작성하시오.

① 문서는 A4(210mm×297mm) 크기, 세로 용지 방향으로 작성한다.

② 페이지 여백은 아래와 같이 설정한다.

왼쪽	오른쪽	위쪽	아래쪽	머리말	꼬리말	제본
20mm	20mm	20mm	20mm	10mm	10mm	0mm

③ 아래와 같이 "자동 글머리 기호 넣기"와 "자동 번호 매기기" 기능을 해제한다.

도구 → 빠른 교정 → 빠른 교정 내용 → 입력 자동 서식 ⇒ 자동 글머리 기호 넣기(해제) / 자동 번호 매기기(해제)

※ 만약 입력 자동 서식 메뉴가 없는 경우에는 "자동 글머리 기호 넣기"와 "자동 번호 매기기" 기능이 설정되어 있지 않은 것이므로 별도의 기능 해제 없이 그대로 시험에 응시하시면 됩니다.

④ 글자는 별도의 지시사항이 없는 한 **바탕, 10pt, 양쪽 정렬, 줄 간격 160%**로 작성한다.

⑤ 영문, 숫자 등은 별도의 지시가 없는 한 반각(1byte) 문자를 사용한다.

⑥ 특수문자는 문자표(전각 기호)를 이용하여 작성한다.

⑦ 교정부호 및 화살표로 기재된 지시사항대로 처리하되, ⎯⎯⎯→ 은 지시사항이므로 작성하지 않는다.

⑧ **1 페이지에 [문제1]을 작성하고, 구역을 나누어 2 페이지에 [문제2]를 작성한다.**

※ 해당 페이지에 작성하지 않거나 의도적으로 텍스트 작성을 하지 않은 경우 0점 처리

⑨ [문제2]는 문제지와 같이 2단으로 다단을 나누어 작성한다.

⑩ '그림 삽입' 시에는 반드시 "KAIT 수검 프로그램"을 통해 다운로드 한 그림 파일을 사용한다.

⑪ 총점 : 200점

[공통사항1(기본설정, 용지설정)] : 8점, [공통사항2(오탈자)] : 40점
[문제1] : 46점, [문제2] : 106점

⑫ 기타 특별히 지시되어 있지 않은 사항은 문제지에 준하여 작성한다.

인공지능융합일자리박람회

작년 기준으로 국내 인공지능 산업 규모는 전년 대비 41%가 성장한 11조 원을 돌파했으며, 향후 5년간 38만 개의 인공지능 융합 일자리가 새롭게 창출될 것으로 전망됩니다. 이러한 시점에서 청년층과 중장년층의 구직자는 인공지능 시대에 적합한 직무에 대한 정확한 정보가 필요합니다. 이에 본 박람회에서는 구직자들에게 인공지능 융합 일자리에 대한 실질적인 정보를 제공하고, 맞춤형 취업 컨설팅을 통해 **구직자와 기업 간의 효과적인 매칭**을 지원하고자 합니다. 여러분의 많은 참여 바랍니다.

◆ 행사안내 ◆

1. 행사일시 : 2025년 7월 5일(토) ~ 6일(일), 10:00 ~ 18:00
2. 행사안내 : *대전 코엑스 3층 대강당*
3. 참가대상 : 청년 및 중장년 구직자(참가비 무료)
4. 프로그램 : 채용설명회 및 직무 소개, 자기소개서 클리닉, 모의면접 체험관

※ 기타사항

- 모의면접 체험은 홈페이지(http://www.ihd.or.kr)를 통해 사전 예약이 필수입니다.
- 별도로 마련된 중장년 특화관에서는 생애경력설계 서비스와 중장년 특화 직무 전환 정보들을 제공합니다. 단체 예약은 협회(02-123-4567)로 연락주시기 바랍니다.

2025. 06. 28.

차세대융합일자리협회

인공지능의 영향

1. 취업시장의 변화

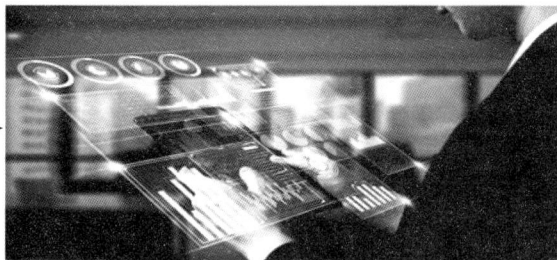

현대 취업시장은 구인난과 구직난이 동시에 발생하는 특이한 양상(樣相)을 보인다. 여전히 대기업과 공공기관에 대한 선호도가 높아 중소기업은 인재 확보(確保)에 어려움을 겪고 있으며, 전통 산업과 신산업 간의 인력 수급 불균형(不均衡)이 심화되고 있다. 인공지능 융합 시대의 도래와 함께 전 세계적으로 8,500만 개의 기존 일자리가 인공지능과 로봇으로 대체(代替)될 것으로 예상되지만, 동시에 9,700만 개의 새로운 직무가 창출될 것으로 전망된다. 인공지능 엔지니어링, 데이터 사이언스, 로봇 프로세스 자동화 전문가, 메타버스 콘텐츠 크리에이터 등 새로운 직종이 빠르게 성장하고 있다.

2. 중장년층의 일자리

100세 시대의 도래로 중장년층의 취업시장에도 큰 변화를 맞이하고 있다. 평균 수명 증가로 경제활동 기간이 연장되면서 60세 이상의 경제활동 참가율이 증가하고 있으며, 이에 따라 제2의 커리어 설계가 필수적인 과제이다. 이러한 변화에 대응하기 위해서는 구직자들의 디지털 리터러시[1] 강화와 지속적인 자기개발이 필요하다. 기업들은 연령의 다양성을 고려한 인력 운영과 함께 유연한 근무제도를 도입하는 등의 노력을 하고 있다. 무엇보다 개인과 기업, 정부가 협력(Cooperation)하여 새로운 일자리 생태계를 구축하는 것이 중요하다. 특히 중장년층의 풍부한 경험과 전문성을 인공지능 기술과 결합하여 새로운 가치를 창출(創出)할 수 있는 기회를 모색해야 할 것이다.

연도별 구직률 현황(%)

연도	청년층	중장년층
2021년	42.3	28.7
2022년	44.1	30.5
2023년	45.8	33.8
2024년	47.2	37.6
평균	44.85	32.65

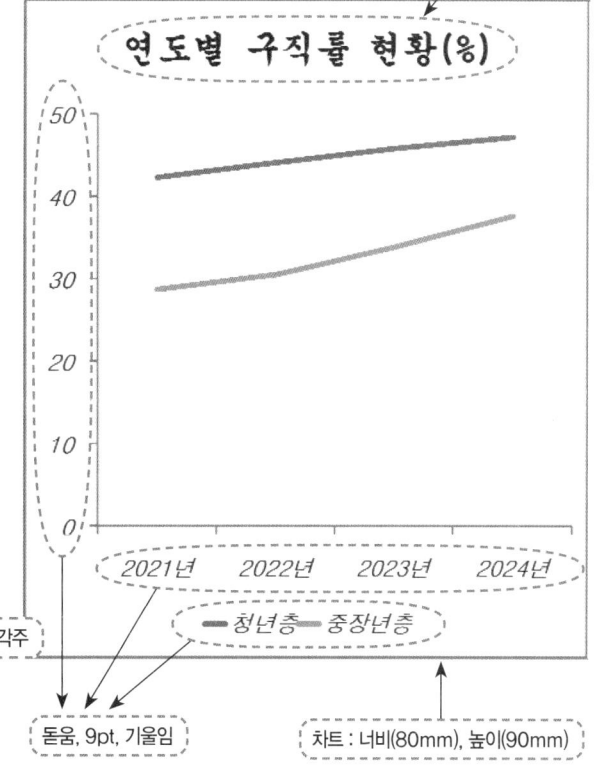

---

[1] 디지털 기술에 대한 이해와 활용 능력

제 07 회 디지털정보활용능력 최신유형 기출문제

작성 시간 / 시험 시간	채점 결과
분 / 40분	점 / 200점

☑ 시험과목 : 워드프로세서(한글)
☑ 시험일자 : 20XX. XX. XX. (X)
☑ 응시자 기재사항 및 감독위원 확인

한컴오피스 한글 2022 버전용

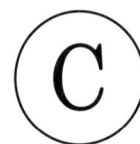

수검번호	DIW - XXXX -	감독위원 확인
성 명		

· 응시자 유의사항 ·

1. 응시자는 신분증을 지참하여야 시험에 응시할 수 있으며, 시험이 종료될 때까지 신분증을 제시하지 못 할 경우 해당 시험은 0점 처리됩니다.

2. 시스템(PC작동여부, 네트워크 상태 등)의 이상여부를 반드시 확인하여야 하며, 시스템 이상이 있을시 감독위원에게 조치를 받으셔야 합니다.

3. 시험 중 부주의 또는 고의로 시스템을 파손한 경우는 응시자 부담으로 합니다.

4. 답안 전송 프로그램을 통해 다운로드 받은 파일을 이용하여 답안 파일을 작성하시기 바랍니다.

5. 작성한 답안 파일은 답안 전송 프로그램을 통하여 전송됩니다. 감독위원의 지시에 따라 주시기 바랍니다.

6. 다음 사항의 경우 실격(0점) 혹은 부정행위 처리됩니다.
   1) 답안 파일을 저장하지 않았거나, 저장한 파일이 손상되었을 경우
   2) 답안 파일을 지정된 폴더(바탕화면 – "KAIT" 폴더)에 저장하지 않았을 경우
      ※ 답안 전송 프로그램 로그인 시 바탕화면에 자동 생성됨
   3) 답안 파일을 다른 보조 기억장치(USB) 혹은 네트워크(메신저, 게시판 등)로 전송할 경우
   4) 휴대용 전화기 등 통신기기를 사용할 경우

7. **시험지에 제시된 글꼴이 응시 프로그램에 없는 경우, 반드시 감독위원에게 해당 내용을 통보한 뒤 조치를 받아야 합니다.**

8. 시험의 완료는 작성이 완료된 답안을 저장하고, 답안 전송이 완료된 상태를 확인한 것으로 합니다. 답안 전송 확인 후 문제지는 감독위원에게 제출한 후 퇴실하여야 합니다.

9. 답안 전송이 완료된 경우에는 수정 또는 정정이 불가능합니다.

10. 시험 시행 후 결과는 홈페이지(www.ihd.or.kr)에서 확인하시기 바랍니다.
    1) 문제 및 모범답안 공개 : 20XX. XX. XX. (X)
    2) 합격자 발표 : 20XX. XX. XX. (X)

디지털정보활용능력 ▶ **한글 [시험시간 : 40분]**

【문제】 첨부된 문제를 다음의 조건을 적용하여 문서를 작성하시오.

① 문서는 A4(210mm×297mm) 크기, 세로 용지 방향으로 작성한다.

② 페이지 여백은 아래와 같이 설정한다.

왼쪽	오른쪽	위쪽	아래쪽	머리말	꼬리말	제본
20mm	20mm	20mm	20mm	10mm	10mm	0mm

③ 아래와 같이 "자동 글머리 기호 넣기"와 "자동 번호 매기기" 기능을 해제한다.

> 도구 → 빠른 교정 → 빠른 교정 내용 → 입력 자동 서식 ⇒ 자동 글머리 기호 넣기(해제)
> 자동 번호 매기기(해제)

※ 만약 입력 자동 서식 메뉴가 없는 경우에는 "자동 글머리 기호 넣기"와 "자동 번호 매기기" 기능이 설정되어 있지 않은 것이므로 별도의 기능 해제 없이 그대로 시험에 응시하시면 됩니다.

④ 글자는 별도의 지시사항이 없는 한 **바탕, 10pt, 양쪽 정렬, 줄 간격 160%**로 작성한다.

⑤ 영문, 숫자 등은 별도의 지시가 없는 한 반각(1byte) 문자를 사용한다.

⑥ 특수문자는 문자표(전각 기호)를 이용하여 작성한다.

⑦ 교정부호 및 화살표로 기재된 지시사항대로 처리하되, ⟵┈┈┈⟶ 은 지시사항이므로 작성하지 않는다.

⑧ 1 페이지에 [문제1]을 작성하고, 구역을 나누어 2 페이지에 [문제2]를 작성한다.

※ 해당 페이지에 작성하지 않거나 의도적으로 텍스트 작성을 하지 않은 경우 0점 처리

⑨ [문제2]는 문제지와 같이 2단으로 다단을 나누어 작성한다.

⑩ '그림 삽입' 시에는 반드시 "KAIT 수검 프로그램"을 통해 다운로드 한 그림 파일을 사용한다.

⑪ 총점 : 200점

[공통사항1(기본설정, 용지설정)] : 8점, [공통사항2(오탈자)] : 40점
[문제1] : 46점, [문제2] : 106점

⑫ 기타 특별히 지시되어 있지 않은 사항은 문제지에 준하여 작성한다.

한국평생교육학회학술포럼

한국평생교육학회 학술포럼이 비대면으로 진행됩니다. 이번 학술포럼의 주제는 "**평생교육사 양성 교육과정 현황과 개선 방안 탐색**"입니다. 평생교육사 양성 교육과정을 관리하고 수업을 운영한 경험을 중심으로 각 대학의 교육과정 운영 현황에 대해서 살펴보고자 합니다. 또한 대학의 양성 과정이 가지는 문제점 및 원인이 무엇이며, 향후 개선 방향과 방법을 어떻게 구상할 수 있을지 토의합니다. 학회원 여러분의 교류가 활성화되기를 바라며, 많은 관심과 참여를 부탁드립니다.

◆ 행 사 안 내 ◆

1. 행사제목 : 한국평생교육학회 학술포럼
2. 행사일시 : 2025.07.27.(일), 16:00~18:00
3. 참석대상 : 학회원 및 평생교육에 관심 있는 20세 이상의 성인
4. 사전등록 : *한국평생교육학회 홈페이지(http://www.ihd.or.kr) 참조*

※ 기타사항
- 사전신청자 우선순위로 자료집을 배포(납부 마감일 7월 20일 자정까지)하며, 참여하신 모든 분께 행사 가이드북, 소정의 기념품, 간식 등을 제공해 드립니다.
- 기타 자세한 사항은 담당자(031-123-4567)에게 문의하여 주시기 바랍니다.

2025. 07. 26.

한국평생교육학회

평생교육시대

1. 평생교육이란?

유아부터 노년에 이르기까지 평생(平生)에 걸친 교육(敎育)을 일컫는다. 학교 교육과 사회 교육을 포괄하는 개념으로 오늘날 대부분의 국가가 평생 교육 이념 아래에 교육체제를 재정립하고 있다. 평생교육이 세계적인 관점에서 논의되기 시작한 것은 제2차 세계대전 이후 유네스코+를 중심으로 한 활동에서 연유되었다. 평생교육의 목적은 개인의 신체적, 인격적인 성숙과 사회적/경제적/문화적인 성장 발달(Development)이며 이러한 평생학습의 기회는 언제, 어디서, 어떤 방법으로든지 이루어질 수 있다는 신념(信念)에 근거하고 있다.

2. 평생교육사의 개념

평생교육사는 평생교육의 기획, 진행, 분석, 평가 및 교수 업무 등을 수행하는 평생교육 현장(現場) 전문가이다. 구체적으로 1) 평생교육 프로그램의 요구분석/개발/운영/평가/컨설팅 2) 학습 정보 제공, 생애능력개발 상담/교수 3) 평생교육 진흥 관련 사업계획 등의 관련 업무 등을 수행한다. 교육부 장관은 평생교육 전문 인력을 양성하기 위해 다음 중 어느 하나에 사람에게 해당하는 평생교육사의 자격(資格)을 부여하며, 자격을 부여받은 사람에게 자격증을 발급한다. 평생교육사는 1, 2, 3급으로 구분되며, 이수 방법에 따라 승급과정과 양성과정으로 구분된다. 평생교육사 필수과목은 실습을 포함한 5과목이고, 선택 과목은 평생교육 실천 영역의 8과목, 평생교육 방법 영역의 13과목으로 총 21종목이다.

+ 교육, 과학, 문화의 보급 및 교류를 통하여 국가 간의 협력 증진을 목적으로 설립된 국제연합전문기구

평생교육사 자격증 발급(단위: 명)

연도	1급	2급
2020	43	67
2021	87	83
2022	76	63
2023	38	77
2024	44	65
합계	288	355

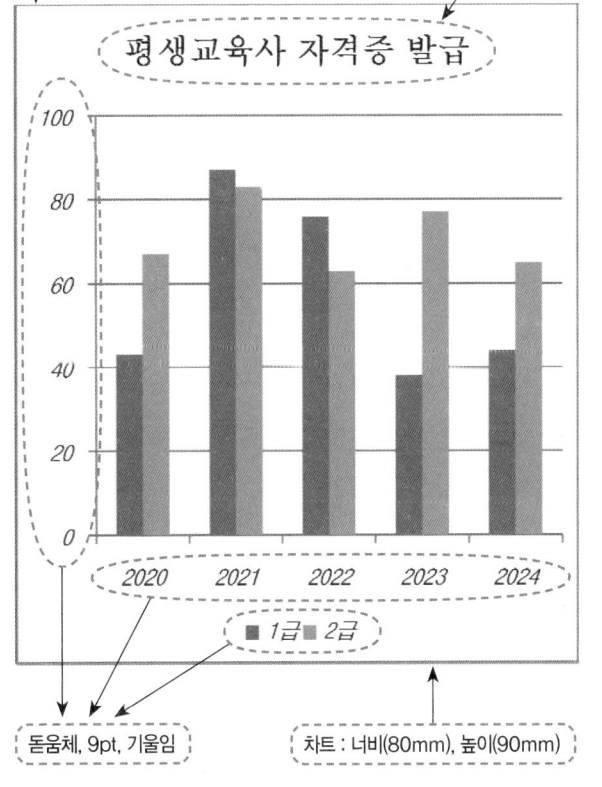

제 08 회 디지털정보활용능력 최신유형 기출문제

작성 시간 / 시험 시간	채점 결과
분 / 40분	점 / 200점

☑ 시험과목 : 워드프로세서(한글)
☑ 시험일자 : 20XX. XX. XX. (X)
☑ 응시자 기재사항 및 감독위원 확인

한컴오피스 한글 2022 버전용

수검번호	DIW - XXXX -	감독위원 확인
성 명		

· 응시자 유의사항 ·

1. 응시자는 신분증을 지참하여야 시험에 응시할 수 있으며, 시험이 종료될 때까지 신분증을 제시하지 못 할 경우 해당 시험은 0점 처리됩니다.

2. 시스템(PC작동여부, 네트워크 상태 등)의 이상여부를 반드시 확인하여야 하며, 시스템 이상이 있을시 감독위원에게 조치를 받으셔야 합니다.

3. 시험 중 부주의 또는 고의로 시스템을 파손한 경우는 응시자 부담으로 합니다.

4. 답안 전송 프로그램을 통해 다운로드 받은 파일을 이용하여 답안 파일을 작성하시기 바랍니다.

5. 작성한 답안 파일은 답안 전송 프로그램을 통하여 전송됩니다. 감독위원의 지시에 따라 주시기 바랍니다.

6. 다음 사항의 경우 실격(0점) 혹은 부정행위 처리됩니다.
    1) 답안 파일을 저장하지 않았거나, 저장한 파일이 손상되었을 경우
    2) 답안 파일을 지정된 폴더(바탕화면 – "KAIT" 폴더)에 저장하지 않았을 경우
        ※ 답안 전송 프로그램 로그인 시 바탕화면에 자동 생성됨
    3) 답안 파일을 다른 보조 기억장치(USB) 혹은 네트워크(메신저, 게시판 등)로 전송할 경우
    4) 휴대용 전화기 등 통신기기를 사용할 경우

7. **시험지에 제시된 글꼴이 응시 프로그램에 없는 경우, 반드시 감독위원에게 해당 내용을 통보한 뒤 조치를 받아야 합니다.**

8. 시험의 완료는 작성이 완료된 답안을 저장하고, 답안 전송이 완료된 상태를 확인한 것으로 합니다. 답안 전송 확인 후 문제지는 감독위원에게 제출한 후 퇴실하여야 합니다.

9. 답안 전송이 완료된 경우에는 수정 또는 정정이 불가능합니다.

10. 시험 시행 후 결과는 홈페이지(www.ihd.or.kr)에서 확인하시기 바랍니다.
    1) 문제 및 모범답안 공개 : 20XX. XX. XX. (X)
    2) 합격자 발표 : 20XX. XX. XX. (X)

디지털정보활용능력 > 한글 [시험시간 : 40분]

【문제】 첨부된 문제를 다음의 조건을 적용하여 문서를 작성하시오.

① 문서는 A4(210mm×297mm) 크기, 세로 용지 방향으로 작성한다.

② 페이지 여백은 아래와 같이 설정한다.

왼쪽	오른쪽	위쪽	아래쪽	머리말	꼬리말	제본
20mm	20mm	20mm	20mm	10mm	10mm	0mm

③ 아래와 같이 "자동 글머리 기호 넣기"와 "자동 번호 매기기" 기능을 해제한다.

도구 → 빠른 교정 → 빠른 교정 내용 → 입력 자동 서식 ⇒ 자동 글머리 기호 넣기(해제) 자동 번호 매기기(해제)

※ 만약 입력 자동 서식 메뉴가 없는 경우에는 "자동 글머리 기호 넣기"와 "자동 번호 매기기" 기능이 설정되어 있지 않은 것이므로 별도의 기능 해제 없이 그대로 시험에 응시하시면 됩니다.

④ 글자는 별도의 지시사항이 없는 한 **바탕, 10pt, 양쪽 정렬, 줄 간격 160%**로 작성한다.

⑤ 영문, 숫자 등은 별도의 지시가 없는 한 반각(1byte) 문자를 사용한다.

⑥ 특수문자는 문자표(전각 기호)를 이용하여 작성한다.

⑦ 교정부호 및 화살표로 기재된 지시사항대로 처리하되, ⌐⎯⎯⎯┐→ 은 지시사항이므로 작성하지 않는다.

⑧ **1 페이지에 [문제1]을 작성하고, 구역을 나누어 2 페이지에 [문제2]를 작성한다.**

※ 해당 페이지에 작성하지 않거나 의도적으로 텍스트 작성을 하지 않은 경우 0점 처리

⑨ [문제2]는 문제지와 같이 2단으로 다단을 나누어 작성한다.

⑩ '그림 삽입' 시에는 반드시 "KAIT 수검 프로그램"을 통해 다운로드 한 그림 파일을 사용한다.

⑪ 총점 : 200점

[공통사항1(기본설정, 용지설정)] : 8점, [공통사항2(오탈자)] : 40점
[문제1] : 46점, [문제2] : 106점

⑫ 기타 특별히 지시되어 있지 않은 사항은 문제지에 준하여 작성한다.

슬기로운미디어생활특강안내

　이번 슬기로운 미디어 생활 특강은 OTT(온라인 동영상 서비스) 편을 다루고자 합니다. 온라인 동영상 서비스란 안테나로 수신하는 지상파 방송이나 셋톱 박스에 케이블을 연결하여 시청하는 케이블 텔레비전이 아니라 개방된 인터넷을 통해 영화, 드라마 등 각종 미디어 영상을 제공하는 서비스를 의미합니다. 이번 특강에서는 현직 유명 피디들이 *동영상 콘텐츠의 현재와 미래*라는 주제로 각자의 경험과 노하우를 소개할 예정이니 많은 관심과 참여 부탁드립니다.

◎ 행 사 안 내 ◎

1. 행사일시 : 2025.08.04.(월) ~ 2025.08.05.(화), 10:00~18:00
2. 행사장소 : 중랑미디어센터 다목적 스튜디오, 온라인/오프라인 동시 진행
3. 사전신청 : ***중랑미디어센터 홈페이지(http://www.ihd.or.kr) 슬기로운 미디어 생활***
4. 행사주관 : 서울시청, 국민체육진흥공단, 방송통신위원회

※ 기타사항
- 사전등록 : 2025.08.03.(일) 18:00까지 온라인 구글폼 및 카카오톡 신청
- 사전등록을 마치신 분들은 행사장 입구에 설치된 부스에 방문하셔서 확인 절차를 마치고, 명찰을 수령한 후 지정된 행사장에 입장하시면 됩니다. (담당자 연락처: 02-1234-5678)

2025. 07. 26.

중랑미디어센터

방송 콘텐츠

1. 최근 콘텐츠 동향

요즘은 기존의 케이블이나 안테나 대신 인터넷으로 콘텐츠를 송출하는 온라인 동영상 서비스가 인기를 끌고 있다. 방송국이나 케이블티비 같은 콘텐츠 배포 기관 없이 원하는 방송을 시청할 수 있다. 기존 미디어 채널에는 TV 또는 라디오와 같은 전용 장치가 필요했지만, 현재는 노트북, 인터넷 연결 티비, 스마트폰에서 시청(視聽)할 수 있다. 또한 시청 시간을 선택할 수 있다. 편성표대로 송출(送出)되는 기존 미디어와 달리 언제든지 원하는 시간에 순서로 스트리밍(Streaming)할 수 있다. 개인의 취향(趣向)에 따라 모든 매체사의 앱이나 웹사이트에서 어떤 콘텐츠든 재생할 수 있다.

2. OTT 서비스의 미래

코로나¹ 기간 동안 크게 성장(成長)한 영역 중 하나가 바로 OTT 분야이다. 모바일 시장의 확대와 데이터 제공 서비스의 다변화로 해당 서비스의 이용자 수는 꾸준히 증가하고 있지만, 수익의 증가로 이어지지 않아 미래에 대한 우려가 커지고 있다. 해당 서비스가 적자인 이유는 인터넷은 무료라는 국민적 인식이 너무 강하기 때문이다. 또한 서비스 유료화를 저해하는 불법 동영상 다운로드 관행이 문제로 제기된다. 돈을 내고 방송 콘텐츠를 시청하는 국내 이용자 수가 300만 명을 넘지 않아 300만의 저주라는 말이 생길 정도로 이익구조가 열악하다. 이를 위해 불법유통 근절(根絶) 및 공정한 수익 배분 체계, 특화된 자체 콘텐츠 제작 지원 등 다각적인 정책이 필요하다.

동영상 플랫폼 이용률(%)

구분	2023년	2024년
유튜브	66.1	71.5
넷플릭스	31.5	40.9
티빙	7.8	8.2
웨이브	6.1	6.0
평균	27.88	31.65

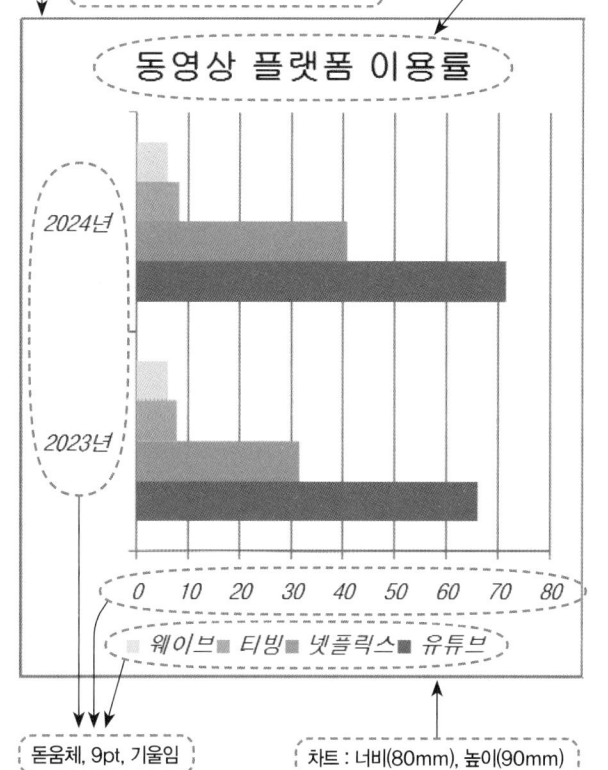

---

¹ 새로운 유형의 바이러스에 의한 급성 호흡기 전염병

디지털정보활용능력
최신유형 기출문제

작성 시간 / 시험 시간	채점 결과
분 / 40분	점 / 200점

☑ 시험과목 : 워드프로세서(한글)
☑ 시험일자 : 20XX. XX. XX. (X)
☑ 응시자 기재사항 및 감독위원 확인

한컴오피스 한글 2022 버전용

수검번호	DIW - XXXX -	감독위원 확인
성 명		

· 응시자 유의사항 ·

1. 응시자는 신분증을 지참하여야 시험에 응시할 수 있으며, 시험이 종료될 때까지 신분증을 제시하지 못 할 경우 해당 시험은 0점 처리됩니다.

2. 시스템(PC작동여부, 네트워크 상태 등)의 이상여부를 반드시 확인하여야 하며, 시스템 이상이 있을시 감독위원에게 조치를 받으셔야 합니다.

3. 시험 중 부주의 또는 고의로 시스템을 파손한 경우는 응시자 부담으로 합니다.

4. 답안 전송 프로그램을 통해 다운로드 받은 파일을 이용하여 답안 파일을 작성하시기 바랍니다.

5. 작성한 답안 파일은 답안 전송 프로그램을 통하여 전송됩니다. 감독위원의 지시에 따라 주시기 바랍니다.

6. 다음 사항의 경우 실격(0점) 혹은 부정행위 처리됩니다.
   1) 답안 파일을 저장하지 않았거나, 저장한 파일이 손상되었을 경우
   2) 답안 파일을 지정된 폴더(바탕화면 – "KAIT" 폴더)에 저장하지 않았을 경우
      ※ 답안 전송 프로그램 로그인 시 바탕화면에 자동 생성됨
   3) 답안 파일을 다른 보조 기억장치(USB) 혹은 네트워크(메신저, 게시판 등)로 전송할 경우
   4) 휴대용 전화기 등 통신기기를 사용할 경우

7. **시험지에 제시된 글꼴이 응시 프로그램에 없는 경우, 반드시 감독위원에게 해당 내용을 통보한 뒤 조치를 받아야 합니다.**

8. 시험의 완료는 작성이 완료된 답안을 저장하고, 답안 전송이 완료된 상태를 확인한 것으로 합니다. 답안 전송 확인 후 문제지는 감독위원에게 제출한 후 퇴실하여야 합니다.

9. 답안 전송이 완료된 경우에는 수정 또는 정정이 불가능합니다.

10. 시험 시행 후 결과는 홈페이지(www.ihd.or.kr)에서 확인하시기 바랍니다.
    1) 문제 및 모범답안 공개 : 20XX. XX. XX. (X)
    2) 합격자 발표 : 20XX. XX. XX. (X)

디지털정보활용능력 ▶ 한글 [시험시간 : 40분]

【문제】첨부된 문제를 다음의 조건을 적용하여 문서를 작성하시오.

① 문서는 A4(210mm×297mm) 크기, 세로 용지 방향으로 작성한다.

② 페이지 여백은 아래와 같이 설정한다.

왼쪽	오른쪽	위쪽	아래쪽	머리말	꼬리말	제본
20mm	20mm	20mm	20mm	10mm	10mm	0mm

③ 아래와 같이 "자동 글머리 기호 넣기"와 "자동 번호 매기기" 기능을 해제한다.

도구 → 빠른 교정 → 빠른 교정 내용 → 입력 자동 서식 ⇒	자동 글머리 기호 넣기(해제) 자동 번호 매기기(해제)

※ 만약 입력 자동 서식 메뉴가 없는 경우에는 "자동 글머리 기호 넣기"와 "자동 번호 매기기" 기능이 설정되어 있지 않은 것이므로 별도의 기능 해제 없이 그대로 시험에 응시하시면 됩니다.

④ 글자는 별도의 지시사항이 없는 한 **바탕, 10pt, 양쪽 정렬, 줄 간격 160%**로 작성한다.

⑤ 영문, 숫자 등은 별도의 지시가 없는 한 반각(1byte) 문자를 사용한다.

⑥ 특수문자는 문자표(전각 기호)를 이용하여 작성한다.

⑦ 교정부호 및 화살표로 기재된 지시사항대로 처리하되, ⎯⎯⎯→ 은 지시사항이므로 작성하지 않는다.

⑧ **1 페이지에 [문제1]을 작성하고, 구역을 나누어 2 페이지에 [문제2]를 작성한다.**

※ 해당 페이지에 작성하지 않거나 의도적으로 텍스트 작성을 하지 않은 경우 0점 처리

⑨ [문제2]는 문제지와 같이 2단으로 다단을 나누어 작성한다.

⑩ '그림 삽입' 시에는 반드시 "KAIT 수검 프로그램"을 통해 다운로드 한 그림 파일을 사용한다.

⑪ 총점 : 200점

[공통사항1(기본설정, 용지설정)] : 8점, [공통사항2(오탈자)] : 40점
[문제1] : 46점, [문제2] : 106점

⑫ 기타 특별히 지시되어 있지 않은 사항은 문제지에 준하여 작성한다.

물절약포스터대회

물절약에 대한 관심과 공감대 형성을 위하여 제23회 '소중한 물 절약 포스터' 그림대회를 한남실내체육관에서 개최합니다. 물을 절약하고 사랑하는 내용을 담은 포스터 그림대회를 통하여 아이들이 물의 소중함을 깨닫고 실생활에서도 절약할 수 있도록 실천의식을 높이고자 합니다. 이번 포스터 그림대회는 한남시가 주최하고 사단법인 코리아워터협회가 주관하며, 초등학교에 다니는 학생이라면 누구나 참가할 수 있습니다. 관심 있는 여러분들의 많은 참여 바랍니다.

♠ 대회안내 ♠

1. 접수기간 : 2025년 7월 28일(월) ~ 8월 1일(금)
2. 접수방법 : 인터넷 접수(http://www.ihd.or.kr), 선착순 100명
3. 대회일시 : *2025년 8월 16일(토) 10시 ~ 16시*
4. 시상내역 : 시장상, 시의회 의장상, 협의회장상

※ 기타사항

- 준비물은 화구(물감, 크레파스) 및 돗자리 등이며 응모규정은 4절 도화지를 사용합니다. 작품의 가로/세로 방향은 자유이며 4절 도화지는 참가자 1인당 2장씩 제공됩니다.
- 기타 자세한 사항은 대회 담당자(02-123-4567)에게 문의하여 주시기 바랍니다.

2025. 07. 26.

코리아워터협회

댐의 종류

1. 댐의 기원

현재 확인되는 가장 오래된 유적(遺跡)은 기원전 2900년경 이집트에서 축조(築造)된 높이 11m, 길이 106m의 석조댐이다. 근대 댐의 선구(先驅)로는 1594년 스페인에서 관개용 댐으로 건설된 높이 41m의 알리칸테댐을 들 수 있으며, 19세기 프랑스에서 댐 기술이 획기적(劃期的)으로 발전하여 오늘에 이르고 있다. 우리나라는 아시아 몬순지역 특유의 다우지대이므로 일찍부터 물을 이용하는 쌀농사가 시작되었고, 이는 더불어 관개용 수리시설이 발달하였다. 김제에 있는 벽골제는 기록상 우리나라 최초의 댐으로 330년(흘해왕 21)에 축조되었다고 한다.

2. 댐의 종류

댐은 목적에 따라 저수댐, 취수댐, 사방댐 등으로 구분된다. 저수댐은 상류로부터의 유입량이 사용수량에 크게 미치지 영향을 않을 만큼 규모가 크며, 홍수량 조절을 목적으로 하므로 관개, 상수도, 공업용수, 홍수조절, 어류양식 등의 용도에 사용된다. 취수댐은 용수에 필요한 수량을 확보하기 위하여 만든 댐으로 구조는 콘크리트의 월류형 고정언과 그 위에 있는 가동언으로 이루어지며, 평상 수위 때는 수문ⓐ을 닫아 수위를 유지하고, 홍수 시에는 수문을 열어 홍수를 방류(放流)한다. 사방댐은 산사태(Landslide)로 인해 상류에서 내려오는 토석을 차단하고, 흘러내리는 물의 속도를 줄여 하류 지역의 2차 피해를 막는 역할을 한다. 구조는 낮은 중력식인데, 표면은 찰쌓기로 하고 그 속에 잡석 콘크리트를 채워 넣은 것이 많다.

국가별 연평균 강수량(단위:밀리미터)

구분	2023년	2024년
한국	1270	1277
일본	1706	1690
미국	713	715
영국	1281	1220
캐나다	489	537
평균	1,091.80	1,087.80

ⓐ 저수지나 수로에 설치하여 수량을 조절하는 문

제 10 회 디지털정보활용능력 최신유형 기출문제

작성 시간 / 시험 시간	채점 결과
분 / 40분	점 / 200점

☑ 시험과목 : 워드프로세서(한글)
☑ 시험일자 : 20XX. XX. XX. (X)
☑ 응시자 기재사항 및 감독위원 확인

한컴오피스 한글 2022 버전용

수검번호	DIW - XXXX -	감독위원 확인
성　　명		

응시자 유의사항

1. 응시자는 신분증을 지참하여야 시험에 응시할 수 있으며, 시험이 종료될 때까지 신분증을 제시하지 못 할 경우 해당 시험은 0점 처리됩니다.

2. 시스템(PC작동여부, 네트워크 상태 등)의 이상여부를 반드시 확인하여야 하며, 시스템 이상이 있을시 감독위원에게 조치를 받으셔야 합니다.

3. 시험 중 부주의 또는 고의로 시스템을 파손한 경우는 응시자 부담으로 합니다.

4. 답안 전송 프로그램을 통해 다운로드 받은 파일을 이용하여 답안 파일을 작성하시기 바랍니다.

5. 작성한 답안 파일은 답안 전송 프로그램을 통하여 전송됩니다. 감독위원의 지시에 따라 주시기 바랍니다.

6. 다음 사항의 경우 실격(0점) 혹은 부정행위 처리됩니다.
   1) 답안 파일을 저장하지 않았거나, 저장한 파일이 손상되었을 경우
   2) 답안 파일을 지정된 폴더(바탕화면 – "KAIT" 폴더)에 저장하지 않았을 경우
      ※ 답안 전송 프로그램 로그인 시 바탕화면에 자동 생성됨
   3) 답안 파일을 다른 보조 기억장치(USB) 혹은 네트워크(메신저, 게시판 등)로 전송할 경우
   4) 휴대용 전화기 등 통신기기를 사용할 경우

7. **시험지에 제시된 글꼴이 응시 프로그램에 없는 경우, 반드시 감독위원에게 해당 내용을 통보한 뒤 조치를 받아야 합니다.**

8. 시험의 완료는 작성이 완료된 답안을 저장하고, 답안 전송이 완료된 상태를 확인한 것으로 합니다. 답안 전송 확인 후 문제지는 감독위원에게 제출한 후 퇴실하여야 합니다.

9. 답안 전송이 완료된 경우에는 수정 또는 정정이 불가능합니다.

10. 시험 시행 후 결과는 홈페이지(www.ihd.or.kr)에서 확인하시기 바랍니다.
    1) 문제 및 모범답안 공개 : 20XX. XX. XX. (X)
    2) 합격자 발표 : 20XX. XX. XX. (X)

| 디지털정보활용능력 | 한글 [시험시간 : 40분] |

【문제】 첨부된 문제를 다음의 조건을 적용하여 문서를 작성하시오.

① 문서는 A4(210mm×297mm) 크기, 세로 용지 방향으로 작성한다.

② 페이지 여백은 아래와 같이 설정한다.

왼쪽	오른쪽	위쪽	아래쪽	머리말	꼬리말	제본
20mm	20mm	20mm	20mm	10mm	10mm	0mm

③ 아래와 같이 "자동 글머리 기호 넣기"와 "자동 번호 매기기" 기능을 해제한다.

도구 → 빠른 교정 → 빠른 교정 내용 → 입력 자동 서식 ⇒	자동 글머리 기호 넣기(해제) 자동 번호 매기기(해제)

※ 만약 입력 자동 서식 메뉴가 없는 경우에는 "자동 글머리 기호 넣기"와 "자동 번호 매기기" 기능이 설정되어 있지 않은 것이므로 별도의 기능 해제 없이 그대로 시험에 응시하시면 됩니다.

④ 글자는 별도의 지시사항이 없는 한 **바탕, 10pt, 양쪽 정렬, 줄 간격 160%**로 작성한다.

⑤ 영문, 숫자 등은 별도의 지시가 없는 한 반각(1byte) 문자를 사용한다.

⑥ 특수문자는 문자표(전각 기호)를 이용하여 작성한다.

⑦ 교정부호 및 화살표로 기재된 지시사항대로 처리하되, ┆┄┄┄┄┄┆→ 은 지시사항이므로 작성하지 않는다.

⑧ 1 페이지에 [문제1]을 작성하고, 구역을 나누어 2 페이지에 [문제2]를 작성한다.

※ 해당 페이지에 작성하지 않거나 의도적으로 텍스트 작성을 하지 않은 경우 0점 처리

⑨ [문제2]는 문제지와 같이 2단으로 다단을 나누어 작성한다.

⑩ '그림 삽입' 시에는 반드시 "KAIT 수검 프로그램"을 통해 다운로드 한 그림 파일을 사용한다.

⑪ 총점 : 200점

[공통사항1(기본설정, 용지설정)] : 8점, [공통사항2(오탈자)] : 40점
[문제1] : 46점, [문제2] : 106점

⑫ 기타 특별히 지시되어 있지 않은 사항은 문제지에 준하여 작성한다.

여름방학특집해양스포츠체험교실

여름 방학을 맞이하여 "**시원한 바다와 함께하는 해양 스포츠 체험 교실**"을 운영합니다. 요트, 비치발리볼, 카누, 바나나 보트, 윈드서핑, 고무보트, 핀수영, 돌고래 슬라이딩 등 어린이부터 어른까지 누구나 쉽게 도전할 수 있는 즐길 거리와 먹을거리가 풍성한 이번 행사는 가족과 친구와 함께 즐거운 시간을 보내며 더위도 날려버릴 수 있는 일석이조의 흥미로운 체험 교실입니다. 지금까지와는 색다른 휴가를 준비하시는 모든 분들은 무더운 여름을 시원하게 날려버리시길 바랍니다.

◐ 참가안내 ◑

1. 참가일시 : 2025. 08. 06.(수) ~ 08. 08.(금)
2. 참가장소 : 강원도 속초 해수욕장 일대
3. 참가대상 : 남녀노소 누구나
4. 참가접수 : *해양소년단 연맹 홈페이지(http://www.ihd.or.kr)*

※ 기타사항
- 문화행사 : 바다사랑 사행시, 엽서 그리기, 포토존, 해양생물 전시체험, 블랙 이글 에어쇼, 카이트 보딩 등 행사 사전 예약은 담당자(070-1234-9685) 문의
- 체험행사 : 패션 타투, 페이스 페인팅, 풍선 아트, 캐리커쳐, 바나나 보트, 오션 카약 등

2025. 07. 26.

해양스포츠홍보위원회

해양 스포츠의 세계

1. 국립해양박물관

국립해양박물관은 해양수산부의 산하기관으로 해양 관련 유물(遺物)의 수집, 보존, 연구, 전시를 통해 해양의 미래를 체계적으로 제시하고 해양 문화 인프라를 확충할 목적으로 설립되었다. 해양 문화, 해양 역사와 인물, 항해 선박, 해양 생물, 해양 체험, 해양 과학 등 해양의 모든 분야를 아우르는 종합 해양 박물관을 표방하고 있다. 주요 시설은 상설(常設) 전시관 8개, 기획 전시관 1개, 어린이 박물관, 해양 도서관, 대강당, 수족관, 4D 영상관, 학예 연구실 등으로 구성돼 있다. 어린이 박물관은 실물 전시(Display)를 체험(體驗)과 통해 바다와 환경을 쉽게 이해할 수 있도록 구성되어 있고 마술 공연, 구연동화, 해양(海洋) 생물 잡기 등의 프로그램이 준비되어 있다.

2. 윈드서핑

윈드서핑은 보드로 파도를 타는 서핑과 돛을 달아 자연의 바람을 이용하여 물살을 헤치는 세일링의 장점들만 결합한 수상 스포츠이다. 다양한 색상의 돛, 360도 회전이 가능한 돛대, 그리고 마스트㉮를 자유자재로 조종할 수 있게 해주는 활 모양의 붐 등으로 구성되어 있으며, 이러한 장비들을 통해 마치 물찬 제비처럼 화려한 기교(技巧)를 펼칠 수 있다. '보드 세일링'이라고도 불리는 윈드서핑은 바람을 이용해 보트를 움직여야만 하는 특성 때문에 주로 바다에서 즐기고 있지만, 강이나 호수에서도 자연과 인간이 일체가 되어 남녀노소 상관없이 원시 항해의 즐거움을 맛볼 수 있다는 것이 윈드서핑의 장점이다.

㉮ 돛을 달기 위해 선체의 갑판 위에 세워진 기둥

종목별 해양 스포츠 참가자 수

구분	남	여
윈드서핑	271	199
카약	186	150
바나나 보트	231	277
핀 수영	286	250
합계	974	876

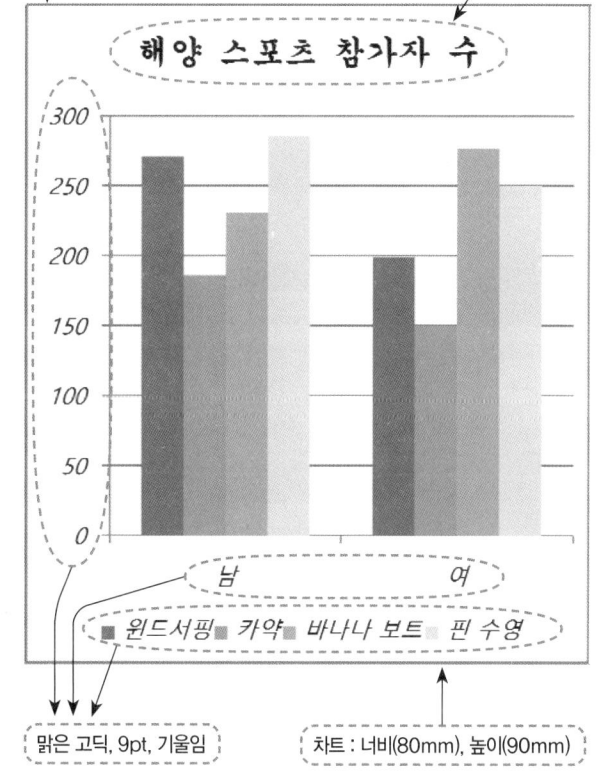

K마블 소개

아카데미소프트와 코딩아지트의 컴교실 타자 프로그램

 V2.0 업그레이드

[K마블이란?]

[K마블인트로]

업그레이 된 K마블 V2.0을 만나보세요!

▶ 키우스봇과 함께하는 **무료 타자프로그램**!
▶ 영문 버전 오픈-**영어 키보드** 자리연습, **원어민 음성**을 들으며 타자 연습을 하는 **영어 단어연습**
▶ 온라인 대전 **2 VS 2** 모드 출시
▶ 나만의 커스텀 캐릭터 기능 오픈

100% 무료 타자프로그램

K마블 V 2.0으로 한글·영문 타자연습 모두 가능해요!!

전체 메뉴

K마블 튜토리얼

커스텀 프로필

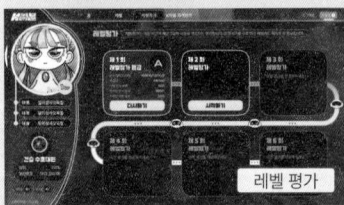
레벨 평가

영어 단어연습

온라인 대전

▶ 커스텀 프로필
자신의 캐릭터를 꾸밀 수 있는 기능이 추가되었습니다. 캐릭터의 머리, 얼굴, 옷, 장신구를 변경하여 자신만의 개성있는 캐릭터를 만들어 봅니다.

▶ 레벨평가 시안성
레벨평가 화면이 이전 화면 보다 보기 좋게 변경되었습니다. 배운 내용을 복습하여 높은 점수에 도전해 봅니다.

▶ 영어 단어연습
영어 동사 단어연습은 원어민의 영어 발음을 들으며 영어동사 단어연습을 할 수 있는 타자입니다.

▶ 온라인 대전 게임 - 영토 사수 작전
친구들과 1 VS 1 또는 2 VS 2 온라인 대전 게임으로 오타 없이 빨리 타자를 입력하여 영토를 지배하는 게임입니다. 비슷한 타수의 친구와 대결하면 재미있는 승부를 볼 수 있습니다.

컴퓨터 타자 활용 능력 자격 평가 안내

컴퓨터 자격증의 시작!
컴퓨터 타자 활용 능력

| 시행처 : 국제자격진흥원

[민간자격등록]
K마블 한글타자(2024-001827)
K마블 영문타자(2024-002318)

▶ 자격증 개요
'컴퓨터 타자 활용 능력' 자격 평가 시험은 컴퓨터 입문자를 위한 기초 자격시험으로 ITQ 및 DIAT 등 컴퓨터 자격시험 이전에 간단한 타자 능력을 평가하는 기초 자격 평가 시험입니다.

▶ 시험 과목 및 출제 기준
컴퓨터 기초 상식 + 마우스 + 키보드(타자)로 구성

시험과목	시간	문항수	배점	등급
컴퓨터 기초 상식	5	10	100	A등급 → 900점 이상
마우스 사용 능력	10	4	100	B등급 → 800점 이상
키보드(타자) 사용 능력	15	4	800	C등급 → 700점 이상
합계	30	18	1,000	D등급 → 600점 이상 / 비기너 → 599점 이하

▶ 자격증 특징
✓ 누구나 쉽게 온라인으로 진행
- 교육기관에서는 단체 시험을 누구나 쉽게 온라인으로 원서접수 및 자격시험을 볼 수 있습니다.
- 교육기관은 교육 현장에서 교육 후 바로 시험을 볼 수 있습니다.
- 개인 응시자도 방문 접수 및 집체 시험 없이 온라인으로 원서접수 및 자격시험을 볼 수 있습니다.

✓ 타자 능력을 평가하는 컴퓨터 기초 시험입니다.
- OA 과정 또는 ITQ 및 DIAT 등 컴퓨터 전문 자격증을 취득하기 이전에 필요한 기초 타자 자격 시험입니다.
- 컴퓨터를 처음 접하는 입문자들에게 컴퓨터 기초 지식과 타자 및 마우스 사용 능력을 평가하는 시험입니다.

✓ 학습과 시험이 간단 명료합니다.
- K마블과 교재로 학습하고 해당 내용에서 출제하는 간단한 시험입니다.

✓ 모든 시험이 CBT 방식으로 컴퓨터에서 모두 시행됩니다.
- 시험의 모든 과목이 컴퓨터에서 진행됩니다.

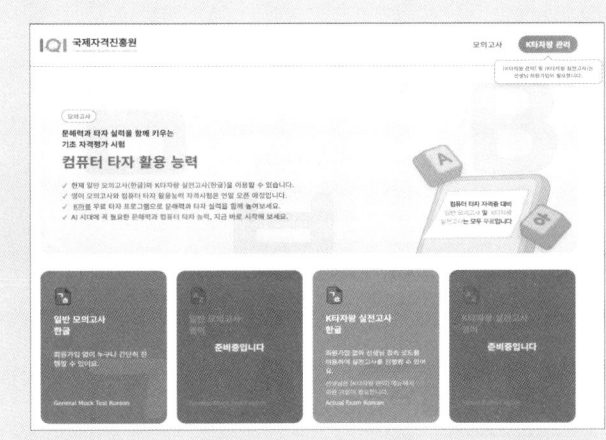

채점프로그램 MAG 소개

자격증 채점프로그램의 새로운 변화!!
MAG 채점 프로그램

❶ 개인용 채점프로그램_MAG PER 2.0

▶ 개인을 위한 **채점프로그램**으로 각 자격증별 **시험 결과** 즉시 확인
▶ **빠른 채점**과 보기 편한 디자인!
▶ **인공지능**으로 채점 **오류 최소화**!

▲ 과목 선택

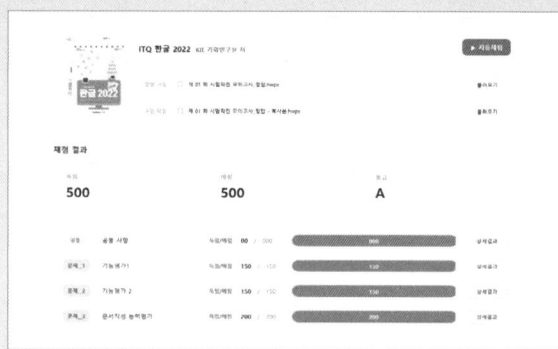
▲ 채점 결과

❷ 교육기관용 채점프로그램_MAG NET

▶ 선생님을 위한 또 다른 서비스를 제공합니다.
▶ 선생님을 위한 **온라인 채점프로그램**으로 접속한 수검자의 **시험 결과**를 실시간 확인
▶ 시험종료 후 **성적통계**로 문제별 부족한 부분과 단점을 완벽히 보완
▶ **인공지능**으로 채점율 UP

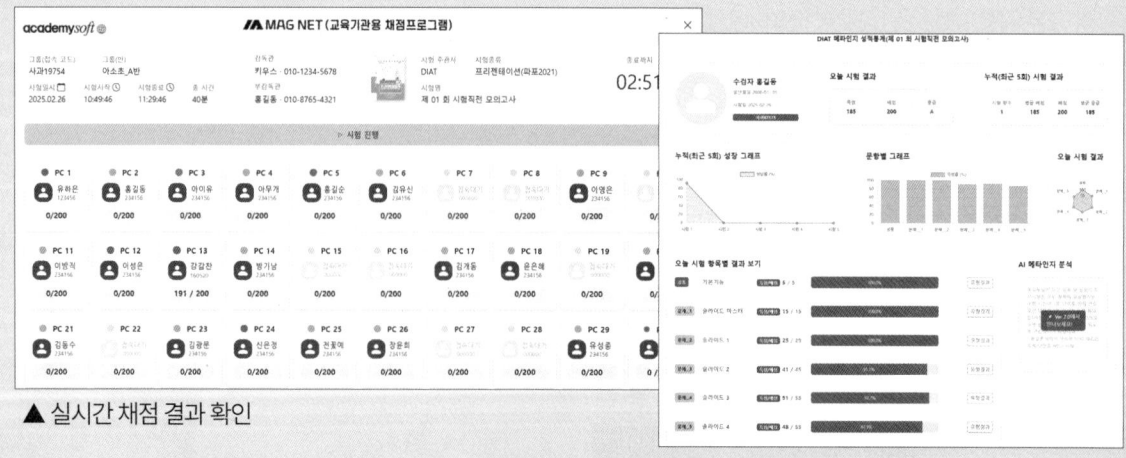
▲ 실시간 채점 결과 확인
▲ 개인별 메타인지 성적 통계

 2026년 신간 교재부터는 웹(온라인) 버전으로 오픈됩니다.

한컴오피스 한글 2022 버전용

디지털정보활용능력

(**DIAT**; Digital Information Ability Test)

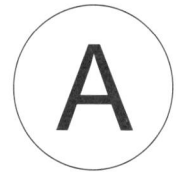

- **시험과목** : 워드프로세서(한글)
- **시험일자** : 20XX. XX. XX.(X)
- **응시자 기재사항 및 감독위원 확인**

수검번호	DIW - XXXX -	감독위원 확인
성 명		

응시자 유의사항

1. 응시자는 신분증을 지참하여야 시험에 응시할 수 있으며, 시험이 종료될 때까지 신분증을 제시하지 못 할 경우 해당 시험은 0점 처리됩니다.
2. 시스템(PC작동여부, 네트워크 상태 등)의 이상여부를 반드시 확인하여야 하며, 시스템이상이 있을 시 감독위원에게 조치를 받으셔야 합니다.
3. 시험 중 부주의 또는 고의로 시스템을 파손한 경우는 응시자 부담으로 합니다.
4. 답안 전송 프로그램을 통해 다운로드 받은 파일을 이용하여 답안 파일을 작성하시기 바랍니다.
5. 작성한 답안 파일은 답안 전송 프로그램을 통하여 전송됩니다. 감독위원의 지시에 따라 주시기바랍니다.
6. 다음 사항의 경우 실격(0점) 혹은 부정행위 처리됩니다.
    1) 답안파일을 저장하지 않았거나, 저장한 파일이 손상되었을 경우
    2) 답안파일을 지정된 폴더(바탕화면 - "KAIT" 폴더)에 저장하지 않았을 경우
        ※ 답안 전송 프로그램 로그인 시 바탕화면에 자동 생성됨
    3) 답안파일을 다른 보조기억장치(USB) 혹은 네트워크(메신저, 게시판 등)로 전송할 경우
    4) 휴대용 전화기 등 통신기기를 사용할 경우
7. **시험지에 제시된 글꼴이 응시 프로그램에 없는 경우, 반드시 감독위원에게 해당 내용을 통보한 뒤 조치를 받아야 합니다.**
8. 시험의 완료는 작성이 완료된 답안을 저장하고, 답안 전송이 완료된 상태를 확인한 것으로 합니다. 답안 전송 확인 후 문제지는 감독위원에게 제출한 후 퇴실하여야 합니다.
9. 답안 전송이 완료된 경우에는 수정 또는 정정이 불가능합니다.
10. 시험 시행 후 결과는 홈페이지(www.ihd.or.kr)에서 확인하시기 바랍니다.
    1) 문제 및 모범답안 공개 : 20XX. XX. XX. (X)
    2) 합격자 발표 : 20XX. XX. XX. (X)

노인일자리

1. 필요성

세계보건기구①는 65세 이상의 사람을 노인으로 정의하고 있다. 노인들은 나이가 들면서 경제적 궁핍을 겪는 비율이 높아지고 있어서 노인 일자리는 건강하고 활기찬 노후생활을 영위(營爲)하도록 돕고 신체적, 정신적 활동을 통해 건강을 유지하고 삶의 만족도를 높인다. 또한, 정년퇴직 후 감소하는 소득(所得)을 보충하여 경제적 안정을 도모하며 사회적 고립을 예방하고 대인관계를 유지하며 지역사회와의 유대감을 형성하기도 한다. 특히, 지역사회 공익활동을 통해 공동체 발전에 이바지하며 세대 간 통합과 전수의 경험 기회를 제공한다. 이는 어르신들의 회복과 자존감 행복한 노후생활을 지원하는 데 필수적(必須的)인 요소라 하겠다.

2. 주요 노인일자리사업

주요 노인일자리사업은 세 가지 유형으로 나누어진다. 첫 번째는 공익형 사업으로 어르신들이 지역사회 환경 정화 활동이나 보육시설 지원, 노인복지시설 봉사 등 공익적 성격의 봉사활동에 참여한다. 두 번째는 시장형 사업으로 소규모 사업단을 운영하여 어르신들이 생산품을 판매하거나 서비스를 제공하면서 소득을 창출(創出)한다. 마지막으로 사회서비스형 사업은 돌봄 서비스 제공, 교육 지원 등 사회적 가치를 창출하는 활동으로 지역사회의 복지 향상(Improvement)에 기여한다. 이러한 노인일자리사업은 경제적 안정뿐만 아니라 어르신들의 건강과 사회적 참여를 증진(增進)시키고 지역사회 발전에도 중요한 역할을 한다.

노인일자리 창출 현황(예산:십억원)

연도	일자리 수	예산
2021	815	1,314
2022	950	1,458
2023	1,059	1,530
2024	1,167	1,597
합계	3,991	5,899

노인 일자리 창출

① 국제 공중보건을 책임지는 유엔 전문 기구

노인일자리참여자모집

어르신들이 활기차고 건강한 노후 생활을 영위하실 수 있도록 2025년 노인일자리 및 사회활동지원사업을 시행하고자 합니다. 본 사업은 **어르신들에게 다양한 일자리와 봉사활동 기회**를 제공하여 사회적 역할을 확대하고 지역사회에 기여하는 보람 있는 일상을 만들어 드리고자 합니다. 특히, 이번 사업은 어르신들의 건강 증진과 삶의 만족도를 높이는 것을 목표로 지속 가능한 활동으로 확장하고자 합니다. 관심 있는 어르신들의 많은 참여 부탁드립니다.

▶ 모집안내 ◀

1. 모집기간 : 2025년 8월 25일(월) ~ 9월 21일(일)
2. 모집대상 : 65세 이상(일부 사업은 60세 이상 참여 가능)
3. 모집분야 : ***공익활동형, 사회서비스형, 공동체사업단***
4. 신청방법 : 수행기관 방문 접수 또는 시니어클럽 홈페이지(http://www.ihd.or.kr)

※ 기타사항
 - 신규신청자와 독신가구를 우선 선발할 예정입니다.
 - 홍보기간 이후에는 수행기관에 대기자로 등록 후 결원 발생 시 코리아시니어클럽 운영국 (02-123-4567)에서 순차적으로 연락드릴 예정입니다.

2025. 08. 23.

코리아시니어클럽

- 가 -

디지털정보활용능력 **한글** ・ **(시험시간 : 40분)**

【문제】 첨부된 문제를 다음의 조건을 적용하여 문서를 작성하시오.

① 문서는 A4(210mm×297mm) 크기, 세로 용지방향으로 작성한다.

② 페이지 여백은 아래와 같이 설정한다.

왼쪽	오른쪽	위쪽	아래쪽	머리말	꼬리말	제본
20mm	20mm	20mm	20mm	10mm	10mm	0mm

③ 아래와 같이 "자동 글머리 기호 넣기"와 "자동 번호 매기기" 기능을 해제한다.

> 도구 → 빠른 교정 → 빠른 교정 내용 → 입력 자동 서식 ┬→ 자동 글머리 기호 넣기(해제)
> └→ 자동 번호 매기기(해제)

※ 만약 입력자동서식 메뉴가 없는 경우에는, "자동 글머리 기호 넣기"와 "자동 번호 매기기" 기능이 설정되어 있지 않은 것이므로 별도의 기능 해제 없이 그대로 시험에 응시하시면 됩니다.

④ 글자는 별도의 지시사항이 없는 한 **바탕, 10pt, 양쪽 정렬, 줄 간격 160%**로 작성한다.

⑤ 영문, 숫자 등은 별도의 지시가 없는 한 반각(1byte) 문자를 사용한다.

⑥ 특수문자는 문자표(전각 기호)를 이용하여 작성한다.

⑦ 교정부호 및 화살표로 기재된 지시사항대로 처리하되, ⬭→ 은 지시사항이므로 작성하지 않는다.

⑧ **1페이지에 [문제1]을 작성하고, 구역을 나누어 2페이지에 [문제2]를 작성한다.**

※ 해당 페이지에 작성하지 않거나 의도적으로 텍스트 작성을 하지 않은 경우 0점 처리

⑨ [문제2]는 문제지와 같이 2단으로 다단을 나누어 작성한다.

⑩ '그림 삽입' 시에는 반드시 "KAIT 수검프로그램"을 통해 다운로드 한 그림 파일을 사용한다.

⑪ 총점 : 200점

[공통사항1(기본설정, 용지설정)] : 8점, [공통사항2(오탈자)] : 40점

[문제1] : 46점, [문제2] : 106점

⑫ 기타 특별히 지시되어 있지 않은 사항은 문제지에 준하여 작성한다.

디지털정보활용능력 한글 — (시험시간 : 40분)

【문제】 첨부된 문제를 다음의 조건을 적용하여 문서를 작성하시오.

① 문서는 A4(210mm×297mm) 크기, 세로 용지방향으로 작성한다.

② 페이지 여백은 아래와 같이 설정한다.

왼쪽	오른쪽	위쪽	아래쪽	머리말	꼬리말	제본
20mm	20mm	20mm	20mm	10mm	10mm	0mm

③ 아래와 같이 "자동 글머리 기호 넣기"와 "자동 번호 매기기" 기능을 해제한다.

도구 → 빠른 교정 → 빠른 교정 내용 → 입력 자동 서식 → 자동 글머리 기호 넣기(해제)
　　　　　　　　　　　　　　　　　　　　　　　　　　→ 자동 번호 매기기(해제)

※ 만약 입력자동서식 메뉴가 없는 경우에는, "자동 글머리 기호 넣기"와 "자동 번호 매기기" 기능이 설정되어 있지 않은 것이므로 별도의 기능 해제 없이 그대로 시험에 응시하시면 됩니다.

④ 글자는 별도의 지시사항이 없는 한 **바탕, 10pt, 양쪽 정렬, 줄 간격 160%**로 작성한다.

⑤ 영문, 숫자 등은 별도의 지시가 없는 한 반각(1byte) 문자를 사용한다.

⑥ 특수문자는 문자표(전각 기호)를 이용하여 작성한다.

⑦ 교정부호 및 화살표로 기재된 지시사항대로 처리하되, ⟨⎯⎯⟩➔ 은 지시사항이므로 작성하지 않는다.

⑧ **1페이지에 [문제1]을 작성하고, 구역을 나누어 2페이지에 [문제2]를 작성한다.**

※ 해당 페이지에 작성하지 않거나 의도적으로 텍스트 작성을 하지 않은 경우 0점 처리

⑨ [문제2]는 문제지와 같이 2단으로 다단을 나누어 작성한다.

⑩ '그림 삽입' 시에는 반드시 "KAIT 수검프로그램"을 통해 다운로드 한 그림 파일을 사용한다.

⑪ 총점 : 200점

[공통사항1(기본설정, 용지설정)] : 8점, [공통사항2(오탈자)] : 40점

[문제1] : 46점, [문제2] : 106점

⑫ 기타 특별히 지시되어 있지 않은 사항은 문제지에 준하여 작성한다.

기능경진대회참가안내

2025년 세종특별자치시 기능경진대회를 개최합니다. 이번 기능경진대회를 통해 **지역사회의 기능 수준 향상과 기술 및 기능 개발 촉진**을 위한 중요한 기회를 제공하고자 합니다. 이번 기능경진대회는 각 분야별 기술 경쟁을 통해 지역 내 기능인들의 실력을 발휘할 수 있는 소중한 기회가 될 것입니다. 아래 대회 일정을 참고하셔서 다양한 분야에서의 참가를 통해 세종시의 기술 발전을 이끌어갈 수 있도록 여러분의 적극적인 참여와 관심을 부탁드립니다.

▶ 접수안내 ◀

1. 접수기간 : 2025년 8월 25일(월) 09:00부터 9월 19일(금) 18:00까지
2. 접수대상 : 폴리메카닉스 등 50직종
3. 참가자격 : ***누구나 참가 가능***
4. 참가방법 : 경진대회 홈페이지(http://www.ihd.or.kr)에서 온라인 접수

※ 기타사항
- 개별접수인 경우 개인회원 아이디로 로그인하여 접수 부탁드립니다.
- 단체접수일 경우 양식을 다운로드하고 해당 내용을 작성한 후 업로드하면 되며 반드시 정상 접수 여부를 홈페이지에서 꼭 확인하기 바랍니다. (접수 문의처 : 02-345-6789)

2025. 08. 23.

기능경진대회운영위원회

기능경진대회

1. 대회목적

전국기능경진대회는 지역별 숙련 기술 수준의 하향평준화를 도모하고 숙련 기술 우대(優待) 풍토 조성과 저변(底邊) 확산을 통해 산업발전에 기여하며, 2년마다 개최되는 국제 대회의 국가대표 후보 선수 선발을 목적으로 한다. 주로 직업 교육, 기술 교육, 또는 특정 산업과 관련된 분야에서 자주 열리고 있으며 유사한 국제 대회로는 세계기능올림픽경진대회가 있다.

2. 기능경진대회 종목

종목은 크게 50여 개 분야(分野)로 나뉘며 각 분야에 해당하는 기술에 대한 실력을 전문적인 평가하는 대회이다. 대표적인 종목으로는 건설, 전기, 기계, 전자, 정보기술, 조리(調理), 미용, 용접, 자동차 정비, 인테리어(Interior), 제빵, 직물디자인 등이 있다. 각 종목은 실무 중심의 평가 방식으로 진행되며 참가자들은 주어진 시간 내에 실제 현장과 유사한 조건에서 작업을 수행한다. 예를 들어 건설 분야는 벽체Ⓐ 시공, 전기 분야는 전기 배선 및 기기 설치, 기계 분야는 기계 조작 및 조립 등이 포함된다. 정보기술 분야에서는 프로그래밍 및 웹 개발, 조리 분야에서는 다양한 요리 기술을 평가한다. 참가자들은 대회를 준비하며 최신 기술 동향을 반영한 실력을 키우게 되며 이를 통해 개인적인 성장뿐만 아니라 국가적 기술 발전에 기여할 수 있다. 특히, 대회에 참가하는 청년들이 기술을 통해 꿈을 펼칠 수 있는 중요한 기회를 제공하며 우수 인재들은 산업 현장에서 중요한 역할(役割)을 맡을 수 있다.

Ⓐ 건물의 벽을 이루는 구조 부분

지역별 대회 참가자 현황

구분	참가인원	입상자
서울	1,085	164
부산	869	161
대구	741	155
경기	892	188
합계	3,587	668

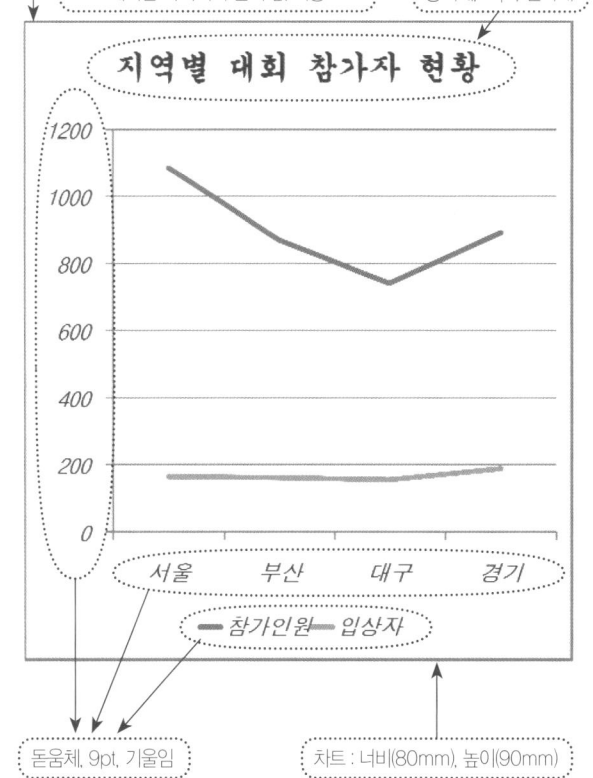

한컴오피스 한글 2022 버전용

디지털정보활용능력

(DIAT; Digital Information Ability Test)

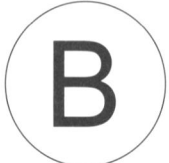

- 시험과목 : 워드프로세서(한글)
- 시험일자 : 20XX. XX. XX.(X)
- 응시자 기재사항 및 감독위원 확인

수검번호	DIW - XXXX -	감독위원 확인
성 명		

응시자 유의사항

1. 응시자는 신분증을 지참하여야 시험에 응시할 수 있으며, 시험이 종료될 때까지 신분증을제시하지 못 할 경우 해당 시험은 0점 처리됩니다.
2. 시스템(PC작동여부, 네트워크 상태 등)의 이상여부를 반드시 확인하여야 하며, 시스템이상이 있을 시 감독위원에게 조치를 받으셔야 합니다.
3. 시험 중 부주의 또는 고의로 시스템을 파손한 경우는 응시자 부담으로 합니다.
4. 답안 전송 프로그램을 통해 다운로드 받은 파일을 이용하여 답안 파일을 작성하시기 바랍니다.
5. 작성한 답안 파일은 답안 전송 프로그램을 통하여 전송됩니다. 감독위원의 지시에 따라 주시기바랍니다.
6. 다음 사항의 경우 실격(0점) 혹은 부정행위 처리됩니다.
    1) 답안파일을 저장하지 않았거나, 저장한 파일이 손상되었을 경우
    2) 답안파일을 지정된 폴더(바탕화면 - "KAIT" 폴더)에 저장하지 않았을 경우
        ※ 답안 전송 프로그램 로그인 시 바탕화면에 자동 생성됨
    3) 답안파일을 다른 보조기억장치(USB) 혹은 네트워크(메신저, 게시판 등)로 전송할 경우
    4) 휴대용 전화기 등 통신기기를 사용할 경우
7. **시험지에 제시된 글꼴이 응시 프로그램에 없는 경우, 반드시 감독위원에게 해당 내용을 통보한 뒤 조치를 받아야 합니다.**
8. 시험의 완료는 작성이 완료된 답안을 저장하고, 답안 전송이 완료된 상태를 확인한 것으로 합니다. 답안 전송 확인 후 문제지는 감독위원에게 제출한 후 퇴실하여야 합니다.
9. 답안 전송이 완료된 경우에는 수정 또는 정정이 불가능합니다.
10. 시험 시행 후 결과는 홈페이지(www.ihd.or.kr)에서 확인하시기 바랍니다.
    1) 문제 및 모범답안 공개 : 20XX. XX. XX. (X)
    2) 합격자 발표 : 20XX. XX. XX. (X)

한컴오피스 한글 2022 버전용

디지털정보활용능력

(**DIAT**; Digital Information Ability Test)

- **시험과목** : 워드프로세서(한글)
- **시험일자** : 20XX. XX. XX.(X)
- **응시자 기재사항 및 감독위원 확인**

수 검 번 호	DIW - XXXX -	감독위원 확인
성 명		

응시자 유의사항

1. 응시자는 신분증을 지참하여야 시험에 응시할 수 있으며, 시험이 종료될 때까지 신분증을 제시하지 못 할 경우 해당 시험은 0점 처리됩니다.
2. 시스템(PC작동여부, 네트워크 상태 등)의 이상여부를 반드시 확인하여야 하며, 시스템이상이 있을 시 감독위원에게 조치를 받으셔야 합니다.
3. 시험 중 부주의 또는 고의로 시스템을 파손한 경우는 응시자 부담으로 합니다.
4. 답안 전송 프로그램을 통해 다운로드 받은 파일을 이용하여 답안 파일을 작성하시기 바랍니다.
5. 작성한 답안 파일은 답안 전송 프로그램을 통하여 전송됩니다. 감독위원의 지시에 따라 주시기바랍니다.
6. 다음 사항의 경우 실격(0점) 혹은 부정행위 처리됩니다.
    1) 답안파일을 저장하지 않았거나, 저장한 파일이 손상되었을 경우
    2) 답안파일을 지정된 폴더(바탕화면 - "KAIT" 폴더)에 저장하지 않았을 경우
        ※ 답안 전송 프로그램 로그인 시 바탕화면에 자동 생성됨
    3) 답안파일을 다른 보조기억장치(USB) 혹은 네트워크(메신저, 게시판 등)로 전송할 경우
    4) 휴대용 전화기 등 통신기기를 사용할 경우
7. **시험지에 제시된 글꼴이 응시 프로그램에 없는 경우, 반드시 감독위원에게 해당 내용을 통보한 뒤 조치를 받아야 합니다.**
8. 시험의 완료는 작성이 완료된 답안을 저장하고, 답안 전송이 완료된 상태를 확인한 것으로 합니다. 답안 전송 확인 후 문제지는 감독위원에게 제출한 후 퇴실하여야 합니다.
9. 답안 전송이 완료된 경우에는 수정 또는 정정이 불가능합니다.
10. 시험 시행 후 결과는 홈페이지(www.ihd.or.kr)에서 확인하시기 바랍니다.
    1) 문제 및 모범답안 공개 : 20XX. XX. XX. (X)
    2) 합격자 발표 : 20XX. XX. XX. (X)

구강건강관리

1. 구강건강관리

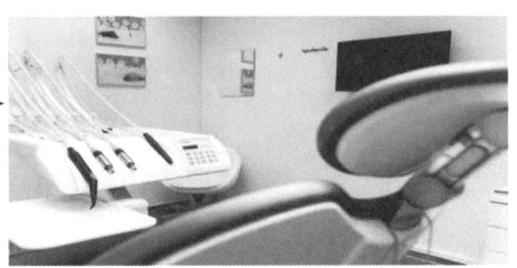

현대 사회에서 구강 건강은 전반적인 건강과 삶의 질에 직접적인 영향을 미치는 중요한 요소이다. 가장 기본적인 구강 관리 방법인 칫솔질은 치아와 잇몸 경계에 45도 각도(角度)로 칫솔모를 위치시키는 것이 효과적이다. 또한 치실, 치간칫솔, 워터픽과 같은 구강위생용품의 적절한 활용(活用)도 매우 중요하다. 연령대별로 특화된 구강 관리도 필요한데 영유아기에는 이유식 후 물 섭취와 수유 후 구강 청결(淸潔)이 강조되며, 청소년기에는 교정 치료 시기를 잘 결정해야 한다. 성인기에는 직업성 구강질환 예방과 이갈이 관리가 중요하며, 노년기에는 의치 관리와 건조증 구강 예방에 특별한 주의가 필요하다.

2. 관련 연구

전 세계적으로 구강 건강에 대한 연구는 다양한 분야로 활발하게 진행되고 있다. 예방치의학 분야에서는 불소(Fluoride) 활용과 구강미생물갑에 대한 연구가 주목받고 있다. 특히 새로운 불소 전달 시스템 개발과 지역사회 수돗물 불소화에 대한 연구는 충치 예방(豫防)의 핵심 주제로 다뤄지고 있다. 최근에는 디지털 치의학 분야가 급속도로 성장하고 있다. 인공지능을 활용한 치과 진단, 머신러닝 기반의 치과 영상 분석, 빅데이터를 활용한 치과 진료 관리 등이 주요 연구 주제로 부상하고 있다. 이러한 연구들은 서로 융합(融合)되어 더욱 혁신적인 결과를 만들어내고 있으며, 특히 예방치의학과 디지털 기술의 결합은 미래 치과 치료의 새로운 패러다임을 제시할 것으로 기대된다.

치주질환 통계표(단위:명)

연도	남	여
2018	116,170	92,300
2020	153,505	120,301
2022	125,200	117,839
2024	167,250	153,955
평균	140,531.25	121,098.75

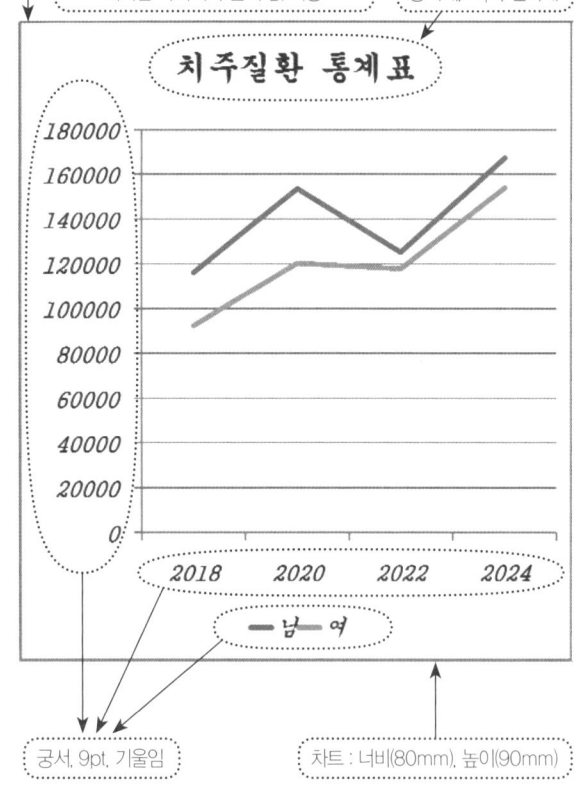

갑 구강 내 존재하는 미생물(세균)들을 의미함

치아건강특별강연회

현대인들의 생활 패턴 변화와 서구화된 식습관으로 인해 구강에 대한 중요성과 구강 건강에 대한 관심이 높아지고 있습니다. 밝은미소구강센터에서는 일반 시민들의 구강 건강 증진을 위해 국내 최고의 치의학 전문가들을 모시고 특별 강연회를 개최합니다. 본 강연에서는 일상생활에서 실천할 수 있는 효과적인 치아 관리법부터 최신 치과 치료 동향까지, ***평생 건강한 치아를 유지하기*** 위한 전문가들의 조언을 들으실 수 있습니다. 여러분의 많은 관심과 참여 부탁드립니다.

◎ 행사안내 ◎

1. 행사일시 : 2025년 8월 30일(토) 오후 2시
2. 행사장소 : 밝은미소구강센터 대강당<u>*(경복궁역 8번 출구 도보 5분)*</u>
3. 참가혜택 : 전문가의 1:1 상담 및 참가자 전원 치과 진료 할인권 제공 (문의처 : 02-1234-4567)
4. 행사주최 : 한국대학교 치과대학 구강연구소

※ 기타사항

- 주차 공간이 제한되어 있으니 대중교통 이용을 권장드립니다.
- 선착순으로 200명까지 당일 현장에서 신청받을 예정이며, 전문가의 특별한 강연은 총 2회 진행됩니다. 그 외 일정은 홈페이지(http://www.ihd.or.kr)를 통해 확인해 주시기 바랍니다.

2025. 8. 23.

밝은미소구강센터

디지털정보활용능력 한글 (시험시간 : 40분)

【문제】 첨부된 문제를 다음의 조건을 적용하여 문서를 작성하시오.

① 문서는 A4(210mm×297mm) 크기, 세로 용지방향으로 작성한다.

② 페이지 여백은 아래와 같이 설정한다.

왼쪽	오른쪽	위쪽	아래쪽	머리말	꼬리말	제본
20mm	20mm	20mm	20mm	10mm	10mm	0mm

③ 아래와 같이 "자동 글머리 기호 넣기"와 "자동 번호 매기기" 기능을 해제한다.

> 도구 → 빠른 교정 → 빠른 교정 내용 → 입력 자동 서식 → 자동 글머리 기호 넣기(해제)
> → 자동 번호 매기기(해제)

※ 만약 입력자동서식 메뉴가 없는 경우에는, "자동 글머리 기호 넣기"와 "자동 번호 매기기" 기능이 설정되어 있지 않은 것이므로 별도의 기능 해제 없이 그대로 시험에 응시하시면 됩니다.

④ 글자는 별도의 지시사항이 없는 한 **바탕, 10pt, 양쪽 정렬, 줄 간격 160%**로 작성한다.

⑤ 영문, 숫자 등은 별도의 지시가 없는 한 반각(1byte) 문자를 사용한다.

⑥ 특수문자는 문자표(전각 기호)를 이용하여 작성한다.

⑦ 교정부호 및 화살표로 기재된 지시사항대로 처리하되, ⬚→ 은 지시사항이므로 작성하지 않는다.

⑧ 1페이지에 [문제1]을 작성하고, 구역을 나누어 2페이지에 [문제2]를 작성한다.

※ 해당 페이지에 작성하지 않거나 의도적으로 텍스트 작성을 하지 않은 경우 0점 처리

⑨ [문제2]는 문제지와 같이 2단으로 다단을 나누어 작성한다.

⑩ '그림 삽입' 시에는 반드시 "KAIT 수검프로그램"을 통해 다운로드 한 그림 파일을 사용한다.

⑪ 총점 : 200점

[공통사항1(기본설정, 용지설정)] : 8점, [공통사항2(오탈자)] : 40점

[문제1] : 46점, [문제2] : 106점

⑫ 기타 특별히 지시되어 있지 않은 사항은 문제지에 준하여 작성한다.